法治阳光 伴我成长

高中阶段的法治教育锦囊

徐青英 ◎ 著

上海人民出版社

目录

序 言

新时代全面依法治国不断开创新局面,《法治社会建设实施纲要（2020—2025 年）》《法治中国建设规划（2020—2025 年）》《法治政府建设实施纲要（2021—2025 年）》等一系列重要文件相继印发,为法治中国规划了新的蓝图。面向未来,以习近平法治思想为指引,努力提升青少年法治教育水平,以适应更高水平的法治中国人才培养的需要。

党的十九届六中全会"明确全面推进依法治国总目标是建设中国特色社会主义法治体系、建设社会主义法治国家"。这就要求"加大全民普法工作力度,增强全民法治观念"。教育部、司法部等联合印发的《青少年法治教育大纲》指出,当前和今后一段时间,要高度重视青少年法治教育工作,加快完成法治教育从一般的普法活动到学校教育的重要内容,加大工作力度,将法治教育全面纳入国民教育体系,创新青少年法治教育的形式与内容,着力提高系统化、科学化水平,切实增强教育的针对性与实效性。但从总体上看,青少年法治教育仍存在法治教育方式方法有待创新,教育针对性和实效性不强等问题。

2021 年 6 月 10 日通过的《全国人民代表大会常务委员会关于开展第八个五年法治宣传教育的决议》指出:"大力加强青少年法治教育,全面落实《青少年法治教育大纲》,推动法治教育进课堂,教育引导青少年从小养成尊法守法习惯。"青少年法治教育事业对教师的法治教育能力提出了更高的要求。《全国教育系统开展法治宣传教育的第八个五年规划（2021—2025年）》明确提出持续实施"中小学法治教育名师培育工程"，推进教师网络法治教育培训，5年内对所有道德与法治课教师进行一次轮训。紧密联系《道德与法治课程标准》（2022年版）、《青少年法治教育大纲》，创新法治教育方式方法，不断提高法治教育针对性和实效性，一个重要的方面在于充分发挥思想政治课对于法治教育的引领和推动作用。

中小学道德与法治课、思想政治课能否充分发挥法治教育的引领和推动作用，还要看是否有一支承担这项重要任务的合格教师队伍。而从调查了解的实际状况看，道德与法治课教师的法治教育实践能力尚显不足。目前的任课教师大多数都没接受过法学专业知识和应用能力的系统培训，处于"不敢讲"的状态。从实践需求看，这些多层面多方式的培训和实践探索都是十分有益的，但是要突破性解决"教师瓶颈"问题，还是要组织更加系统和专业的教师法治教育基础知识和实践能力培训。为了满足这方面培训和学习的需要，江苏省中小学生法治教育中心推出系列著作《法治阳光，伴我成长——小学阶段的法治教育锦囊》《法治阳光，伴我成长——初中阶段的法治教育锦囊》《法治阳光，伴我成长——高中阶段的法治教育锦囊》。

该丛书以习近平法治思想为指导，凸显深入持久开展宪法法治教育的要求，努力阐释好"中国之治"的制度基础；紧紧围绕广泛开展民法典普法工作的要求，要把民法典纳入国民教育体系，加强对青少年民法典教育；重点围绕深入宣传与推动高质量发展密切相关的法律法规的普法要求，强化"十四五"期间制定和修改的法律法规宣传教育；重点围绕深入宣传与社会治理现代化密切相关的法律法规的普法要求；大力宣传总体国家安全观和国家安全法、反分裂国家法、国防法、反恐怖主义法、环境保护法，继续加强刑法、治安管理处罚法等宣传教育。

本书由南京晓庄学院徐青英独立撰写。在著书过程中，本书得到了南京晓庄学院马克思主义学院、江苏省中小学法治教育中心领导和同事们的大力支持与帮助，在此表示衷心的感谢！本书是立项课题"中小学道德与法治课教师法治教育能力培训课程开发研究"（2022JSJY006）、南京晓庄学院通识选修课程"民法典人生导图""婚姻家庭继承与生活"、法学课程思政示范教学团队以及以四个自信为核心的"刑法学"课程思政教学改革探究的共同建设成果。本书编写过程中引用和参考了许多专家学者的相关著作和研究成果，在此真诚致谢！但限于作者的学识水平和学术能力，本书中的不当与缺漏恐在所难免。我们衷心地希望广大读者对本书的疏漏提出批评，以使本书能够不断完善。

第一章　法律体系与法治道路

第一节　法的特征和作用

一、法的概念

【经典案例】 战国时代赵、魏、韩三强与秦、齐、楚、燕四国形成七雄争霸的局面。三晋中的魏国首先发愤图强，特别是战国初年的魏文侯致力于改革事业。文侯任李悝为相，实行变法。李悝废除世卿世禄制，"食有劳而禄有功，使有能而赏必行，罚必当"。削弱旧贵族，起用新锐。在经济上，推行"尽地力之教"，规定农夫要杂种多种粮食作物，以防天灾；要农夫力耕数耘，抓紧秋收；房屋周围要种桑，田园要种菜，充分利用土地。为防谷贱伤农和谷贵伤民，制定"平籴法"，以政府力量平衡调剂粮价，以"取有余以补不足"。另一重大举措是颁行《法经》，分盗法、贼法、囚法、捕法、杂法、具法6篇，防止滥刑渎法，是对当时各国法律的总结，亦为后世秦汉法律之蓝本，所以李悝被奉为战国法家之祖。①

【问题】 李悝改刑为法有什么积极意义？

---

① 参见降大任：《魏国李悝变法》，载《山西法制报》2021年9月28日。

【法理解读】

1. 汉语中"法"和"律"的词源

（1）汉语中的"法"

在古汉语中，"法"的古体是"灋"。许慎《说文解字》解释道："灋，刑也。平之如水，从水；廌，所以触不直者去之，从去。"① "灋"，这个字由三部分构成：氵，廌（音 zhì），去。关于"氵"，许慎在《说文解字》中的解释是："水，准也。北方之行。象众水并流，中有微阳之气也。凡水之属皆从水。"喻指执法要公平如水，不偏不倚。关于"廌"，又叫"獬豸"，许慎在《说文解字》说到："解，兽也，似山牛，一角。古者决讼，令触不直。象形，从豸省。凡廌之属皆从廌。"可见廌是一种独角神兽，性中正，辨是非，审判时被廌触者即为败诉或有罪，其"性知有罪……有罪则触，无罪则不触"。② 相传被奉为中国司法鼻祖的皋陶用獬豸来决狱。汉代以后，法官的冠服上均印有獬豸的图案。"去"，许慎在《说文解字》中的解释是："去，人相违也。从大。凡去之属皆从去。"其本义是作为审判者的神兽离开自己所在的地方，走向有罪的人面前，后引申为祛除邪恶之义。

（2）汉语中的"律"

在古代，"法"与"刑""律"通用。夏商周时期，称法为刑。如夏朝的法称为"禹刑"，商代的法称为"汤刑"等。到了春秋战国时期，李悝集诸国刑典，造《法经》六篇，改"刑"为"法"。③

汉语中的"律"与"法"很早就是同义。《尔雅·释名》记载："法，常也。"《尔雅·释诂》记载："律，常也，法也。"《唐律疏议》记载："法亦律也，故谓之为律。"把"法"和"律"连用作为独立合成词的"法律"，是在清末民初才被广泛使用。对于"律"字，《说文解字》解释，"律，均布也"。"均布"，是古代调音律的一种工具。把"律"比作"均

---

① 参见（东汉）许慎：《说文解字》，中华书局 1985 年版，第 326 页。
② 参见《法理学》编写组：《法理学》，人民出版社、高等教育出版社 2020 年版，第 32 页。
③ 参见（唐）长孙无忌等：《唐律疏议》刘俊文点校，中华书局 1983 年版，第 2 页。

布"，这表明律具有约束人们行为的作用，人人都要遵循的规范。

（3）汉语中的"法律"

在现代汉语中，"法律"一词有广义和狭义之分。广义的"法律"是从抽象意义上而言的，指法的整体，即国家制定或认可并由国家强制力保证实施的各种行为规范的总和。狭义的"法律"是从特定或具体的意义上而言的，即根据立法程序，由具有国家立法权的国家机关编制的规范性文件。通常，人们习惯于将广义的法律称为法，把狭义的法律称为法律。

案例中，李悝著《法经》，一反"以刑统罪"的传统，改刑为法，先列罪名、后定刑制。相对于"刑不上大夫"中的"刑"具有宗法等级的特权性质，改刑为法则体现了"法"具有客观的公平性。

2."法""律"的西文词源

（1）西语中的"法"

在西文中，除英语中的 law 同汉语中的"法律"对应外，欧洲大陆的各民族语言中都用两个词把"法"和"法律"分别加以表达。[①] 与汉字"法"相对应的词有拉丁文的 jus、法文中的 droit、德文中的 Recht、意大利语中的 diriirro、西班牙语中的 derecho 等。需要注意的是，Jus、droit、Recht 等词不仅具有"法"的意思，而且还有"平""正"的内涵。

（2）西语中的"律"

"律"的含义，即兼有"权利""公平""正义"等含义，具有抽象的性质。与汉字"律"相对应的词有拉丁文的 lex，法文中的 loi，德文中的 gesetz，意大利语中的 legge，西班牙语中的 ley、俄文中的 3aKOH 等等。lex 等词通常指具体规则，其词义明确、具体、技术性强。[②] 由此可见，在西文中，"法"是指一种判断平、正、直的标准，而"律"则主要强调的是人人必须遵守的东西。[③]

---

①② 参见张文显：《法理学》，法律出版社 2007 年版，第 99 页。

③ 参见孙国华、朱景文：《法理学》，中国人民大学出版社 2015 年版，第 18 页。

二、法的历史发展

【经典案例】《汉谟拉比法典》第 15 条规定，任何将皇宫以及公民的男女奴隶带出城邑的人将被判处死刑。第 279 条规定，倘自由民因购买奴婢而涉讼，则诉讼仅由卖主负责。第 282 条规定，倘奴隶告其主人云"你非吾之主人"，则此主人应证实其为自己的奴隶，而后其主人得割其耳。

【问题】《汉谟拉比法典》这些规定反映了奴隶制法的哪些特征？

【法理解读】

法并非自古以来就有的，法是人类社会发展到一定阶段时随着生产资料私有制、阶级和国家的形成而产生的。法也并非永远存在的，它也将随着私有制、阶级和国家的消亡而消亡。人类文明史上存在过四种历史类型的法，即奴隶制法、封建制法、资本主义法和社会主义法。

1. 奴隶制法

奴隶制法是人类历史上第一个剥削阶级类型的法。奴隶制法具有以下重要特征：

（1）对奴隶主所有制进行严格保护。奴隶制法的中心功能是维护奴隶制社会的生产关系，即维护奴隶主对奴隶和生产资料的占有。在法律上，奴隶没有人格而言，只能是权利客体——物，而不是权利主体，因此奴隶不享有任何法律权利，只是奴隶主"会说话"的工具而已。即奴隶是奴隶主的财产，奴隶主可以买卖、赠送、转让、继承，甚至屠杀奴隶。奴隶主杀死奴隶，是不需要承担刑事责任。奴隶制法保护奴隶主的其他私有财产，比如房屋、牲畜等。

（2）刑罚方式极其残酷。奴隶制法具有野蛮、残酷的特征。例如，我国奴隶社会的五刑，墨、劓、剕、宫、大辟。其中墨、劓、剕、宫都是切断肢体，刻裂肌肤的肉刑，奴隶制法的残酷可见一斑。

（3）保留原始习惯的残留痕迹。这是由于奴隶制社会从原始社会脱胎而来，因此带有原始社会的某些痕迹。例如，在土地所有制方面，土地归国家所有或村社所有的习惯曾在法律中保留了很长的时期。① 再如"以眼还眼，以牙还牙"的同态复仇在奴隶社会普遍存在。

案例中，《汉谟拉比法典》这些规定反映了奴隶是不受法律保护的工具和财产，奴隶不是权利主体，即不属于人的范畴。同时也反映了奴隶制法刑罚的残酷性。

（4）明确自由民之间的等级划分。奴隶制法明文规定自由民之间的等级划分，自由民内部分为不同等级，不同等级的自由民在法律上的地位不同。比如印度的《摩奴法典》将人分为四个不同等级：婆罗门、刹帝利、吠舍和首陀罗。其中婆罗门地位最高，刹帝利次之，这两个种族依靠剥削其他两个种姓为生。吠舍是没有任何特权的平民百姓，首陀罗备受歧视，地位最低。各个种姓之间等第森严，界限分明，各种姓之间不能通婚。

2. 封建制法

封建制法具有以下重要特征：

（1）巩固封建地主阶级的土地所有制，明确了农民对封建地主的依附关系。在封建社会，由于土地为封建地主阶级所用，地主阶级凭借对土地的所有权，使农民不得不依附于土地而屈从于地主阶级的统治。

（2）维护封建等级制和皇权。比如隋朝的《开皇律》就设立了十恶的罪名，包括谋反、谋逆、谋叛、恶逆、不道、大不敬、不孝、不睦、不义和内乱。设立十恶罪的目的就是为了维护君臣、父子、尊卑的封建等级制度和封建皇权。

（3）刑罚酷烈，滥施肉刑，广为株连。例如欧洲《加洛林纳法典》就以刑罚严酷著称，其中有割耳、挖眼、断手、斩首、绞杀、火焚、水溺、车裂、分尸等酷刑。再如明成祖朱棣杀方孝孺十族，共计 873 人。

---

① 参见《法理学》编写组：《法理学》，人民出版社、高等教育出版社 2020 年版，第 63 页。

3. 资本主义法

资本主义法具有以下重要特征：

（1）私有财产神圣不可侵犯。这是资本主义法的基本原则。这一原则保护的是资本主义所有制，反映了资产阶级法的阶级本质。

（2）法律面前人人平等原则。"法律面前人人平等"是资产阶级向封建主阶级进行斗争的一个口号，在资本主义确立时期起过革命的作用。"法律面前人人平等"，指任何人在法律上的权利和义务平等。

（3）契约自由原则。在资本主义经济关系中，无论是生产资料的取得、劳动力的雇用还是商品的流通等，均是通过契约形式实现的。《法国民法典》第1134条规定："依法成立的契约，在缔结契约的当事人间有相当于法律的效力。"

4. 社会主义法

在人类历史上，只有社会主义法律是唯一以公有制为基础、体现最广大人民群众意志的新型法律制度。

（1）阶级性和人民性的统一。社会主义法是工人阶级意志的体现，具有明显的阶级性。同时它又是广大人民意志的体现，具有广泛的人民性。

（2）国家意志和客观规律的统一。我国社会主义法律制度反映的不是少数人狭隘的特殊利益，而是全体人民的共同利益。这种共同利益的具体内容随着社会的发展变化也在相应地发展变化，它与历史发展的基本方向和基本规律是一致的。①

（3）公民权利与义务的统一。社会主义法强调权利的享有和义务的履行具有一致性。全体公民平等地享有权利，也必须履行相应的义务。

（4）强制实施和自觉遵守的统一。同其他性质的法一样，社会主义法也需要依靠国家强制力来保证实施。但由于社会主义法是广大人民意志和利益的体现，因此广大人民群众是能够积极支持和自觉遵守的。

---

① 参见张文显：《法理学》，法律出版社2007年版，第64页。

三、法的特征

【**经典案例**】《甘孜藏族自治州藏传佛教事务条例》第 19 条第 2 款规定："任何组织和个人进入寺院，应当尊重藏传佛教的传统习惯。"《〈甘孜藏族自治州藏传佛教事务条例〉实施细则（试行）》第 18 条第 2 款规定："任何组织和个人进入寺院，应当尊重藏传佛教的传统习惯。"青海省《黄南藏族自治州藏传佛教事务条例》第 36 条规定："本条例所称的佛教活动是指按照佛教教义、教规以及传统习惯进行的佛事活动。"第 38 条规定："举行跨地区的超过佛教活动场所容纳规模的佛教活动，应当具备下列条件：（一）符合佛教教义教规和佛教传统习惯……"

【**问题**】　上述条例中均规定了应当尊重佛教的传统习惯，这说明了法的什么特征？

【**法理解读**】

1. **法是国家制定或认可的社会规范**

制定或认可，是国家创制法的两种基本方式。制定，是指国家根据社会生活发展的需要，通过相应的国家机关按照法定程序制定、修改和废止各种规范性文件以确立规则的活动。[①] 国家制定的法，即通常所说的"成文法"。认可，是指国家以一定形式赋予在社会生活中已经存在的某种行为规则以法律效力的活动。[②] 如将习惯、宗教、道德、习俗等认可为法律。国家认可的法，一般指习惯法。如《民法典》第 10 条规定："处理民事纠纷，应当依照法律；法律没有规定的，可以适用习惯，但是不得违背公序良俗。"

在案例中，民族自治地方的民众大多信仰各种宗教，自治条例和单行条例规定保护宗教信仰自由，尊重宗教习惯，这是对宗教习惯进行认可，

---

①②　参见教育部组织编写：《思想政治必修 3 政治与法治》，人民教育出版社 2019 年版，第 76 页。

赋予宗教习惯以法律地位，当代中国法律对习惯认可的变化代表了一种为"生活而立法"的新的立法理念。①

2. 法是一种由国家强制力保证实施的具有普遍约束力的社会规范

这是法律区别于其他社会规范的重要标志。由于法律是统治阶级意志的体现，是上升为国家意志的那部分意志的体现，因此它的实施就由国家强制力来保障。国家强制力包括军队、警察、法庭、监狱等暴力机关。国家强制力既表现为对合法行为的肯定，也表现为对违法行为的否定。另外，国家强制力不是保障法律实施的唯一力量。法律的实施还依靠所有社会成员的自觉遵守以及政治、经济、文化等其他因素的影响。②

四、法的作用

【经典案例】（1）2020 年 2 月，云南省高级人民法院对孙小果组织领导黑社会组织执行死刑；（2）2021 年 5 月，作业帮和猿辅导因虚假宣传都被处以警告和 250 万元顶格罚款；（3）2021 年 1 月，上海交警依法行政拘留 6 名无证驾驶违法行为人员；（4）2020 年 1 月，香港警方拘捕涉嫌非法集结及藏有攻击性武器的人员约 400 人。

【问题】 上述案件分别体现法的什么作用？

【法理解读】

法的基本作用，概括地讲，就是建立、保护、巩固、发展对统治阶级有利的社会关系和社会秩序。③ 具体来说，法的作用体现在其政治职能和

---

① 参见高其才：《当代中国法律对习惯的认可》，载《政法论丛》2014 年第 1 期。
② 参见马长山：《法治教育教师读本（高中教育阶段）》，华东师范大学出版社 2019 年版，第 8 页。
③ 参见唐琮瑶：《论我国社会主义法在处理人民内部矛盾中的作用》，载《学术研究》1980 年第 2 期。

社会职能上。

1. 政治职能

法的政治职能是指法维护一定阶级统治的作用。[①] 主要表现在：（1）反映国家政权的性质，确定统治阶级的统治地位，例如我国《宪法》第一条规定："中华人民共和国是工人阶级领导的、以工农联盟为基础的人民民主专政的社会主义国家。"（2）镇压被统治阶级的反抗并保证其统治地位。例如我国《刑法》的规定对巩固统治阶级的地位起到了极为重要的作用。（3）通过对统治阶级内部关系以及统治阶级与其同盟者关系的调整，从而巩固自己的统治地位。（4）维护经济基础和维护其阶级统治的物质条件。

2. 社会职能

法的社会职能是指法管理一定社会公共事务的作用。[②] 主要表现在：（1）维护人类生存的基本生活条件，如颁布自然资源保护法、基本医疗卫生法、环境保护法、道路交通安全法等。（2）发展社会生产力，即通过立法和实施法律来维护生产管理，保障基本劳动条件，调节各种交易行为，促进公共设施建设，组织社会化大生产。[③]（3）发展社会文化，比如通过义务教育法提高全民族素质，促进社会文化的发展。（4）规范某些技术指标。比如对高度危险品（易燃、易爆、枪支、弹药）和危险作业（高空作业、高压作业、机动作业）的控制和管理，从而维护消费者的权益等。

在上述案例中，（1）云南省高院对孙小果组织领导黑社会组织执行死刑体现了法的政治职能；（2）作业帮和猿辅导因虚假宣传都被处以警告和250万元顶格罚款体现了法的社会职能；（3）上海交警依法行政拘留6名无证驾驶违法行为人员体现了法的社会职能；（4）香港警方拘捕涉嫌非法集结及藏有攻击性武器的人员体现了法的政治职能。

---

①②　参见教育部组织编写：《思想政治必修3 政治与法治》，人民教育出版社2019年版，第77页。

③　参见《法律执行社会公共事务的作用》，载鸡西市鸡冠区人民法院官网2018年2月2日。

第二节　中国特色社会主义法律体系的构成

一、中国特色社会主义法律体系的形成和完善

【经典案例】 2003 年 3 月 17 日晚，在广州某公司任职的湖北籍青年孙志刚在前往网吧的途中，因没有随身携带暂住证，被警察送至广州市"三无"人员收容遣送中转站收容。次日，孙志刚被收容站送往一家收容人员救治站。在这里，孙志刚受到工作人员以及其他收容人员的殴打，于 3 月 20 日死于救治站。① 这一事件被称为"孙志刚事件"。许多媒体详细报道了此事件，社会上展开对收容遣送制度的大讨论。8 名学者向全国人大递交请愿书，要求对这一制度进行违宪审查。2003 年 6 月 20 日，温家宝总理签署国务院令，颁布《城市生活无着的流浪乞讨人员救助管理办法》，并废止于 1982 年 5 月 12 日国务院发布的《城市流浪乞讨人员收容遣送办法》，从而终止了收容遣送制度。

【问题】 由"孙志刚事件"引发导致的《城市生活无着的流浪乞讨人员救助管理办法》的施行说明了什么问题？

【法理解读】

中国特色社会主义法律体系是在中国共产党领导下，适应中国特色社会主义建设事业的历史进程而逐步形成的。② 它的形成标志着中国社会主义民主法制建设的历史性转折，体现了改革开放和社会主义现代化建设的巨大成就，具有重大的现实意义和深远的历史意义。

---

① 参见谢璨灿：《国内外舆论大案》，载《新民周刊》2013 年 9 月 5 日。
② 参见中华人民共和国国务院新闻办公室：《中国特色社会主义法律体系》，人民出版社 2011 年版，第 10 页。

1. 第一阶段：建构框架阶段（1979—1992 年）

1978 年党的十一届三中全会，作出把党和国家工作中心转移到经济建设上来、实行改革开放的历史性决策，并提出"有法可依，有法必依，执法必严，违法必究"的法制建设方针，开创了社会主义民主法制建设的新的历史阶段。在适应新形势新任务的要求下，我国出台了一批亟待改革开放和拨乱反正的法律法规。1979 年 7 月，五届全国人大二次会议通过《地方组织法》《选举法》《人民法院组织法》《人民检察院组织法》《刑法》《刑事诉讼法》《中外合资经营企业法》7 部法律，开创了新时期中国大规模立法的先河。1982 年全国人大通过修订的《中华人民共和国宪法》，标志着中国民主法制建设进入新的历史阶段。按照党的十二大和十三大的精神，立法工作全方向推进，涵盖我国政治、经济、文化、教育、军事、外交等各个领域，如《婚姻法》《继承法》《民法通则》《刑法》《刑事诉讼法》《民事诉讼法》《行政诉讼法》等法律，这一时期的立法为中国特色社会主义法律体系的形成奠定了重要基础。

2. 第二阶段：框架形成阶段（1992—2002 年）

1992 年邓小平的南方谈话以及党的十四大都明确将我国改革开放的目标确立为建立社会主义市场经济体制。适应这一要求，我国的立法重点转向为建立社会主义市场经济体制提供法律支撑。① 这一时期制定了一批有关社会主义市场经济方面的法律。通过宪法修正案，为社会主义市场经济的建设和发展奠定了宪法基础。同时围绕市场经济体制的主要环节，加快市场经济立法。② 如《公司法》《证券法》《保险法》《合伙企业法》等，这标志着中国特色社会主义法律体系的框架初步形成。

3. 第三阶段：基本形成阶段（2003—2010 年）

2003 年，党的十六届三中全会提出了树立和落实科学发展观的重要思想。党的十七大把科学发展观确立为党的指导思想，进一步提出了"坚

---

① 参见常超：《解读中国特色社会主义法律体系》，载《思想政治课教学》2011 年第 9 期。
② 参见《中国特色社会主义法律体系的提出、形成和完善》，中国人大网，2021 年 8 月 24 日。

持科学立法、民主立法，完善中国特色社会主义法律体系"的要求。因此，以人为本、关注民生成为我国立法的重点。这一阶段国家相继制定、修改完善了一批与保障民生直接相关的社会法，① 例如《国家赔偿法》《食品安全法》《义务教育法》《未成年人保护法》《劳动合同法》《就业促进法》《劳动争议调解仲裁法》《物权法》等，这表明中国特色社会主义法律体系已经基本形成。

案例中，因一个人的死亡而引发国务院颁布新的《城市生活无着的流浪乞讨人员救助管理办法》，这在新中国成立以来还是第一次。收容遣送办法具有剥夺或限制公民人身自由的权力，这与宪法所赋予的中华人民共和国公民的人身自由不受侵犯是相违背的。因此从"收容遣送办法"到"救助管理办法"，彰显政府以人为本，凸显法律对社会弱势群体的救助功能。从孙志刚事件中能切实感受到国家法制建设的进步，也充分感受到中国特色社会主义法律体系不断完善。

4. 第四阶段：不断完善阶段（2010 年至今）

这一阶段的重点是在习近平法治思想的指导下，加强重点领域立法，不断完善以宪法为核心的中国特色社会主义法律体系，立法工作锐意进取，迈出新步伐，取得新成就。② 这一时期先后制定了《国家安全法》《反间谍法》《环境保护法》《民法典》《反家庭暴力法》等，标志着中国特色社会主义法律体系日臻完善。

二、中国特色社会主义法律体系的层次

【经典案例】《上海市生活垃圾管理条例》由上海市第十五届人民代表大会第二次会议于 2019 年 1 月 31 日通过，自 2019 年 7 月 1 日起施行，

---

① 参见常超：《解读中国特色社会主义法律体系》，载《思想政治课教学》2011 年第 9 期。
② 参见《中国特色社会主义法律体系的提出、形成和完善》，中国人大网 2021 年 8 月 24 日。

上海开始步入垃圾分类强制时代。2019 年 7 月 1 日当天,上海执法部门开出 623 张整改单。

【问题】 该条例对中国特色社会主义法律体系建设起到了什么作用?

【法理解读】

中国特色社会主义法律体系,是以宪法为统帅,以法律为主干,以行政法规、地方性法规为重要组成部分等多个层次构成的,[①] 它们由不同立法主体依据宪法和法律规定的立法权限制定,不同的层次具有不同的效力。

1. 宪法是中国特色社会主义法律体系的统帅

中国特色社会主义法律体系以宪法为统帅,一是由宪法的性质和地位决定的。宪法是国家的根本法,是党和人民意志的集中体现,在中国特色社会主义法律体系中居于统帅地位。它具有最高的法律效力,一切法律、行政法规、地方性法规的制定都必须以宪法为依据,遵循宪法的基本原则,不得与宪法相抵触。二是由宪法规定的内容决定的。宪法规定了国家的根本制度和根本任务。全国各族人民、一切国家机关和武装力量、各政党和各社会团体、各企业事业组织,都必须以宪法为根本的活动准则,并且负有维护宪法尊严、保证宪法实施的职责。

2. 法律是中国特色社会主义法律体系的主干

法律是制度的载体,它以法的形式反映和规范国家经济、政治、文化和社会的各项制度。[②] 我国宪法规定,全国人大及其常委会行使国家立法权。全国人大及其常委会制定的法律,是中国特色社会主义法律体系的主干,解决的是国家发展中带有根本性、全局性、稳定性和长期性的问题,

---

[①] 参见中华人民共和国国务院新闻办公室:《中国特色社会主义法律体系》,人民出版社 2011 年版,第 10 页。

[②] 参见《法律体系的主干和重要组成部分——话说中国特色社会主义法律体系的形成(八)》,载《中国人大》2011 年 10 月 18 日。

是国家法制的基础，行政法规和地方性法规不得与法律相抵触。①

根据《立法法》第 7 条的规定，全国人民代表大会制定和修改刑事、民事、国家机构的和其他的基本法律。全国人民代表大会常务委员会制定和修改除应当由全国人民代表大会制定的法律以外的其他法律；在全国人民代表大会闭会期间，对全国人民代表大会制定的法律进行部分补充和修改，但是不得同该法律的基本原则相抵触。《立法法》第 8 条规定，下列事项只能制定法律：（1）国家主权的事项；（2）各级人民代表大会、人民政府、人民法院和人民检察院的产生、组织和职权；（3）民族区域自治制度、特别行政区制度、基层群众自治制度；（4）犯罪和刑罚；（5）对公民政治权利的剥夺、限制人身自由的强制措施和处罚；（6）税种的设立、税率的确定和税收征收管理等税收基本制度；（7）对非国有财产的征收、征用；（8）民事基本制度；（9）基本经济制度以及财政、海关、金融和外贸的基本制度；（10）诉讼和仲裁制度；（11）必须由全国人民代表大会及其常务委员会制定法律的其他事项。

3. 行政法规、地方性法规是中国特色社会主义法律体系的重要组成部分

（1）行政法规

《立法法》第 65 条规定，国务院根据宪法和法律，制定行政法规。这是国务院履行宪法和法律规定的职责的重要形式。

根据宪法和立法法的规定，国务院制定的行政法规主要包括三类。一是为实施法律规定制定的行政法规，如根据《食品安全法》制定的《食品安全法实施条例》等。二是根据《宪法》第 89 条规定的履行国务院行政管理职权制定的行政法规，如《物业管理条例》等。三是根据全国人大及其常委会授权决定制定的行政法规，例如根据 1985 年全国人民代表大会《关于授权国务院在经济体制改革和对外开放方面可以制定暂行的规定或

---

① 参见中华人民共和国国务院新闻办公室：《中国特色社会主义法律体系》，人民出版社 2011 年版，第 12 页。

者条例的决定》，制定了《国务院关于鼓励外商投资的规定》等。

（2）地方性法规

根据宪法和法律，省、自治区、直辖市和设区的市的人大及其常委会可以制定地方性法规。我国地域广阔，人口众多，又是一个多民族的国家，各地政治、经济、文化等发展不平衡，因此因地制宜制定地方性法规非常有必要。

地方性法规的立法主体包括：一是省、自治区和直辖市的人民代表大会及其常委会；二是省、自治区人民政府所在市的人民代表大会及其常委会；三是经济特区所在地的市和国务院已经批准的较大的市的人民代表大会及其常委会。

对于地方性法规的效力，一是不能同宪法、法律和行政法规相冲突，否则是无效的。二是其只限于本行政区域，超出此范围则无法律效力。

案例中，《上海市生活垃圾管理条例》是上海市人大制定的地方法规，这一条例的出台为提升上海市的生活垃圾管理水平、改善人居环境质量、提升城市文明程度等提供法制保障。包括该条例在内的地方性法规是对法律、行政法规的细化和补充，是国家立法的延伸和完善，为国家立法积累了有益经验。①

三、中国特色社会主义法律体系的部门

【经典案例】　张文中创建的物美超市曾经是国内民营企业的典范，但是 2007 年，张文中却以诈骗罪、单位行贿罪、挪用公款罪被判处有期徒刑十八年，引发了全社会对民营企业产权保护的高度关注。2018 年最高人民法院再审认为原审认定事实错误，适用法律错误，张文中被改判无罪，

---

① 参见中华人民共和国国务院新闻办公室：《中国特色社会主义法律体系》，人民出版社 2011 年版，第 14 页。

该案件因较大的社会影响而成为民营企业产权保护的"标杆"案件。[1]

【**问题**】 张文中被改判无罪说明了什么问题?

【**法理解读**】

我国的法律体系大体由在宪法统领下的宪法及宪法相关法、民法商法、行政法、经济法、社会法、刑法、诉讼与非诉讼程序法等七个部门构成。

1. 宪法及宪法相关法

宪法及宪法相关法是我国法律体系的主导法律部门，它是我国社会制度、国家制度、公民的基本权利和义务及国家机关的组织与活动的原则等方面法律规范的总和。[2] 主要包括四个方面：一是关于国家机构的产生、组织、职权和基本工作制度的法律，如《全国人民代表大会组织法》。二是关于民族区域自治制度、特别行政区制度、基层群众自治制度的法律，如《民族区域自治法》。三是关于维护国家主权、领土完整和国家安全的法律，如《反分裂国家法》。四是关于保障公民基本政治权利的法律，如《选举法》。

2. 民法商法

民法商法部门大致分为民法、商法和知识产权法三方面的法律。民法是调整平等主体的自然人、法人和非法人组织之间人身关系和财产关系的法律规范，如《民法典》等。商法是调整平等主体的自然人、法人之间商事关系的法律规范的总称，如《公司法》《破产法》等。知识产权法是调整知识产权的取得、使用、管理和保护所产生的社会关系的法律规范，[3]如《著作权法》等。

---

[1] 参见王卓：《张文中案改判始末及对民营企业产权保护的意义和启示》，载《商品与质量》2019年第21期。

[2] 参见《中国特色社会主义法律体系的构成、内容和特征》，中国人大网2014年2月27日。

[3] 参见《法理学》编写组：《法理学》，人民出版社、高等教育出版社2020年版，第320页。

3. 行政法

行政法，是指规范国家行政管理活动和监督行政管理活动的法律规范的总和。[①] 行政法可分为一般行政法与部门行政法。一般行政法，指的是对一般的行政关系进行调整的各种法律的总称，[②] 如《行政处罚法》等。部门行政法，是对某一特定部门的行政关系作出调整的法律规范的总称，如《教育行政法》等。

4. 经济法

经济法是指调整国家从社会整体利益出发对经济活动实行干预、管理或调控所产生的社会经济关系的法律规范的总和。[③] 经济法主要包含两个方面：一是国家规范市场秩序方面的法律规范，如《反垄断法》。二是国家加强宏观调控方面的法律规范，如《预算法》等。

5. 社会法

社会法是调整劳动关系、社会保障、社会福利和特殊群体权益保障等方面的法律规范。[④] 社会法包括：一是劳动保障方面的法律规范，如《劳动法》。二是社会保障方面的法律规范，如《未成年人保护法》。三是社会福利和特殊群体方面的法律规范，如《公益事业捐赠法》。

6. 刑法

刑法是规定犯罪、刑事责任和刑事处罚的法律规范的总和。中国刑法法律部门以《中华人民共和国刑法》为轴心，包括刑法修正案以及《关于惩治骗购外汇、逃汇和非法买卖外汇犯罪的决定》等。

7. 诉讼与非诉讼程序法

诉讼与非诉讼程序法是规范解决社会纠纷的诉讼活动与非诉讼活动的

---

① 参见李飞:《立法法与全国人大常委会的立法工作》，十三届全国人大常委会、专门委员会组成人员履职学习讲稿，载中国人大网 2018 年 6 月 29 日。

② 参见张庆臣:《行政法理论基础问题思考》，载《法制与社会》2016 年第 36 期。

③ 参见张文显:《法理学》，高等教育出版社 2018 年版，第 107 页。

④ 参见中华人民共和国国务院新闻办公室:《中国特色社会主义法律体系》，人民出版社 2011 年版，第 24 页。

法律规范的总称。① 诉讼法是关于诉讼程序的法律规范的总和，包括《民事诉讼法》《刑事诉讼法》和《行政诉讼法》。非诉讼程序法包括《仲裁法》《人民调解法》等。

案例中，最高人民法院推翻原审法院关于诈骗罪的定性，改判张文中无罪，遵循了罪刑法定原则。同时也体现党和国家依法保护产权和企业家合法权益的坚定决心和实际行动，依法保障公民的人身自由权和财产权，这也标志着中国特色社会主义法律体系部门的不断完善。

四、中国特色社会主义法律体系的特征

【经典案例】《中华人民共和国民法典》第 1 条规定："为了保护民事主体的合法权益，调整民事关系，维护社会和经济秩序，适应中国特色社会主义发展要求，弘扬社会主义核心价值观，根据宪法，制定本法。"第 7 条规定："民事主体从事民事活动，应当遵循诚信原则，秉持诚实，恪守承诺。"第 8 条规定："民事主体从事民事活动，不得违反法律，不得违背公序良俗。"

【问题】 上述法律条文的规定说明了中国特色社会主义法律体系的什么特征？

【法理解读】

1. 中国特色社会主义法律体系体现了中国特色社会主义的本质要求

一个国家法律体系的本质，由这个国家的法律确立的社会制度的本质所决定。② 中国是工人阶级领导的、以工农联盟为基础的人民民主专政的

---

① 参见《法理学》编写组：《法理学》，人民出版社、高等教育出版社 2020 年版，第 322 页。

② 参见中华人民共和国国务院新闻办公室：《中国特色社会主义法律体系》，人民出版社 2011 年版，第 31 页。

社会主义国家，这就决定了其所构建的法律体系必然是中国特色社会主义性质的法律体系。

2. 中国特色社会主义法律体系体现了社会主义初级阶段的时代要求

我国仍处于并将长期处于社会主义初级阶段，这一国情决定了中国特色社会主义法律体系要从我国社会主义初级阶段的实际出发，从我国的政治、经济、文化等现实出发，不能照搬外国模式。

3. 中国特色社会主义法律体系体现了统一的多民族的国情要求

我国是一个统一的、多民族的、单一制的社会主义国家，各地经济社会发展很不平衡。与之相适应，中国特色社会主义法律体系形成了以宪法为统帅，由法律、行政法规、地方性法规等多个层次构成的法律体系。

4. 中国特色社会主义法律体系继承中国法制文化优秀传统和借鉴人类法制文明成果的文化要求[1]

中国特色社会主义法律体系一方面继承我国传统法制优秀文化，另一方面借鉴国外法制文明先进成果，如人权、自由、法治等基本元素，使我国法律体系既有传统性又有开放性。从"社会主义核心价值观""诚信""公序良俗"等，可以看出《民法典》吸取了中华民族五千多年的优良法制传统，借鉴了人类法治文明建设有益经验，是一部富有中国特色、有中国传统法律文化基因的民法典。这反映了我国法律体系继承中国法制文化优秀传统这一特征。

5. 中国特色社会主义法律体系体现了与时俱进的发展要求

法律作为上层建筑，必须和经济基础相适应。因此随着经济社会的发展，法律体系也要不断与时俱进。我国社会主义制度和市场经济体制还处于自我完善和不断发展过程，因此中国特色社会主义法律体系随着中国经济、社会发展以及我国法治建设，必将得到进一步的发展和完善。

---

[1] 参见中华人民共和国国务院新闻办公室：《中国特色社会主义法律体系》，人民出版社 2011年版，第 33 页。

第三节 法治的内涵、精神和原则

一、法治的内涵

【经典案例】 电影《我不是药神》的原型陆某是位白血病患者，在治病所需巨额高价药的压力下，走上了海外代购国外仿制药的道路。他通过网购的信用卡帮助病友购买印度仿制瑞士抗癌药"格列卫"。2014 年 7 月 22 日，沅江市人民检察院以"妨害信用卡管理"和"销售假药罪"对陆某提起公诉。此后，493 名白血病患者联名写信，请求司法机关对陆某免予刑事处罚。沅江市人民检察院于 2015 年 1 月 27 日向沅江市人民法院撤回起诉。

【问题】 沅江市检察院作出对陆某不起诉的决定，说明了什么？

【法理解读】

"法治"一词，在人类历史上由来已久，可以追溯至我国春秋战国时期和西方古希腊时期。在我国，法治一词最早出现在《礼记·乐记》中，"然则先王之为乐也，以法治也"。《管子·明法》提出："是故先王之治国也，不淫意于法之外，不为惠于法之内也。动无非法者，所以禁过而外私也。威不两错，政不二门。以法治国则举措而已。"但是在我国古典文献中"法"与"治"通常是分开来使用，即使连在一起使用也并非现代意义上的"法治"含义。

在西方，古希腊哲学家亚里士多德对"法治"的基本内涵作出了较为系统的界定，提出了"法治应当优于一人之治"。[①]他明确提出："我们应

---

① 参见亚里士多德:《政治学》，吴寿彭译，商务印书馆 1965 年版，第 171 页。

该注意到邦国虽有良法，要是人民不能全部遵循，仍然不能实现法治。法治应该包含两重意义：已成立的法律获得普遍的服从，而大家所服从的法律又应该本身是制订得良好的法律。"①这是关于"法治"的经典论述。"良法"和"普遍服从"构成亚里士多德法治观的基本内核。其中，"良法"是前提，"普遍服从"是法治所要达到的一种状态。

综观古今中外对"法治"的理解，法治是指法的统治，它是依据法律治理国家和社会的方略和状态。一方面，法治是一种治国方略，上自国家事务，下至私人生活，都应当以法律为准绳；另一方面，法治是一种国家治理的目标，即依法治理的良好状态和结果。②

在本案例中，以陆某为原型的电影《我不是药神》在2018年上映后，引起社会大众的极大关注。陆某案促使政府持续推动医疗体制改革，将多种抗癌药列入医保。在2019年通过修订的《药品管理法》中，"非法进口药"不再列为假药，不构成"生产、销售假药罪"。沅江市人民检察院作出对陆某不起诉的决定，彰显出司法应有的人文关怀，也体现了法治的内涵，一是法治要依良法而治，二是法治追求的目标是善治。

二、法治精神

【经典案例】 张公平尚在胎中时，父亲因工伤不幸去世。家人获得工伤保险金后，却并未给张公平留存。几年后，张公平一纸诉状将母亲等人告上法庭。《民法典》第1155条规定，遗产分割时，应当保留胎儿的继承份额。胎儿娩出时是死体的，保留的份额按照法定继承办理。

【问题】《民法典》这一规定说明了什么问题？

① 参见亚里士多德：《政治学》，吴寿彭译，商务印书馆1965年版，第199页。
② 参见王利明：《迈向法治 从法律体系到法治体系》，中国人民大学出版社2016年版，第48页。

【法理解读】

"法治精神"的形成，最早可溯源至"古希腊（尤其是雅典）城邦政治逐步确立的过程中"。① 欧洲启蒙思想家孟德斯鸠的名著《论法的精神》，与法治精神有着密切的关联。在我国可溯源到民国初年，当时的革命党人及社会各界人士都强烈主张以法治国、依法行事，将中国建成民主共和的法治国家。如梁启超提到"今之稍知大体者，咸以养成法治国为要图"。② 关于法治精神的内涵和外延，各家众说纷纭。简而言之，法治精神可指法治和良法善治的理想和价值取向，即依法治国和良法善治精神。③

1. 依法治国精神

依法治国的法治精神包括宪法法律至上、依法行政等。④

宪法法律至上精神是最基本的法治精神。宪法法律至上又称法律至上，"至上"是指任何组织和个人都不得超越法律的意思。在我国，宪法法律至上精神在法律上和党章上都得到了确认，如中国共产党党章规定"党必须在宪法和法律的范围内活动"。

战国《商君书·定分》第二十六条提到："法令者，民之命也，为治之本也。"这就是依法行政精神的体现。依法行政精神要求各行政机关严格按照法定权限和程序，管理国家事务、经济与文化事业和社会事务，做到既不失职，又不越权；既要保护公民的合法权益，又要提高行政效率，维护公共利益和社会秩序。⑤

2. 良法善治精神

法治精神的实质不仅在于依法而治，更在于良法善治。"良法"，就是指法律能够捍卫人们的权利和自由，体现公平、正义、平等、自由等价值追求。法治不仅追求获得"良法"，关键是通过"良法"达到"善治"的

---

① 参见张中秋：《中西法律文化比较研究》，法律出版社 2009 年版，第 315 页。

② 参见《政府大政方针宣言书》，《饮冰室合集》文集之二十九，中华书局 1989 年版，第 121 页。

③ 参见高振强、孟德楷：《法治精神要论》，法律出版社 2013 年版，第 26 页。

④ 参见高振强、孟德楷：《法治精神要论》，法律出版社 2013 年版，第 58 页。

⑤ 参见《国务院关于全面推进依法行政的决定》（国发〔1999〕23 号）。

目的。所谓"天下大治"，说的就是"善治"，即良好的治理。良法是善治的前提，善治是良好的归宿。良法善治的法治精神包括人民主权、尊重和保障人权、民主自由、公平正义、司法独立公正、监督制约公权力等。[①]案例中，通过材料可知，《民法典》是一部良法，因为《民法典》反映了人民群众的根本利益和意志，维护了公民的基本权利，体现了公平正义要求。

三、法治的原则

【经典案例】　张公平系某大学学生，在一次考试中作弊被监考老师发现，张公平承认了作弊事实。一周后学校召开校长办公会，作出处理决定，对张公平考试作弊行为作出开除学籍处分。但未书面向张公平送达该决定，同时没有向张公平履行开除学籍的告知义务和听取张公平的陈述申辩。

【问题】　该大学开除张公平学籍的行为是否违反正当程序原则？

【法理解读】

法治原则是从法治理念到法律制度与法律秩序之间的基本环节。在基本意义上，法治原则旨在为法治理念透过法律制度予以实现提供基本的准则。[②]法治原则，始源于西方，最早可追溯自古希腊，是由最高权威机关认可颁布的并且通常以准则或逻辑命题形式表现出来的、具有普遍适用性的规则。作为一个历史范畴，法治在不同时代、不同国家、不同民族传统和法律背景之下具有不同的原则，然而它所倡导的法律至上、权力制约、司法独立、人权保障原则则是一以贯之的。[③]

---

① 参见高振强、孟德楷：《法治精神要论》，法律出版社 2013 年版，第 58 页。

② 参见《当代中国法治的主要原则》，载人民网 2015 年 4 月 1 日。

③ 参见王寿林：《法治原则：治国安邦的最佳方略》，载《检察日报》2014 年 7 月 22 日。

1. 法律至上原则

法律至上是一切法治国家普遍奉行的原则。法律至上是法治区别于人治的根本标志，是法治的核心理念。法律至上原则是指法律具有至高无上的地位与权威，是法治中最基本、最重要的原则。我国宪法第五条规定："任何组织或者个人都不得有超越宪法和法律的特权。"这就是对法律至上原则的规定。

法律至上原则包含以下含义：一是法律至上首先是法律所代表的人民的共同利益与意志至上，换言之，人民权利至上，作为个体的公民权利神圣，是法律至上原则的内在品质要件。[①] 即法治之下的法律要集中体现人民的利益，反映人民的意志，法律至上实际上是人民利益和意志至上，是人民至上。二是法律至上原则的外在形式要件：规则至上。[②] 即一切国家机关和武装力量、各政党和各社会团体、各企业事业组织都要遵守宪法和法律。一切组织或个人均不得有超越宪法和法律之外的特权。凡是与宪法和法律相违背的行为，必须予以追究。

2. 权力制约原则

权力制约原则是指为了维护公民的权利，国家权力的各部分之间相互监督、相互牵制的原则。权力制约原则在资本主义国家主要表现为分权原则，如美国，立法权属于国会，行政权属于总统，司法权属于法院，立法、行政和司法三种权力既互相独立又互相制约。权力制约原则在社会主义国家主要表现为监督原则，一般包含两个方面：（1）人民与代表和国家机关及其工作人员的关系方面，规定了人民对人民代表和国家权力的监督。如我国《宪法》第41条规定，中华人民共和国公民对于任何国家机关和国家工作人员，有提出批评和建议的权利；对于任何国家机关和国家工作人员的违法失职行为，有向有关国家机关提出申诉、控告或者检举的

---

①② 参见周林：《论法律至上原则的构成要件》，载《浙江省政法管理干部学院学报》2001年第3期。

权利。第 77 条规定，全国人民代表大会代表受原选举单位的监督。原选举单位有权依照法律规定的程序罢免本单位选出的代表。（2）不同国家机关之间和国家机关内部的关系问题方面，规定了有关监督方面的内容。如我国《宪法》第 140 条规定，人民法院、人民检察院和公安机关办理刑事案件，应当分工负责，互相配合，互相制约，以保证准确有效地执行法律。另外，国家监察机关对所有行使公权力的公职人员的职务违法行为和职务犯罪行为进行监督检查。

3. 正当程序原则

正当程序原则主要是针对国家公权力而言的，它要求公权力在行使权力时，应当严格遵循程序正义的理念，不得违反包括公开、回避等规定，以防止公权力的滥用，从而充分保障相对人的知情权，保障其合法权益不受公权力的侵犯。案例中，该大学在决定开除张公平学籍之前，应当告诉他作出决定的事实、理由和依据，并告诉张公平有权提出陈述和申辩。但该大学并无证据证明其在作出决定前已经遵守了法定程序，因此这一行为违反正当程序原则。

4. 权利保障原则

权利保障原则的内容包括：（1）尊重和保障人权。我国《宪法》第 33 条规定，国家尊重和保障人权。它要求各级国家机关树立尊重和保障人权的理念，加强人权法治保障，保证人民依法享有广泛权利和自由。[①]（2）法律面前人人平等。即任何人不论身份地位如何，在法律面前都是平等的。（3）权利与义务相一致。即公民既是权利的享有者，也是义务的承担者。任何公民享有宪法和法律规定的权利，同时必须履行宪法和法律规定的义务。

---

① 参见教育部组织编写：《道德与法治（八年级下册）》，人民教育出版社 2018 年版，第 6 页。

四、法治与民主

【经典案例】 延安市延长县张家滩镇丛座村党支部原书记赵某平在村党支部换届中违规拉票问题。2021年1月，丛座村党支部换届期间，赵某平通过手机微信聊天、打电话的方式向党员高某等3人拉票，并承诺当选后发红包感谢高某。后赵某平当选村党支部书记。2021年3月，赵某平受到党内警告处分，被免去村党支部书记职务。①

【问题】 这一案例说明了法治与民主的什么关系？

【法理解读】

所谓现代民主，即建立在服从多数、遵循程序和保护少数等基本原则基础上的现代政治制度或国家制度，并由此影响人们的思想观念和日常行为。其核心是人民当家做主，真正享有各项权利和自由，享有管理国家和其他一切社会事务的权力。②民主与法治，就像一对孪生兄弟，互相联系、互相促进、不可分割。民主与法治一直是文明国家所追求的目标，也是一个国家所必备的基本素质。

1. 民主是法治的基础

（1）从法治的产生来看，民主是法治产生的前提，没有民主就没有法治。人民只有在取得民主、掌握国家政权后，才能将自己的意志上升为国家意志而成为法律，③从这个意义上讲，只有在确立了民主制度并将其真正付诸实践的地方，才会有法治状态的出现。如果人民没有掌握政权，没有取得社会主义民主，就不可能产生社会主义法律，建立社会主义法治。

（2）从法治的性质和内容来看，民主的性质和内容决定了法治的性质和内容。在资本主义民主的基础上产生的是资产阶级法治，它所代表和捍

---

① 参见王佳伟：《拉票贿选是违反换届纪律的典型表现》，载《陕西日报》2021年9月9日。
② 参见周尚君：《法理学入门笔记》，法律出版社2018年版，第248页。
③ 参见张文显：《法理学》，高等教育出版社2018年版，第398页。

卫的是资产阶级的利益；而在社会主义民主的基础上产生的是社会主义法治，它所体现的是最广大人民群众的利益。

（3）从法治的实践和改革来看，民主是推动法治发展的动力。一方面，民主能够为法律的制定、实施和监督提供保障。另一方面，法治实践中存在的问题根源在于民主政治的不完善，因此要解决法治实践的问题，就必须加强民主建设，特别是民主政治建设，从而促进法治的发展。

2. 法治是民主的保障

（1）民主的成果必须由法治加以确认。一方面法治通过立法的形式把民主的成果明确地、具体地肯定下来，使其固定化、法律化。如社会主义法治就把以工人阶级领导的广大人民群众当家作主、掌握国家权力的事实加以确认。另一方面，民主的原则要通过以法的形式来组织自己的政权，建立适合其性质的政权组织形式。

（2）民主的顺利运行必须由法治加以保障。由于种种复杂原因，破坏民主制度、侵害民主权利的违法行为依然存在，这需要通过法治制裁犯罪，保障人民民主权利的实现。即只有在法治条件下，才能保持民主政治的稳定，才能使民主的运行机制正常运转，才能使民主成为现实。

案例中，赵某平为了个人不正当利益进行拉票贿选，是违背组织原则、破坏民主选举的违纪行为。对赵某平的免职和党内警告处分，体现了法治对民主的保障，正是法治为民主创造一个稳定的运行环境。

第四节　中国特色社会主义法治道路

一、全面依法治国的总目标

【经典案例】　2001年，杜少平采取不正当手段，承建新晃一中操场土建工程。在施工过程中，杜少平对代表校方监督工程质量的邓某平怀恨在心，于 2003 年 1 月 22 日伙同罗光忠将邓某平杀害，将尸体掩埋于操场下。案发后，时任新晃一中校长的黄炳松（杜少平舅舅）多方请托、拉拢腐蚀相关公职人员，导致该案长期未被刑事立案侦查，杀害邓某平的凶手杜少平、罗光忠长达十六年未受追诉，造成极其恶劣的社会影响。2019年，扫黑除恶第 16 督导组进驻湖南，此案正式立案侦查。杜少平、罗光忠和其他失职渎职公职人员均受到相应的法律制裁。①

【问题】 操场埋尸案长达 16 年未能立案，说明了什么问题？

【法理解读】

1. 坚持依法治国的原因

"匠万物者以绳墨为正，驭大国者以法理为本。"② 全面依法治国是当代中国法治建设的主题和关键。习近平总书记在党的十九大报告中强调："全面依法治国是中国特色社会主义的本质要求和重要保障。"法律是治国之重器，法治是国家治理体系和治理能力的根本保障。

全面依法治国，一是深刻的历史启示，是我们党在深入总结世界各国和我国社会主义法治建设的成功经验和深刻教训的基础上作出的重要选择。综观世界近现代史，凡是顺利实现现代化的国家，都较好地解决了法治和人治问题。③ 新中国成立后，有过法治建设的成功经验和失败教训，法治兴则国家兴，法治衰则国家乱，在这基础上党作出依法治国的基本方略。二是现实的迫切要求，是解决党和国家事业发展中一系列重大问题的根本要求。我国社会主要矛盾已经转化为人民日益增长的美好生活需要和不平衡不充分的发展之间的矛盾。要解决好发展不平衡不充分的问题，只

---

① 参见《湖南深挖彻查新晃"操场埋尸案" 19 名涉案公职人员被依纪依法严肃处理》，新华社 2019 年 11 月 26 日。

② 参见（梁）萧子显：《南齐书》（简体版）卷四十八《孔稚珪传》，中华书局 2000 年版，第 567 页。

③ 参见《法治中国的新航标——怎样理解全面推进依法治国总目标》，载《光明日报》2015 年 2 月 2 日。

有依靠依法治国，化解各种社会矛盾和问题，才能满足人民对美好生活的需要。三是长远的战略谋划，这是一个着眼于实现中华民族伟大复兴中国梦、实现党和国家长治久安的长期思考。只有坚持依法治国，才能为党和国家事业发展提供根本性、全局性、长期性的制度保证，才能实现中华民族伟大复兴。

2. 全面推进依法治国的总目标

党的十八届四中全会通过的《中共中央关于全面推进依法治国若干重大问题的决定》明确提出全面推进依法治国的总目标，即建设中国特色社会主义法治体系，建设社会主义法治国家。这就是，在中国共产党领导下，坚持中国特色社会主义制度，贯彻习近平法治思想，形成完备的法律规范体系、高效的法治实施体系、严密的法治监督体系、有力的法治保障体系，形成完善的党内法规体系，坚持依法治国、依法执政、依法行政共同推进，坚持法治国家、法治政府、法治社会一体建设，实现科学立法、严格执法、公正司法、全民守法，促进国家治理体系和治理能力现代化。①对全面推进依法治国的总目标的丰富内涵，可以从以下四个方面来理解：

（1）全面推进依法治国的性质，是要坚定不移地走中国特色社会主义法治道路。中国特色社会主义法治道路的核心要义在于坚持中国共产党领导、坚持中国特色社会主义制度以及贯彻习近平法治思想。

（2）全面推进依法治国的总抓手，是建设中国特色社会主义法治体系。习近平总书记指出："全面推进依法治国涉及很多方面，在实际工作中必须有一个总揽全局、牵引各方的总抓手，这个总抓手就是建设中国特色社会主义法治体系。"中国特色社会主义法治体系包括完备的法律规范体系、高效的法治实施体系、严密的法治监督体系、有力的法治保障体系

---

① 参见《中共中央关于全面推进依法治国若干重大问题的决定》（2014 年 10 月 23 日中国共产党第十八届中央委员会第四次全体会议通过）。

和完善的党内法规体系五大体系。①

（3）全面推进依法治国的工作布局，是"一个共同推进"和"一个一体建设"有机结合。即坚持依法治国、依法执政、依法行政共同推进，坚持法治国家、法治政府、法治社会一体建设。②案例中，邓某平被杀案情并不复杂，但由于复杂的关系网和保护伞的阻挠，该案在16年的时间里未能立案。虽然涉案人员最终都受到了相应的法律惩罚，但此案为保护公民人身安全的职责敲响了警钟。建设社会主义法治国家，必须将全面依法治国作为一个系统工程进行谋划，发挥各方的积极性和主动性。

（4）全面推进依法治国的基本要求，是"科学立法、严格执法、公正司法、全民守法"这十六字方针。这十六字方针，是新时代全面推进依法治国的基本要求，具有极为重要的指导意义。

二、全面依法治国的原则

【经典案例】 2014年8月上海市公安局松江分局泗泾派出所民警在处理一起纠纷案件时，发现张裕明涉嫌酒后驾车，经司法鉴定中心检验和鉴定，张裕明的血液中乙醇浓度达到了醉酒状态，警方认定张裕明涉嫌危险驾驶罪，对张裕明进行刑事立案。但由于张裕明是人大代表，对其采取限制人身自由的强制措施需得到人大常委会的同意。松江分局立即向周宁县人大常委会发去提请批准对张裕明采取刑事拘留强制措施的函，周宁县人大常委会函复松江分局：此议案未获得人大常委会通过。11月警方再次提出对张裕明采取刑事拘留强制措施的申请，该县人大常委会会议审议

---

① 参见《中共中央关于全面推进依法治国若干重大问题的决定》(2014年10月23日中国共产党第十八届中央委员会第四次全体会议通过)。

② 参见熊选国:《坚持依法治国、依法执政、依法行政共同推进，法治国家、法治政府、法治社会一体建设》，载《人民日报》2021年3月16日。

通过了再次提请的议案，许可公安分局对张裕明采取刑事拘留强制措施，并从当日起暂时停止其执行代表职务。①

【问题】 人大代表张裕明被采取刑事拘留强制措施，说明了什么？

【法理解读】

为了实现全面推进依法治国的总目标，必须遵循一系列重要原则：

1. 坚持中国共产党的领导

这个原则强调的是政治保证问题。② 这包含两层含义：

（1）坚持党对依法治国的领导，是社会主义法治的根本要求。只有坚持党的领导，才能保证依法治国的人民性和社会主义性质，才能确保人民当家作主，国家和社会生活的法治进程才能有条不紊地进行。脱离了党的领导，社会主义法治就会偏离正确的方向，全面依法治国就很难有效推进。

（2）党必须依照宪法和法律的要求对社会主义法治进行领导。首先，党要在宪法和法律范围内活动，这是《中国共产党章程》的明确规定，也是《中华人民共和国宪法》的基本要求。其次，党要在宪法和法律的规范下领导我国的法治建设，只有这样，党的领导才具有合法性，党的领导才能得到法治的保障。③ 最后，党必须接受宪法和法律的监督和制约，这是党依法治国的自觉行为，违法行为要受到司法机关的追究。

2. 坚持人民主体地位

这个原则强调的是主体和力量源泉问题。这包含两层含义：

（1）坚持依法治国为了人民。习近平指出："推进全面依法治国，根

---

① 参见殷国安：《人大代表醉驾"刑拘"受阻遭遇的法律尴尬》，载《北京青年报》2014年12月3日。

② 参见《法治中国的新航标——怎样理解全面推进依法治国总目标》，载《光明日报》2015年2月2日。

③ 参见李寿荣：《论习近平总书记关于全面依法治国的基本原则》，载《内蒙古统战理论研究》2017年第6期。

本目的是依法保障人民权益。"① 依法治国要主动响应人民群众的新要求新期待，不断提升人民群众获得感、幸福感、安全感，用法治确保百姓安居乐业。

（2）坚持依法治国依靠人民。人民是依法治国的主体和力量源泉。全面推进依法治国，必须充分调动人民群众的积极性和主动性，使法治成为全体人民的自觉行动。要保证人民在党的领导下，依照法律的规定，通过各种途径和形式，对国家政治、经济、文化和社会等事务进行管理。

3. 坚持法律面前人人平等

这个原则强调的是价值追求问题。这包含两层含义：

（1）坚持法律面前人人平等，要求无差别对待。任何公民，不分民族、种族、性别、职业、家庭出身、宗教信仰、教育程度、财产状况等，均平等地享有宪法和法律规定的权利，也平等地履行宪法和法律所规定的义务。

（2）坚持法律面前人人平等，要求违法必究。一切违反宪法和法律的行为都要进行追究，绝不容许任何人以任何理由、任何形式以言代法、以权压法、徇私枉法。在我国，任何组织或者个人都不得有超越宪法和法律的特权。虽然我国相关法律规定人大代表享有特别的人身保障权，但法律保护的是人大代表的合法权益而不是违法行为。案例中，张裕明被采取刑事拘留强制措施，说明违法必究在司法实践中得到严格执行。

4. 坚持依法治国和以德治国相结合

这个原则强调的是精神支撑问题。② 这包含两层含义：

（1）发挥好法律的规范功能，以法治体现道德理念、强化法律在道德建设中的推动作用。要注意把一些基本道德规范转化为法律规范，使法律

---

① 参见《习近平在中央全面依法治国工作会议上强调　坚定不移走中国特色社会主义法治道路　为全面建设社会主义现代化国家提供有力法治保障》，载《人民日报》2020 年 11 月 18 日。

② 参见《法治中国的新航标——怎样理解全面推进依法治国总目标》，载《光明日报》2015 年 2 月 2 日。

法规更多体现道德理念和人文关怀，通过法律的强制力来强化道德作用、确保道德底线，推动全社会道德素质提升。①

（2）发挥好道德的教化功能，以道德滋养法治精神、强化道德对法治文化的支撑作用。在推进依法治国过程中，必须大力弘扬社会主义核心价值观，弘扬中华传统美德，培育社会公德、职业道德、家庭美德、个人品德，提高全民族思想道德水平，为依法治国创造良好人文环境。②

5. 坚持从中国实际出发

这个原则强调的是实践基础问题。这包含两层含义：

（1）坚持从实际出发，是要突出中国特色、实践特色、时代特色。建设法治中国，必须立足于中国的现实，与完善和发展中国特色社会主义制度、推进国家治理体系和治理能力现代化相适应，既不超越阶段，也不因循守旧。

（2）坚持从实际出发，不是关起门来搞法治。要善于学习借鉴世界各地先进的法治文明成果，而不是照搬外国的法治思想和模式。

三、建设法治中国的总体要求

【经典案例】 "司法局喊你来当人民陪审员了！" 2018 年年底，不少北京市民收到这样一条短信，告知已被随机抽选为人民陪审员的候选人。这是《中华人民共和国人民陪审员法》颁布实施后，第一次尝试从常住人口中随机抽选候选人，以确保群众参与的广泛性。

【问题】 这一案例说明了什么问题？

---

① 参见中共中央文献研究室编：《十八大以来重要文献选编（中）》，中央文献出版社 2016 年版，第 185 页。

② 参见中共中央文献研究室编：《十八大以来重要文献选编（中）》，中央文献出版社 2016 年版，第 186 页。

【法理解读】

1. 法治中国建设的必要性

"法治中国"这一概念首次出现于党的十八届三中全会《中共中央关于全面深化改革若干重大问题的决定》，将法治改革与建设的纲领确定为"建设法治中国"。中共十八届四中全会提出了"为建设法治中国而奋斗"的目标。法治中国建设的提出基于以下原因：

（1）法治中国建设是维护国家长治久安的必然选择 ①

当前国际局势正处于深刻而复杂的变化之中，百年大变局与世纪大疫情相互交织，全球进入一个新的动荡变革期。进入新时代，国内发展处于重要战略机遇期，机遇和挑战都有新的发展变化，出现一些新的矛盾新的风险。这就需要依靠法治中国建设来协调国际、国内社会关系，解决社会矛盾，维护社会安定，保证国家的长期稳定。

（2）法治中国建设是实现中华民族伟大复兴中国梦的重要保证

中国梦覆盖的范围非常广泛，富强梦、民族梦等都属于中国梦的内容。法治中国建设不仅是中国梦的重要组成部分，而且也是实现中华民族伟大复兴中国梦的重要保证。只有通过法治中国建设的引领、规范、保障作用，才能凝聚各方共识和力量，保证社会的可持续发展，才能维护好人民群众的根本利益，为实现中华民族伟大复兴提供重要保障。

2. 法治中国建设的总体要求

2021年1月10日，《法治中国建设规划（2020—2025年）》公布，这是新中国首部关于法治中国建设的专门规划。该规划对建设法治中国提出了总体要求。

（1）依法治国、依法执政、依法行政共同推进

依法治国、依法执政、依法行政是一个有机的整体，是法治中国建设的三个方面，缺一不可。其中，依法治国的主体是人民，依法执政的主

---

① 参见江必新：《习近平法治思想与法治中国建设》，载《环球法律评论》2021年第3期。

体是中国共产党，依法行政的主体是国务院和地方各级人民政府。依法治国、依法执政、依法行政共同推进，意味着全体人民、中国共产党、国务院和地方各级人民政府形成合力、共同推进法治的建设。

（2）法治国家、法治政府、法治社会一体化建设

一方面，"法治国家、法治政府、法治社会三者各有侧重、相辅相成，法治国家是法治建设的目标，法治政府是建设法治国家的主体，法治社会是构筑法治国家的基础"。①另一方面，法治国家、法治政府、法治社会三者功能互相补充。法治国家是法治政府和法治社会建设的根本保障，法治政府是法治国家的关键环节和法治社会的主导，法治社会是法治国家和法治政府建设的基本前提和力量源泉。②案例中，公民依法参与审判活动，不仅可以有效监督审判过程，推进司法的公正性，而且可以增进公众对法律的认识，增强公众对法律的信心，促进全民遵守宪法和法律，进而推动法治社会的建设。

四、全面依法治国的基本要求

【经典案例】　明代张居正曾说过这样一句名言："天下之事，不难于立法，而难于法之必行。"党的十八届四中全会《决定》指出，法律的生命力在于实施，法律的权威也在实施。全面推进依法治国，重点就在于保证法律严格实施，做到严格执法。③

【问题】　谈谈对上述材料的理解。

【法理解读】

党的十一届三中全会前后，针对当时我国"法律很不完备，很多法律

---

①　参见习近平：《加强党对全面依法治国的领导》，载《求是》2019年第4期。

②　参见张文显：《法理学》，高等教育出版社2018年版，第429页。

③　参见《中共中央关于全面推进依法治国若干重大问题的决定》（2014年10月23日中国共产党第十八届中央委员会第四次全体会议通过）。

还没有制定出来"，① 邓小平提出了"有法可依，有法必依，执法必严，违法必究"的社会主义法制建设十六字方针。"依法治国、建设社会主义法治国家"是党的十五大报告提出的基本方略。改革开放40多年来，我国法制建设取得令人瞩目的成就，中国特色社会主义法律体系已经形成，但依法治国的目标并未全面实现，党的十八大报告提出"科学立法、严格执法、公正司法、全民守法"新的十六字方针，标志着社会主义法治建设已步入新阶段。新时代十六字方针是对新时期十六字方针的继承和超越，仍然以立法、司法、执法和守法作为四个基本环节，尊重改革开放以来所形成的法治文化和制度传统，具有坚实的社会实践和理论基础。②

"科学立法、严格执法、公正司法、全民守法"，是我国全面贯彻依法治国基本方略的新方针，是全面依法治国的基本要求，同时也是实现"法治中国"的基本标准。科学立法保障良法善治，严格执法维护法律权威，公正司法确保社会公平正义，全民守法营造良好法治环境。科学立法、严格执法、公正司法、全民守法这四个环节是一个逻辑严密的体系，是相互依存的。其中科学立法是建设法治中国的前提，严格执法是建设法治中国的关键，公正司法是建设法治中国的防线，全民守法是建设法治中国的基础。③ 案例中的材料体现了新时代十六字方针中的严格执法。严格执法不仅能够维护法律权威和尊严、促进社会公平正义，而且能够全面推进依法治国。

---

① 参见邓小平：《邓小平文选（第2卷）》，人民出版社1994年版，第146—147页。

② 参见叶青：《坚持全面推进科学立法、严格执法、公正司法、全民守法》，载《法治现代化研究》2021年第5期。

③ 参见法理学编写组：《法理学》，人民出版社、高等教育出版社2020年版，第375页。

第二章　宪法制度与公民权利

第一节　宪法的地位、功能和价值

一、宪法的地位

【经典案例】　现行 1982 年宪法的起草过程正是宪法凝聚社会共识的集中体现。在 1980 年，负责宪法修改具体工作的宪法修改委员会秘书处便将 1954 年宪法和 1978 年宪法发给各级部门、各地方、各界人士，请他们对这两部宪法哪些留、哪些删、哪些改、哪些加，提出意见。随后，秘书处分别访问了各方人士，包括中央各机关和民主党派、人民团体的负责人，尤其是法律专家，召开座谈会并听取意见。据统计，从 1980 年 9 月到 1981 年 6 月，秘书处先后邀请北京和外地的专家、学者、有关部门负责人进行了 13 次座谈并围绕如何修改宪法的问题进行了讨论。1982 年 4 月，宪法修改委员会全文发表了"八二宪法"修改草案，并交付全国各族人民讨论。在为期 4 个月的全民讨论后，中央和国务院各部门、人民解放军、各民主党派和各人民团体陆续汇报了讨论总结。宪法修改委员会秘书处把各方面的修改意见编成《全民讨论宪法修改草案意见汇集》，分送宪法修改委员会各位委员，作为对草案进一步修改的依据。①

【问题】 "八二宪法"制定过程中社会各界的充分参与，说明了什么？

【法理解读】

自新中国成立以来，我国一共出现了四部宪法，分别是 1954 年宪法、1975 年宪法、1978 年宪法和 1982 年宪法。我国现行宪法是 1982 年宪法。为了适应新形势、吸纳新经验、确认新成果，我国现行宪法分别于 1988 年、1993 年、1999 年、2004 年和 2018 年进行了五次修正。我国宪法在序言中有明文规定："本宪法以法律的形式确认了中国各族人民奋斗的成果，规定了国家的根本制度和根本任务，是国家的根本法，具有最高的法律效力。"可见，在我国，宪法具有最高的法律地位。宪法的至高无上性主要表现在其特有的作用、效力和内容等方面。

从作用上看，宪法是国家的根本法，是党和人民意志的集中体现。《中共中央关于全面推进依法治国若干重大问题的决定》指出："宪法是党和人民意志的集中体现，是通过科学民主程序形成的根本法。"首先，宪法以法律的形式确认了中国各族人民奋斗的成果。宪法第一章规定了中华人民共和国是工人阶级领导的、以工农联盟为基础的人民民主专政的社会主义国家。中华人民共和国的一切权力属于人民。人民依照法律规定，通过各种途径和形式，管理国家事务，管理经济和文化事业，管理社会事务。这些规定均体现了我国社会主义法律，既具有其鲜明的阶级特性，又具有广泛的人民特性。其次，宪法反映了全国各族人民的愿望和要求。无论是宪法的制定还是修改，都是根据人民的意愿和要求进行的。宪法反映全国各族人民的共同意志。案例中，"八二宪法"制定过程中进行了为期 4 个月的全民讨论，这说明宪法反映全国各族人民的共同意志、保障人民民主权利、维护人民根本利益，是治国安邦的根本大法。

---

① 参见全国"七五"普法统编教材编写组编、司法部法制宣传司审定：《宪法学习读本》，法律出版社 2016 年版，第 24 页。

从效力上看，宪法是国家各项制度和法律法规的总依据。中国特色社会主义法律体系是一个有机统一整体，宪法是中国特色社会主义法律体系的统帅。宪法的统帅地位一是体现在宪法是其他法律的立法基础及立法根据，其他法律都是以宪法为根据制定的。《宪法》第5条第1款规定了中华人民共和国实行依法治国，依法治国的核心是依宪治国，这就意味着宪法具有最高的法律地位。二是宪法与其他法律相比，具有最高的法律效力。《宪法》第5条第3款规定了一切法律、行政法规和地方性法规都不得同宪法相抵触。其他法律不得违背宪法的规定、原则和精神，任何与宪法相冲突的法律法规条文都是无效的。

从内容上看，宪法规定了国家的根本制度和根本任务。与其他法律相比较，宪法所规定的内容是国家生活中带有全局性、根本性的问题。如宪法序言规定了国家的根本任务是沿着中国特色社会主义道路，集中力量进行社会主义现代化建设。《宪法》第1条规定了我国的国体，第2条规定了我国的根本制度。而其他法律只规定国家生活和社会生活中某一方面的内容。如刑法是规定犯罪和刑罚的法律规范。

二、宪法的功能

【经典案例】　从中央政治局出台八项规定，到全党开展群众路线教育实践活动；从国内"虎蝇齐打"，到海外强势"猎狐"；从党的十八届三中全会强调加强反腐败体制机制创新和制度保障，到四中全会正式提出"形成不敢腐、不能腐、不想腐的有效机制"……不断深入的正风反腐如链相继、如环相扣，以不变而又步步为营的节奏，让全党全社会感受到新一届中央领导集体持之以恒正风反腐的决心、意志和信心。①

---

　　①　参见《踩着不变的步伐，将反腐败斗争不断引向深入》，载《中国纪检监察报》2015年3月17日。

【问题】 腐败是对公权力的滥用，宪法是如何通过对公权力的限制从而实现其限制功能的？

【法理解读】

宪法的功能，是指由宪法的本质所决定的宪法应该具有的效用。① 宪法除了法的一般功能外，还有其他法律不能取代的功能。宪法作为国家根本法，宪法的功能主要表现在以下几个方面：

1. 确认功能

宪法作为国家的根本法，首先表现为确认功能，即对国家根本性问题的确认。主要表现为：一是确认国家权力的归属，我国宪法规定国家的一切权力属于人民。二是确认宪法赖以存在的经济基础，为生产资料的社会主义公有制。三是确认国家法制统一的原则，宪法第五条明确规定"国家维护社会主义法制的统一和尊严。一切法律、行政法规和地方性法规都不得同宪法相抵触。一切国家机关和武装力量、各政党和各社会团体、各企业事业组织都必须遵守宪法和法律"。四是确认社会共同体的基本价值目标与原则，② 即把我国建设成为富强民主文明和谐美丽的社会主义现代化强国，实现中华民族伟大复兴。

2. 保障功能

宪法的保障功能体现为对民主制度和人权发展提供有效的保障。首先是对民主制度的保障。宪法与民主紧密相连，宪法是民主制度化、法律化的基本形式。宪法不仅规定各项民主原则、民主程序与民主生活规则，同时对民主制度的实现提供宪法保障。二是对人权发展的保障。列宁曾经说过，"宪法就是一张写着人民权利的纸"，③ 因而保障人权是宪法的核心功能。享有充分的人权，是长期以来人类追求的崇高理想，也是我们中国共

---

① 参见董和平：《论宪法的价值及其评价》，载《当代法学》1999年第2期。
② 参见胡锦光、韩大元：《中国宪法》，法律出版社2018年版，第30页。
③ 参见列宁：《列宁全集》(第12卷)，人民出版社1987年版，第50页。

产党人努力奋斗的目标。《中华人民共和国宪法》正是反映这一进步要求的法律保障。[1] 我国宪法从政治、经济、文化等各个方面保障公民的人权。

3. 限制功能

宪法的限制功能与宪法的人权保障功能有密切联系，其宗旨是加强对人权的保护，以避免由于国家权力过度扩张可能对公民人权造成的伤害。宪法既是授权法又是限权法。一方面宪法规定了国家权力运行的范围、方式和程序，以确保国家权力按照宪法的规定运行；另一方面宪法又规定了国家机构的产生程序、职权与职权的具体行使程序等，将国家权力的行使限定在一个有限的范围之内。反腐败的核心是制约和监督权力，让权力在阳光下运行。我国宪法对公权力的限制一是体现在政府做到权力公开，二是体现在宪法的规定使得公权力得以依宪行使，三是体现在宪法鼓励公众对公权力的监督。如《宪法》第 3 条规定，全国人民代表大会和地方各级人民代表大会都由民主选举产生，对人民负责，受人民监督。

4. 协调功能

不同的人会产生不同的利益需求，包括不同阶层、不同民族、不同宗教等都会有不同的利益，而宪法则在不同利益需求的追求过程中发挥着重要的协调作用，宪法的特殊功能在于，能够以合理的机制平衡利益，寻求多数社会成员普遍认可的规则，以此作为社会成员遵循的原则。[2] 现实生活中的利益冲突，反映了民族共同体中缺乏一种共同的价值共识。我国宪法把社会主义核心价值观纳入宪法，有助于凝聚全体社会成员的共识。只有把宪法真正作为社会的基本共识，依宪治国才能成为国家长治久安的方略。

三、宪法的价值

【经典案例】 2020 年 5 月 28 日，十三届全国人大三次会议表决通

---

① 参见陈纯柱、郭勤：《中国宪法的人权保障》，载《重庆行政公共论坛》2004 年第 5 期。
② 参见胡锦光、韩大元：《中国宪法》，法律出版社 2018 年版，第 32 页。

过《中华人民共和国民法典》，自 2021 年 1 月 1 日起施行。民法典是新中国第一部以法典命名的法律，共 7 编、1260 条，各编依次为总则、物权、合同、人格权、婚姻家庭、继承、侵权责任。民法典通篇贯穿以人民为中心的发展思想，着眼于满足人民对美好生活的需要，对公民的人身权、财产权、人格权等作出明确规定，体现了对人民权利的充分保障，被誉为"新时代人民权利的宣言书"。①

【问题】 民法典的颁布体现了宪法的哪些价值？

【法理解读】

1. 宪法价值的内涵

探求法律的价值意义就是寻找法律最真实的生命。② 宪法也是如此，有着自己的价值和价值追求。宪法价值问题是宪法学研究的核心问题。由于不同的学者对宪法价值有不同理解，因此对宪法价值的内涵是众说纷纭。通过比较分析宪法学界对宪法价值的研究，宪法价值是潜含着主体价值需要的宪法在与主体相互作用过程中对主体发生的效应。③ 宪法的功能是宪法价值的外化，宪法的价值是宪法功能的内在依据。

2. 宪法的基本价值

（1）以人民为中心

这是我国宪法最核心的价值。《宪法》在序言中明确中国人民掌握了国家的权力，成为国家的主人。《宪法》第一条开宗明义地指出我国实行"人民民主专政"的国体，这一规定明确了广大人民群众在国家生活中的主人翁地位。④《宪法》规定的人民代表大会制度以及基层群众自治制度等也充分体现了宪法以人民为中心这一核心价值。

---

① 参见《中国的民主》白皮书，国务院新闻办公室网站，http://www.scio.gov.cn/zfbps/32832/Document/1717206/1717206.htm。

② 参见梁治平：《法辩》，贵州人民出版社 1992 年版，第 196 页。

③ 参见吴家清：《论宪法价值的本质、特征与形态》，载《中国法学》1999 年第 2 期。

④ 参见李芳、陈道发：《社会主义核心价值观的宪法之维》，载《广西社会科学》2021 年第 7 期。

（2）公平正义

习近平总书记指出："公平正义是我们党追求的一个非常崇高的价值，全心全意为人民服务的宗旨决定了我们必须追求公平正义，保护人民权益、伸张正义。"①公平正义的法律价值在宪法中体现为法律面前人人平等，我国宪法蕴含着对公平正义的规定和维护。《宪法》序言中确认了"在我国，剥削阶级作为阶级已经消灭"，这肯定了社会主义制度的公正性。《宪法》对社会主义经济制度的规定，为社会公正奠定了经济基础。《宪法》对分配制度的规定，体现了社会主义对公正的追求。《宪法》对公民各项权利的规定，也体现了公正的内涵。《宪法》对国家机构的规定，同样体现了对公平正义的追求。

（3）全人类共同价值

与西方国家把自己的价值观和价值体系作为人类社会的"普世价值"强加于人不同，我国宪法主张在文明互鉴基础上形成人类社会的共同价值。②习近平提出和平、发展、公平、正义、民主、自由是全人类共同价值。《宪法》序言提出构建人类命运共同体，这体现了中国致力于为世界和平与发展作出更大贡献的崇高目标，这与全人类共同价值是一致的。

案例中，民法典坚持以人民为中心，充分表达了人民的意愿，满足了人民的需要，深刻诠释了宪法以"以人民为中心"的价值追求。民法典完善了我国民事领域基本法律制度和行为规则，为民事主体公开公平公正地参与民事活动提供了法律依据，这体现了宪法追求公平正义的价值。

四、宪法的原则

【经典案例】　个人所得税起征点（正确说法是个人所得税费用扣除标

---

① 参见习近平：《在省部级主要领导干部学习贯彻党的十八届四中全会精神全面推进依法治国专题研讨班上的讲话》（2015年2月2日），《习近平关于全面依法治国论述摘编》，中央文献出版社2015年版，第38页。

② 参见张文显：《法理学》，高等教育出版社2018年版，第321页。

准或者免征额）是指国家为了完善税收体制，更好地进行税制改革，而制定的税收制度。2011 年 4 月 20 日，十一届全国人大常委会第二十次会议召开，个人所得税免征额拟调至 3500 元。2011 年 6 月中旬，调查显示，48% 的网民要求修改个税免征额。2011 年 6 月 30 日十一届全国人大常委会第二十一次会议通过了关于修改《个人所得税法》的决定，并于 2011 年 9 月 1 日起施行。2018 年 8 月 31 日，修改个人所得税法的决定通过，起征点每月 5000 元，2018 年 10 月 1 日起实施最新起征点和税率。

【问题】 个人所得税起征点的确立体现了宪法的哪些基本原则？

【法理解读】

宪法基本原则是指宪法在调整社会关系时所采取的基本立场和准则。① 宪法的基本原则是制定、修改和实施宪法的根本准则。在我国，宪法的基本原则随着中国特色社会主义理论和实践的发展不断丰富和发展，体现了社会主义法治的根本性质。

1. 党的领导原则

中国共产党是中国特色社会主义事业的领导核心，是人民当家作主的根本保证，是中国特色社会主义最本质的特征，是中国特色社会主义制度最大优势。习近平说："我国宪法是以根本法的形式反映了党带领人民进行革命、建设、改革取得的成果，反映了在历史和人民选择中形成的党的领导地位。"② 我国《宪法》不仅在序言中明确规定党的领导地位，从法律上保证中国共产党在国家中的执政地位，是中国最广大人民意志的集中体现，而且宪法作为我国的根本大法，也必须要坚持中国共产党的领导，通过法律的权威和威慑力保证我国的社会主义发展方向。

---

① 参见《宪法学》编写组：《宪法学》，高等教育出版社、人民出版社 2021 年版，第 89 页。
② 参见习近平 2014 年 2 月 17 日在省部级主要领导干部学习贯彻党的十八届三中全会精神全面深化改革专题研讨班上的讲话。

2. 人民当家作主原则

《宪法》第 2 条第 1 款规定："中华人民共和国的一切权力属于人民。"这说明在我国，社会主义民主政治的本质与核心是人民当家作主，我国宪法是人民的宪法。人民当家作主原则在宪法中的表现是多方面的。宪法不仅通过确认国体、政体等，为人民主权的实现提供了各种保障，而且宪法还通过对公民权利的规定来体现人民当家作主，从而将抽象化的人民当家作主原则具体化。

3. 尊重和保障人权原则

《宪法》第 33 条第 3 款规定："国家尊重和保障人权。"为了尊重和保障人权，我国宪法专章规定了公民在政治、经济、文化和社会生活方面享有的权利，宪法规定公民享有人身权、财产权、社会保障权、受教育权等权利和宗教信仰、言论出版、集会结社、游行示威等自由。由于国家机关和国家工作人员侵犯公民权利而受到损失的人，有依照法律规定取得赔偿的权利。

4. 社会主义法治原则

《宪法》第 5 条第 1 款规定："中华人民共和国实行依法治国，建设社会主义法治国家。"这是宪法对社会主义法治原则的确认。社会主义法治原则要求坚持宪法法律至上、法律面前人人平等，推进国家各项工作法治化，维护社会公平正义，维护社会主义法制的统一、尊严、权威。[①]

5. 民主集中制原则

《宪法》第 3 条第 1 款规定："中华人民共和国的国家机构实行民主集中制的原则。"民主集中制是我国国家制度的突出优势，是实现科学决策、民主决策的基本原则和主要途径。民主集中制原则在宪法中的规定具体体现为全国人民代表大会和地方各级人民代表大会为统一行使国家权力的机关，把广大人民的共同意志集中起来，经过法定程序上升为国家意志，一

---

① 参见本书编写组：《思想道德与法治》，高等教育出版社 2021 年版，第 215 页。

切其他国家机关都要向人民代表大会负责，接受人民代表大会的监督。中央和地方的国家机构职权的划分，要坚持在中央的统一领导下，充分调动地方的主动性、积极性的原则。

案例中，个人所得税起征点的确立必须在宪法基本原则的框架内进行调整。首先，党从新时代的要求和人民的意志出发提出修改个税法修正的建议，鼓励人民群众靠劳动增加收入、走向富裕。这体现了党的领导原则。其次，在调整过程中全国人大广泛征求群众意见，让人民的意志得以体现，这体现了人民当家作主原则和民主集中制原则。再次，个人所得税起征点的确立是根据我国国情来设定的，保证纳税人及其家庭最基本的衣食住行、医疗、教育等费用，这体现了尊重和保障人权原则。最后，税务机关按照税法制定税率依法征税，纳税人按照税法依法纳税，这体现了法治原则。

第二节　宪法所确立的国家基本制度

一、经济制度

【经典案例】　某国有企业转为股份公司，该企业技术员张公平购买了内部职工股，年终按分红获得 10000 元；他将自己发明的专利技术投入该公司入股，年终又获 32000 元；张公平的年工资收入 98000 元，岗位津贴 1500 元，奖金 35000 元。

【问题】　张公平的年终所得分别属于哪种分配方式？

【法理解读】

国家基本制度是指规范国家行为和社会行为并由宪法所确立的基本规则和基本规范的总和。[①] 根据我国现行宪法的规定，社会主义制度是中华

---

① 参见《宪法学》编写组：《宪法学》，高等教育出版社、人民出版社 2021 年版，第 135 页。

人民共和国的根本制度，在此前提和基础下，宪法对国家的各项基本制度作出了具体规定，包括经济制度、政治制度、文化制度、社会制度和生态文明制度。《中华人民共和国宪法》总纲共 32 条，其中对经济制度的规定包括第 6 条到第 18 条共 13 条，宪法修正案也多方面涉及经济制度。宪法对经济制度的规定主要内容如下：

1. 坚持以公有制为主体、多种所有制经济共同发展的基本经济制度

（1）公有制经济

《宪法》第 6 条第 1 款第 1 句明确了中华人民共和国的社会主义经济制度的基础是生产资料的社会主义公有制，即全民所有制和劳动群众集体所有制。其中全民所有制是社会全体成员共同占有生产资料的所有制形式。[①]《宪法》第 7 条规定，国有经济，即社会主义全民所有制经济，是国民经济中的主导力量。国家保障国有经济的巩固和发展。劳动群众集体所有制是指生产资料归集体经济组织内部的劳动者共同所有的一种所有制形式。[②] 劳动群众集体所有制分为两种基本形态：农村集体所有制和城镇集体所有制。劳动群众集体所有制与社会主义全民所有制共同构成社会主义经济制度的基础。

（2）非公有制经济

我国目前正处于社会主义初级阶段，非公有制经济对促进我国经济的增长、就业机会的增加、社会稳定的维护等方面起到积极的作用，因此，《宪法》第 6 条第 2 款前半句规定，国家在社会主义初级阶段，坚持公有制为主体、多种所有制经济共同发展的基本经济制度。现阶段，非公有制经济包括个体经济、私营经济、外资经济以及混合所有制经济中的非公有制成分。

2. 坚持按劳分配为主体、多种分配方式并存的分配制度

我国《宪法》第 6 条第 1 款第 2 句规定："社会主义公有制消灭人剥

---

① 参见《宪法学》编写组：《宪法学》，高等教育出版社、人民出版社 2021 年版，第 137 页。

② 参见周叶中：《宪法》，高等教育出版社 2020 年版，第 190 页。

削人的制度，实行各尽所能、按劳分配的原则。"第6条第2款后半句规定，国家在社会主义初级阶段，坚持按劳分配为主体、多种分配方式并存的分配制度。

（1）按劳分配为主体

所谓按劳分配，就是对于劳动者创造的社会总产品，在扣除生产过程中需要的部分和公共消费的部分之后，作为个人消费品，根据每个劳动者提供的劳动数量和质量进行分配，实行多劳多得，少劳少得的原则。[①] 按劳分配一方面对提高劳动者的积极性和创造性，促进社会生产力的发展具有重要意义；另一方面又充分反映了劳动者共同劳动、平等分配的社会地位。

（2）多种分配方式并存

由于我国在公有制经济之外，还存在多种非公有制经济，因此也存在多种非按劳分配的方式。其他多种分配方式实质是指按生产要素分配。按生产要素分配是指生产要素所有者凭借对生产要素的所有权参与收益分配。参与收益分配的生产要素有：劳动、资本、土地、知识、技术、信息、管理、数据等。多种分配方式并存的分配方式，有利于资源优化配置，促进经济发展。案例中，张公平是国有企业职工，其工资收入98000元、岗位津贴1500元、奖金35000元属于按劳分配；张公平购买内部职工股分红的10000元和专利技术入股的32000元属于按资本要素取得的收入。

3. 社会主义市场经济是我国的经济体制

我国《宪法》第15条规定："国家实行社会主义市场经济。"社会主义市场经济是中国特色社会主义的重大理论和实践创新。这一经济体制既能发挥市场经济的长处，又能发挥我国社会主义制度的优势。与资本主义市场经济不同的是，社会主义市场经济把促进全体人民实现共同富裕作为

---

① 参见周叶中：《宪法》，高等教育出版社2020年版，第194页。

根本目标，同时国家加强经济立法，完善宏观调控，依法禁止任何组织或者个人扰乱社会经济秩序。

二、政治制度

【经典案例】　中共十八大以来，中共中央召开或委托有关部门召开政党协商会议 170 余次，先后就中国共产党全国代表大会和中央全会报告、修改宪法部分内容的建议、制定国民经济和社会发展中长期规划的建议、国家领导人建议人选等重大问题同党外人士真诚协商、听取意见，确保重大问题决策更加科学、民主。各民主党派中央、无党派人士深入考察调研，提出书面意见建议 730 余件，许多转化为国家重大决策。中共各级地方党委结合实际，就地方重大问题同民主党派各级地方组织进行协商，积极推动了当地经济社会发展。①

【问题】　这一材料说明了什么？

【法理解读】

在我国，宪法规定我国的根本政治制度为人民代表大会制度，基本政治制度为中国共产党领导的多党合作和政治协商制度、民族区域自治制度以及基层群众自治制度，它们共同构成我国政治制度的核心内容。

1. 人民代表大会制度

人民代表大会制度是我国的政权组织形式，是我国的根本政治制度，在《宪法》条文中仅次于人民民主专政的国体而规定在第 2 条中。根据宪法的规定，人民代表大会制度的主要内容如下：一是人民与国家权力的关系，即国家的一切权力属于人民。二是人民与人民代表大会的关系，即全国人民代

---

① 参见《中国的民主》白皮书，国务院新闻办公室网站，http://www.scio.gov.cn/zfbps/32832/Document/1717206/1717206.htm。

表大会和地方各级人民代表大会都由民主选举产生，对人民负责，受人民监督。三是人民代表大会与其他国家权力机关的关系，即国家行政机关、审判机关、检察机关、监察机关都由人民代表大会产生，对它负责，受它监督。四是中央与地方、上级与下级国家机关之间的关系，即中央和地方的国家机构职权的划分，要在坚持中央的统一领导下，充分调动地方的主动性和积极性。2021 年习近平在《在中央人大工作会议上的讲话》中指出，实践证明，人民代表大会制度是符合我国国情和实际、体现社会主义国家性质、保证人民当家作主、保障实现中华民族伟大复兴的好制度。①

2. 中国共产党领导的多党合作和政治协商制度

宪法明确规定，中国共产党领导的多党合作和政治协商制度将长期存在和发展。中国共产党领导的多党合作和政治协商制度是我国的一项基本政治制度。这一制度的主要内容如下：一是中国共产党是执政党，在国家政权中居于领导地位。二是民主党派是参政党，我国的民主党派包括中国国民党革命委员会、中国民主同盟、中国民主建国会、中国民主促进会、中国农工民主党、中国致公党、九三学社、台湾民主自治同盟。这些民主党派与中国共产党长期共存、互相监督、肝胆相照、荣辱与共。三是中国人民政治协商会议是中国共产党领导的多党合作和政治协商的重要机构。

案例材料中，中国共产党和各民主党派、无党派人士以政党协商会议的形式，就国家的重大政策和重要问题进行协商，这充分说明中国共产党是执政党，各民主党派是参政党，中国共产党和各民主党派是亲密战友。这一制度不仅有利于发扬社会主义民主、进行科学民主决策，而且有利于凝聚人心、维护社会稳定与和谐。

3. 民族区域自治制度

我国宪法规定，各少数民族聚居的地方实行区域自治，设立自治机关，行使自治权。民族区域自治制度是我国的一项基本政治制度。这一制

---

① 参见习近平：《在中央人大工作会议上的讲话》，载《求是》2022 年第 5 期。

度的主要内容如下：一是各民族自治地方都是中国的一部分，民族自治地方的自治机关要服从中央的统一领导，这是实行民族区域自治的先决条件。二是民族区域自治必须以少数民族聚居区为基础，这是我国民族区域自治法确立的建立民族自治地方的基本条件。三是民族自治机关行使自治权，这是民族区域自治制度的核心和关键所在。民族自治地方的自治机关行使宪法规定的地方国家机关的职权，同时依照宪法、民族区域自治法和其他法律规定的权限行使自治权，根据本地方的实际情况贯彻执行国家的法律、政策。①

4. 基层群众自治制度

基层群众自治制度是指依照宪法和有关法律规定，由居民（村民）选举的成员组成居民（村民）委员会，实行自我管理、自我教育、自我服务、自我监督的制度，是我国一项基本政治制度。② 这一制度的主要内容如下：一是城市和农村按居住地区实行基层群众性自治。二是自治组织是居民委员会和村民委员会。这一制度促进人民群众直接行使民主权利，从而推进社会主义民主建设，维护社会安定。

三、文化制度

【经典案例】 自改革开放以来，我国各级政府高度重视教育和科技发展，培育创业和创新环境，逐步将我国的标签从"中国制造"升级为"中国创造"，已取得很大成绩。在日趋激烈的国际竞争中，我国必须以全球视野谋划和推动创新，加快从经济大国走向经济强国。③

---

① 参见孙培军：《民族区域自治制度：有效保障少数民族人民的权利》，载《学习时报》2022年4月6日。

② 参见《宪法学》编写组：《宪法学》，高等教育出版社、人民出版社2021年版，第166页。

③ 参见《创新引领发展，科技赢得未来》，载搜狐网2020年6月12日。

【问题】 这一材料说明了什么？

【法理解读】

文化制度是指一国通过宪法和法律规范社会文化生活，调整以社会意识形态为核心的各种文化生活的基本原则和规则的总和。[①] 我国宪法对文化制度的规定如下：

1. 坚持马克思主义在意识形态领域的指导地位

我国《宪法》序言明确规定我国的指导思想是马克思列宁主义、毛泽东思想、邓小平理论、"三个代表"重要思想、科学发展观和习近平新时代中国特色社会主义思想。党的十九届四中全会通过的《中共中央关于坚持和完善中国特色社会主义制度、推进国家治理体系和治理能力现代化若干重大问题的决定》提出，必须坚持马克思主义在意识形态领域指导地位的根本制度。

2. 加强思想道德建设

思想道德建设决定精神文明建设的性质，保障社会主义建设事业的发展方向。《宪法》第24条规定："国家通过普及理想教育、道德教育、文化教育、纪律和法制教育，通过在城乡不同范围的群众中制定和执行各种守则、公约，加强社会主义精神文明的建设。"这一规定明确了思想道德建设的主要内容。

3. 加强教育科学文化建设

教育科学文化建设不仅是物质文明建设的重要基础，而且也是提高人民群众思想道德水平的重要条件。因此，我国《宪法》在第19条至第22条分别对教育事业、科学事业、体育事业、文学艺术及其他文化事业作出具体规定。案例材料说明了文化制度建设的重要性。文化对经济和政治具有反作用。科学技术在一个民族的发展与进步中起着举足轻重的作用。因

---

① 参见《宪法学》编写组：《宪法学》，高等教育出版社、人民出版社2021年版，第169页。

此必须要加强文化制度建设，从而提升国家文化软实力，增强综合国力。

四、社会制度

【经典案例】　党的十八大以来，在以习近平同志为核心的党中央坚强领导下，我国社会保障体系建设进入快车道，成功建设了具有鲜明中国特色、世界上规模最大、功能完备的社会保障体系。截至 2022 年 4 月底，全国基本养老、失业、工伤保险参保人数分别为 10.3 亿人、2.3 亿人、2.8 亿人，较 2012 年年底分别增加 2.42 亿、0.78 亿、0.9 亿人。①

【问题】　这一材料说明了什么？

【法理解读】

社会制度是指一国通过宪法和法律调整以基本社会生活保障及社会秩序维护为核心的各种基本关系的规则、原则和政策的综合。我国宪法对基本社会制度的规定主要包括社会保障制度、医疗卫生事业、劳动保障制度、社会治理制度等。

1. 社会保障制度

为了维护社会的稳定、推动经济的发展和保护公民的幸福，我国宪法对社会保障制度作出了规定。《宪法》第 14 条规定："国家建立健全同经济发展水平相适应的社会保障制度。"社会保障制度主要包括社会保险、社会福利、社会救助、社会优抚和社会安置等四个方面的内容。在案例材料中，一系列的数据说明了党的十八大以来的十年，我国社会保障制度建设成绩斐然，我国社会保障制度体系更加完善，中国特色的社会保障体系框架基本建立。

---

①　参见游翀：《蹄疾步稳　社保制度实现高质量发展——社会保障制度改革成就综述》，载《中国劳动保障报》2022 年 5 月 24 日。

2. 医疗卫生事业

《宪法》第21条第1款规定了国家发展医疗卫生事业，发展现代医药和我国传统医药，鼓励和支持农村集体经济组织、国家企业事业组织和街道组织举办各种医疗卫生设施，开展群众性的卫生活动，保护人民健康。

3. 劳动保障制度

为保护劳动者的合法权益，维护社会稳定和推动社会经济发展，我国宪法有多个条款规定了劳动保障制度。劳动保障的具体制度包括生育保障、疾病保障、失业保障、伤残保障、退休保障和死亡保障等。如《宪法》第45条规定中华人民共和国公民在年老、疾病或者丧失劳动能力的情况下，有从国家和社会获得物质帮助的权利。

4. 社会治理制度

社会治理制度是为维护人民群众权益，促进社会公平正义，保持社会良好秩序而制定的各种规则和原则的总和。① 为了促进社会的稳定，我国宪法对社会治理制度作出了具体规定。如《宪法》第28条规定，国家维护社会秩序，镇压叛国和其他危害国家安全的犯罪活动等。

五、生态文明制度

【经典案例】 2021年，全国地级及以上城市空气质量优良天数比率为87.5%，同比上升0.5个百分点；细颗粒物（$PM_{2.5}$）浓度为30微克/立方米，同比下降9.1%；地表水Ⅰ—Ⅲ类水质断面比例为84.9%，同比上升1.5个百分点；单位国内生产总值二氧化碳排放降低指标预计达到"十四五"序时进度要求……②

---

① 参见《宪法学》编写组：《宪法学》，高等教育出版社、人民出版社2021年版，第178页。
② 参见张蕾：《奔赴永续发展美好未来——我国生态环境保护发生历史性、转折性、全局性变化》，载《光明日报》2022年3月1日。

【问题】 这些数据说明了什么?

【法理解读】

为了保护和改善生态环境,促进经济社会可持续发展,我国宪法对生态文明制度作出了明确规定。

1. 生态文明写入宪法

宪法序言将生态文明与物质文明、政治文明、精神文明、社会文明一起作为国家文明体系中一个重要组成部分,让文明的含义更加全面更加丰富。

2. 自然资源的合理利用

《宪法》第 9 条规定:"国家保障自然资源的合理利用,保护珍贵的动物和植物。禁止任何组织或者个人用任何手段侵占或者破坏自然资源。"

3. 生活环境和生态环境的保护与改善

面对资源日益紧张、环境污染严重、生态环境退化的严峻形势,我国宪法对生活环境和生态环境的保护与改善作出明确规定。

案例中,一系列的数据说明在中国共产党的领导下,我国生态环境发生了巨大的变化,生态文明建设取得了历史性的成就,为人类可持续发展作出了贡献。

第三节 公民基本权利与基本义务

一、公民基本权利

【经典案例】 陈世美家境贫寒与妻子秦香莲恩爱和谐,十年苦读的陈世美进京赶考,中状元后被宋仁宗招为驸马。秦香莲久无陈世美音讯,携子上京寻夫反被诬陷为凶手入狱。在陈世美的授意下,秦香莲被发配边疆，半途中官差奉命杀她，幸为展昭所救。包拯找到证据，欲定驸马之罪，公主与太后皆赶至阻挡，但包拯终将陈世美送上龙头铡。①

【问题】 这一案例说明了什么？

【法理解读】

我国宪法规定了公民享有一系列权利，主要包括平等权、政治权利、人身权利、社会经济权利、宗教信仰及文化权利等。

1. 平等权

所谓平等权是指公民平等地享有权利，不受任何差别对待，要求国家给予同等保护的权利与原则。② 平等权所包含的内容非常丰富，根据宪法的规定，主要有以下内容：一是法律面前人人平等。《宪法》第 33 条第 2 款规定："中华人民共和国公民在法律面前一律平等。"即公民不分民族、种族、性别、职业、家庭出身、宗教信仰、教育程度、财产状况等差异，一律平等地享有宪法和法律所赋予的各项权利，并履行宪法和法律规定的义务。二是国家在适用法律时，对所有公民的合法权益予以同等的保护，对所有公民的违法行为平等地予以惩罚，不因人而异。三是任何公民不得有超越宪法和法律的特权，也不得承担宪法和法律以外的义务。

案例中，陈世美虽然贵为驸马，但触犯了法律，一样受到法律的制裁。这正是"王子犯法与庶民同罪"的体现。今天，我国宪法中就有关于平等权的规定，法律面前一律平等，是建立社会主义法治国家的必然要求，也是建设社会主义法治国家的重要标志。

2. 政治权利

政治权利是公民参与国家政治活动的权利和自由的统称。③ 宪法所规定的政治权利主要包括以下几方面的内容：

---

① 参见《CCTV 空中剧院》：汉剧《铡美案》，载央视网 2021 年 7 月 28 日。

② 参见胡锦光、韩大元：《中国宪法》，法律出版社 2018 年版，第 195 页。

③ 参见《宪法学》编写组：《宪法学》，高等教育出版社、人民出版社 2021 年版，第 200 页。

（1）选举权与被选举权。《宪法》第 34 条规定："中华人民共和国年满十八周岁的公民，不分民族、种族、性别、职业、家庭出身、宗教信仰、教育程度、财产状况、居住期限，都有选举权和被选举权；但是依照法律被剥夺政治权利的人除外。"依此规定，首先，享有选举权和被选举权必须具有法定资格，即必须是中国公民、必须年满 18 周岁且未被剥夺政治权利。其次，选举权与被选举权行使对象包括两类：一是选举或被选举为代议机关代表；二是特定国家机关公职人员，即法律规定由选举产生的公职人员，包括立法机关、司法机关及其特定范围内的行政机关工作人员。[1] 最后，选举权与被选举权的行使原则、方式和程序是法定的，一般采取投票或者表决的方式，《选举法》对行使方式作了明确的规定。

（2）政治自由。《宪法》第 35 条规定："中华人民共和国公民有言论、出版、集会、结社、游行、示威的自由。"据此规定，政治自由包括：一是言论自由。即公民对于政治和社会生活中的各种问题，享有的通过语言方式表达其思想和见解的自由。[2] 二是出版自由，即公民通过公开出版物的形式，自由地表达自己对国家事务、经济和文化事业、社会事务等方面的意见和观点。出版自由是言论自由的扩充表现。三是结社自由，结社自由是指公民为了实现一定的目标而依法律规定的程序组织某种社会团体的自由。[3] 根据《社会团体登记管理条例》第 2 条规定："本条例所称的社会团体，是指中国公民自愿组成，为实现会员共同意愿，按照其章程开展活动的非营利性社会组织。"四是集会、游行、示威的自由。集会、游行、示威自由是公民言论自由的延伸，是公民表现其意志的不同表现形式。《集会游行示威法》第 2 条规定："本法所称集会，是指聚集于露天公共场所，发表意见、表达意愿的活动。本法所称游行，是指在公共道路、露天公共场所列队行进、表达共同意愿的活动。本法所称示威，是指在露天公共

---

[1] 参见胡锦光、韩大元：《中国宪法》，法律出版社 2018 年版，第 209 页。

[2] 参见周叶中：《宪法》，高等教育出版社 2020 年版，第 249 页。

[3] 参见《宪法学》编写组：《宪法学》，高等教育出版社、人民出版社 2021 年版，第 203 页。

场所或者公共道路上以集会、游行、静坐等方式，表达要求、抗议或者支持、声援等共同意愿的活动。"我国对集会、游行和示威实行许可制，《集会游行示威法》对集会、游行和示威的时间、地点、方式、行进路线等采取了相应的管理制度。

（3）监督权。《宪法》第41条第1款规定："中华人民共和国公民对于任何国家机关和国家工作人员，有提出批评和建议的权利；对于任何国家机关和国家工作人员的违法失职行为，有向有关国家机关提出申诉、控告或者检举的权利，但是不得捏造或者歪曲事实进行诬告陷害。"这里的"提出批评和建议的权利""提出申诉、控告或者检举的权利"构成监督权的具体内容。

（4）民主管理权，即公民有权依照宪法法律的规定管理国家事务、经济和文化事业以及社会事务。

3. 人身权利

人身权利是公民所有权利的基础。如果公民的人身权利得不到保护，那么其他权利就无法行使。宪法所规定的人身权利包括：

（1）生命健康权。《宪法》虽然没有明文规定生命健康权，但从宪法的精神和价值来看，生命健康权是受到宪法保护的。生命健康权包含公民的生命权和健康权两种权利。其中，生命权是一个人最基本的权利，是公民享有其他权利的前提。生命权是指公民享有的生命安全不被非法剥夺、危害的权利。健康权是在公民享有生命权的前提下，确保自身肉体健全和精神健全、不受任何伤害的权利。①

（2）人身自由权。《宪法》第37条第2、3款规定："任何公民，非经人民检察院批准或者决定或者人民法院决定，并由公安机关执行，不受逮捕。禁止非法拘禁和以其他方法非法剥夺或者限制公民的人身自由，禁止非法搜查公民的身体。"可见，人身自由权是指公民享有不受任何非法搜

---

① 参见本书编写组：《思想道德与法治》，高等教育出版社2021年版，第228页。

查、拘禁、逮捕、剥夺和限制等方面的权利。

（3）人格尊严权。《宪法》第38条：“中华人民共和国公民的人格尊严不受侵犯。禁止用任何方法对公民进行侮辱、诽谤和诬告陷害。”从宪法和法律的规定看，人格尊严的基本内容有姓名权、肖像权、名誉权、荣誉权、隐私权等。

（4）住宅安全权。《宪法》第39条：“中华人民共和国公民的住宅不受侵犯。禁止非法搜查或者非法侵入公民的住宅。”住宅是公民生活、工作和休息的场所。住宅是公民人身自由的延伸。为保障公民的住宅安全权，《刑法》第245条规定：“非法搜查他人身体、住宅，或者非法侵入他人住宅的，处三年以下有期徒刑或者拘役。”

（5）通信自由权。《宪法》第40条对公民的通信自由权作了明确规定。公民的通信自由权包括通信自由和通信秘密。通信自由，是指公民享有依照自己的意愿通过书信、电话、电报、电子邮件等方式与他人传递消息和信息的自由。[1]通信秘密是指公民与他人进行交往的信件、电话、电报、电子邮件等所涉及的内容，任何个人、任何组织或者单位都无权非法干预，无权偷看、隐匿、涂改、弃毁、扣押、没收、泄露或者窃听。[2]为保障公民的通信自由权，《刑法》第252条规定：“隐匿、毁弃或者非法开拆他人信件，侵犯公民通信自由权利，情节严重的，处一年以下有期徒刑或者拘役。”

4. 社会经济权利

社会经济权利是指公民依照宪法所享有的经济物质利益方面的权利。[3]宪法所规定的社会经济权利包括：

（1）财产权。每个人的物质和精神需求的满足，都离不开一定的财产。财产权是指公民以劳动或其他合法方式获得财产并占有、使用、收

---

[1] 参见祁时：《与宪法同行：公民的通信自由和通信秘密》，载《青少年法治教育》2021年第5期。

[2] 参见《中华人民共和国宪法通释：第二章　公民的基本权利和义务》，载中国人大网2010年4月14日。

[3] 参见焦洪昌：《宪法学》，北京大学出版社2013年版，第406页。

益、处分的权利。依照宪法的规定，财产权一是指公民享有私有财产权，二是指公民享有继承权。

（2）劳动权。劳动权是公民赖以生存的权利。劳动权是指有劳动能力的公民，有获得劳动就业和取得劳动报酬的权利。依照《宪法》的规定，劳动权包括平等就业的权利、选择职业的权利、取得劳动报酬的权利、休息的权利、获得劳动安全卫生保护的权利、提请劳动争议处理的权利等。

（3）休息权。《宪法》第43条规定："中华人民共和国劳动者有休息的权利。国家发展劳动者休息和休养的设施，规定职工的工作时间和休假制度。"休息权与劳动权是紧密联系在一起的，休息权是实现劳动权的必要前提。

（4）社会保障权。《宪法》第44条规定："国家依照法律规定实行企业事业组织的职工和国家机关工作人员的退休制度。退休人员的生活受到国家和社会的保障。"《宪法》第14条第4款规定："国家建立健全同经济发展水平相适应的社会保障制度。"这是宪法对社会保障权的规定。

（5）物质帮助权。宪法规定，公民在年老、疾病或者丧失劳动能力的情况下，有从国家和社会获得物质帮助的权利。国家通过发展社会保险、社会救济和医疗卫生事业等，为公民提供保障。

5. 宗教信仰自由

宗教信仰自由是指公民依据内心的信念，自愿地信仰宗教的自由。[①]依据《宪法》第36条的规定，宗教信仰自由一是指公民有宗教信仰的自由，二是国家保护正常的宗教活动，三是我国宗教实行独立自主的方针。

6. 文化教育权利

文化教育权利是公民按照宪法的规定，在文化与教育领域享有的权利。文化教育权利包括教育方面的权利和文化活动方面的权利。

（1）教育方面的权利。教育方面的权利主要表现为受教育权。根据

---

① 参见胡锦光、韩大元：《中国宪法》，法律出版社2018年版，第229页。

《宪法》第46条的规定，公民有受教育的权利和义务。受教育权包括受教育机会权、受教育条件权和公正评价权三个方面。

（2）文化活动方面的权利。依照《宪法》第47条的规定，文化活动方面的权利主要包括科学研究的自由、文学艺术创作的自由和进行其他文化活动的自由。

二、依法行使权利

【经典案例】 2019年10月12日22时55分，广西玉林市北流市发生5.2级地震。地震发生后，包括"余震预测"等不实信息在网络上被广泛传播，谣言引发了网友恐慌，造成了不良影响。广西平南县警方将涉嫌散布该谣言的人员唐某源抓获。①

【问题】 从上述案例中可以得到什么启示？

【法理解读】

1. 行使权利有界限

依法行使权利要求公民行使权利时应当严格按照法律的规定进行，这是因为，首先，所有的权利都是有界限的，没有哪一项权利是不受约束的。公民行使权利不能超越它本身的界限，不得滥用权利。我国宪法规定，公民在行使自由和权利的时候，不得损害国家的、社会的、集体的利益和其他公民的合法的自由和权利。其次，宪法对于公民行使权利作出了具体的限制性规定：一是不得强迫公民信仰宗教或者不信仰宗教，也不得对信仰宗教的公民和不信仰宗教的公民进行歧视；二是不得以任何理由侵犯公民的通信自由和通信秘密；三是不得以任何方式对公民进行侮辱、诽

---

① 参见《以"中国地震网报告"名义编造余震信息，广西一男子被抓获》，载《界面快报》2019年10月13日（有增删）。

谤和诬告陷害；四是不准对公民的住宅进行非法搜查或者非法侵入等；五是向有关国家机关提出申诉、控告或者检举的权利时不得编造、扭曲事实进行诬告陷害……

案例中，唐某源在网络上散布地震谣言，造成群众恐慌，损害了国家的、社会的和其他公民的利益，超出了法律所保障的行使言论自由权利，是违法行为，必须承担法律责任。

2. 维护权利守程序

首先，公民在行使权利时应当遵循法定程序，按照法律规定的活动方式、步骤和过程进行。每一个公民都要树立依照法定程序办事的观念，以正确的途径和方式来维护自己的权益。如我国选举法对选举程序作了规定，公民在行使选举权时要依照法律规定的程序。其次，公民权利受到损害时，也应当依照法定程序维护其权利。维护权利的方式包括协商、调解、仲裁和诉讼等。

三、公民基本义务

【经典案例】《国家安全法》是为了维护国家安全，保卫人民民主专政的政权和中国特色社会主义制度，保护人民的根本利益，保障改革开放和社会主义现代化建设的顺利进行，实现中华民族伟大复兴，[①] 根据《宪法》制定的，国家主席习近平签署第29号主席令予以公布。该法对政治安全、国土安全、军事安全、文化安全、科技安全等11个领域的国家安全任务进行了明确，共7章84条，自2015年7月1日起施行。

【问题】《国家安全法》的颁布有何重要意义？

---

① 参见《国家安全法》第1条。

【法理解读】

宪法在规定公民基本权利的同时，也规定了公民必须履行的基本义务。我国《宪法》第52—56条规定了公民的基本义务，具体如下：

1. 维护国家统一和民族团结的义务

《宪法》第52条规定："中华人民共和国公民有维护国家统一和全国各民族团结的义务。"国家的统一和民族的团结是进行社会主义现代化建设的重要保证。

2. 遵守宪法和法律的义务

《宪法》第53条除了规定公民遵守宪法和法律的义务外，还规定了其他具体义务，包括：一是保守国家秘密。国家秘密是指涉及国家的安全与利益，尚未公开或不准公开的政治、经济、军事、公安、司法等秘密事项以及应当保密的文件、资料等。[①] 二是爱护公共财产。公共财产包括全民所有财产和劳动群众集体所有财产。三是遵守劳动纪律。劳动者在从事社会生产和工作，应当遵守并执行劳动规则和工作程序等。四是遵守公共秩序。公共秩序包括社会秩序、生产秩序、教学科研秩序。五是尊重社会公德。社会公德的主要内容包括文明礼貌、助人为乐、保护环境、遵纪守法。

3. 维护祖国安全、荣誉和利益的义务

《宪法》第54条规定，公民有维护祖国的安全、荣誉和利益的义务，不得有危害祖国的安全、荣誉和利益的行为。国家安全指国家的领土完整和主权不受侵犯，国家政权不受威胁。[②] 国家荣誉包括国家的声誉和国家的尊严。国家利益包括对外和对内两个方面。对外主要是指民族的政治、经济、文化等方面的权利和利益；对内主要是指公共利益。[③] 案例中，国家安全法的颁布，既能保障国家安全，保卫中国特色社会主义制度，同时

---

① 参见本书编写组：《思想道德与法治》，高等教育出版社2021年版，第234页。
② 参见本书编写组：《思想道德与法治》，高等教育出版社2021年版，第235页。
③ 参见本书编写组：《思想道德与法治》，高等教育出版社2021年版，第236页。

又能增强公民的国家安全意识，自觉地维护国家安全，同危害国家安全的违法犯罪活动作斗争。

4. 依法服兵役的义务

保卫祖国、抵抗侵略是中华人民共和国每一个公民的神圣职责。依法服兵役和参加民兵组织是中华人民共和国公民一项神圣的义务。

5. 依法纳税的义务

税收是国家财政收入的主要来源。依法缴纳税款是公民的一项基本义务。任何偷税、欠税、骗税、抗税等行为均属违法犯罪行为，都应当依法追究刑事责任。

6. 宪法规定的公民其他义务

除上述基本义务之外，宪法还规定了劳动的义务、受教育的义务、夫妻双方有计划生育的义务、父母抚养教育未成年子女的义务、成年子女赡养扶助父母的义务。

四、依法履行义务

【经典案例】 马鞍山三名"90后"男子以不适应部队环境为由，拒绝在部队服役遭到该县征兵办通告处罚：三男子每人被罚款 3 万元并被列入失信人员名单。[1]

【问题】 该案例给我们哪些警示？

【法理解读】

1. 自觉履行法定义务

法律权利的行使，必须伴随着法律义务的履行。法定义务是由我国宪

---

[1] 参见冯李华：《三青年拒服兵役被处罚：罚款三万元并列入失信人员名单；两年内不得出国出境》，载中国青年网 2018 年 3 月 19 日。

法和法律规定的，具有强制性。自觉履行法定义务，是公民应尽的责任。法定义务的履行表现为两种形式：一是作为，指公民实施积极的行为；二是不作为，指公民不得实施某种行为。即公民对宪法和法律所规定的义务，必须依法履行其义务；对于宪法和法律所禁止的行为，坚决不做。

2. 违反法定义务须担责

首先，公民实施了法律所禁止的行为，或者没有实施法律要求做的行为，均属违反法定义务的行为。其次，公民违反法定义务，根据情节轻重，应承担相应的法律责任。公民因违反民事法律而应承担民事责任；公民因违反行政法律而应承担行政责任；公民因违反刑事法律，构成犯罪的，而应承担刑事责任。案例中，依法服兵役是公民的法定义务，3名"90"后拒绝服兵役违反法定义务。具体来说是违反了行政相关法律，应承担行政责任。这启示我们必须积极履行法定义务。

第四节 宪法的实施及其监督

一、宪法实施的概念和特点

【经典案例】 1866 年 10 月 13 日，德皇威廉一世临幸他在波茨坦的一座行宫。然而，行宫前的一座破旧磨坊却让他大为扫兴。他想拆除，但磨坊并不属于王室；他想赎买，磨坊主却死活不卖。于是，他强令拆除磨坊，大臣说，那是私产，不能拆。但威廉一世不听劝阻，仍然把磨坊拆了，磨坊主大怒，把威廉一世告上法庭，结果法庭判威廉一世擅用王权，侵犯原告磨坊主由宪法规定的财产权利，责令在原址重建一座同样大小的磨坊，并赔偿 150 德国马克。①

———————

① 参见流沙：《为一条路欢呼》，载《浙江工人日报》2009 年 10 月 15 日。

【问题】 该案例说明了什么？

【法理解读】

习近平强调，宪法的生命在于实施，宪法的权威在于实施。对于宪法实施，《宪法》本身作出了多次明确规定。宪法实施是法律实施的一种具体形式，是指宪法规范在现实生活中的贯彻落实，即将宪法文字上的、抽象的权利义务关系转化为现实生活中生动的、具体的权利义务关系，进而将宪法规范所体现的人民意志转化为具体社会关系中的人的行为。[①] 与普通法律的实施相比，宪法实施有其自身独特的特点：

1. 宪法实施内容的广泛性

普通法律往往通常只涉及社会生活中的某一方面，而宪法所涉及的范围则包含国家政治、经济、文化和社会生活等各个方面，即宪法实施内容具有广泛性。

2. 宪法实施主体的普遍性

在《宪法》序言中写道："全国各族人民、一切国家机关和武装力量、各政党和各社会团体、各企业事业组织，都必须以宪法为根本的活动准则，并且负有维护宪法尊严、保证宪法实施的职责。"这表明，宪法实施的范围涵盖我国各种社会关系中所有主体的行为，因此，宪法实施所涵盖的主体包括一切国家机关和武装力量、各政党和各社会团体、各企业事业组织和公民，即实施主体具有普遍性。

3. 宪法实施过程的原则性

这是由宪法的内容和地位决定的。由于宪法所调节的社会关系范围广泛，并且宪法所规定的是国家和社会生活中最根本、最重要的内容，所以在具体规定上，只能规定调节社会关系的一般原则。因此，宪法的实施过程，也就表现为宪法规范从宏观上、总体上对所调整的社会关系进行原则

---

① 参见周叶中：《宪法学》，高等教育出版社 2020 年版，第 335 页。

性指导的过程。①

4. 宪法实施方式的多层级性

这是由于作为根本法的宪法，往往只规定国家和社会生活中最根本性的原则，这些原则性的规定，需要用普通法律来具体化，有时候普通法律还需要法规、规章等进一步细化，只有在具有可操作性的规范产生后，宪法的规定才能真正实施。这体现了宪法实施方式的多层级性。

从案例中波茨坦磨坊的故事看出，宪法具有至高无上的地位以及宪法的生命在于实施。国王侵犯了磨坊主的私有财产权利，违反了《帝国宪法》且受到惩罚，体现了宪法实施内容的广泛性和主体的普遍性。

二、加强宪法实施

【经典案例】　2022 年 7 月 5 日，国务院在中南海举行宪法宣誓仪式。国务院总理李克强监誓。根据《中华人民共和国宪法》和《国务院及其各部门任命的国家工作人员宪法宣誓组织办法》，国务院任命的 35 个部门和单位的 45 名负责人依法进行宪法宣誓。②

【问题】　国务院举行宪法宣誓仪式，说明了什么？

【法理解读】

1. 坚持依宪执政

习近平指出："宪法是我们党长期执政的根本法律依据。"依宪执政，不是削弱不是否定党的领导，而是强调党首先要带头尊崇和执行宪法。党领导人民制定宪法和法律，党领导人民实施宪法和法律，党自身也必须在宪法和法律范围内活动。新时代对我们党依宪执政提出了新的更高要求。

---

① 参见于水:《宪法与行政学》，科学出版社 2015 年版，第 74 页。

② 参见《国务院举行宪法宣誓仪式　李克强总理监誓》，载《光明日报》2022 年 7 月 6 日。

我们要坚持党领导立法、保证执法、支持司法、带头守法，[①] 把依法治国、依法执政、依法行政统一起来，不断完善全面贯彻实施宪法的体制机制，不断提高依宪执政能力和水平。

2. 坚持依法立法

党的十九大报告提出："推进科学立法、民主立法、依法立法，以良法促进发展、保障善治。"十九大报告在科学立法与民主立法原则的基础之上，增加了依法立法这一新的立法基本原则，这是立法理论的重要发展。国家权力机关要依照宪法法律精神开展立法，进一步完善中国特色社会主义法律体系，包括：一是依宪立法。一切法律法规的制定与修改都要符合宪法的精神和原则，不能与宪法相冲突。二是根据立法法进行立法。要根据立法法规定的立法权限、立法程序制定法律法规及规章。

3. 坚持严格执法

国家行政机关严格执行宪法，一方面要增强宪法意识，依照宪法和法律行使行政权，管理国家事务和社会公共事务，维护人民权利。另一方面要积极推进行政管理体制改革，不断完善行政法律、法规和规章，提高依法行政的水平。司法行为是司法机关实施宪法和法律的活动，因此司法机关要严格执行宪法和法律，只有坚持严格司法，切实规范司法行为，才能不断提高司法公信力。监察机关要在党的领导下，以宪法为根本准则，履行好对行使公权力的公职人员监察全覆盖的法定职责。[②]

国务院举行宪法宣誓仪式这一案例，彰显了最高行政机关依宪行政的决心。依法行政的核心是依宪行政，依宪治国的关键也在于依宪行政。宪法宣誓仪式彰显了宪法的生命在于实施，一切政府机关都必须依宪行政，一切行政行为都不得超越宪法。

---

① 参见《中共中央关于全面推进依法治国若干重大问题的决定》（2014 年 10 月 23 日中国共产党第十八届中央委员会第四次全体会议通过）。

② 参见本书编写组：《思想道德与法治》，高等教育出版社 2021 年版，第 217 页。

三、宪法监督的概念和特点

【经典案例】 对于发现存在违宪违法问题的规范性文件，采取有效措施督促制定机关及时修改或者废止。比如，推动废止收容教育制度，推动解决"超生即辞退""人身损害赔偿同命不同价""夫妻共同债务"等群众关心关注的问题。至2022年的近十年来，全国人大常委会累计推动、督促制定机关修改、废止各类规范性文件2万余件，切实保护公民合法权益，维护国家法治统一。①

【问题】 这一材料说明了什么？

【法理解读】

宪法监督是推动宪法实施、维护宪法权威的重要制度。宪法监督是指由特定国家机关按照法律程序监督其他国家机关实施宪法的行为是否符合宪法的制度。② 在我国宪法学界，宪法监督又被称为违宪审查、司法审查、宪法保障等。我国宪法监督具有以下特点：

1. 宪法监督的主体是全国人民代表大会及全国人民代表大会常务委员会

《宪法》第62条第2项和第67条第1项分别规定了全国人民代表大会及全国人民代表大会常务委员会行使"监督宪法的实施"这一职权，这表明全国人民代表大会及全国人民代表大会常务委员会是我国宪法监督的主体。全国人民代表大会及全国人民代表大会常务委员会是我国最高国家权力机关，由最高国家权力机关行使宪法监督权，能够保障我国法律体系的统一性。

2. 宪法监督的对象和范围

我国1982年宪法序言和第5条第4款的规定，表明我国一切国家机关和武装力量、各政党和各社会团体、各企业事业组织以及公民个人都属于我国宪法监督的对象。《宪法》第5条第3款规定"一切法律、行政法

---

① 参见《全国人大谈备案审查：10年来督促修废各类规范性文件逾2万件》，载《澎湃新闻》2022年4月25日。

② 参见《宪法学》编写组：《宪法学》，高等教育出版社、人民出版社2021年版，第327页。

规和地方性法规都不得同宪法相抵触"，这表明我国一切法律、行政法规和地方性法规都属于宪法监督的范围。

3. 宪法监督的方式有事前监督和事后监督

我国宪法关于规范性法律文件的撤销、批准或备案相关规定，表明我国实现事前和事后相结合性的宪法监督方式。[①] 事前监督表现为对有关地方性法规的备案、批准，如《宪法》第116条规定的自治区的自治条例和单行条例，报全国人民代表大会常务委员会批准后生效，体现了事前监督。依据《宪法》第67条第7项、第8项的规定，全国人民代表大会常务委员会有权撤销国务院制定的同宪法、法律相抵触的行政法规、决定和命令；有权撤销省、自治区、直辖市国家权力机关制定的同宪法、法律和行政法规相抵触的地方性法规和决议，体现了事后监督。

4. 宪法监督的内容主要是合宪性审查

合宪性审查是特定机关对立法等公权力行为是否符合宪法予以审查判断并相应处理的活动，[②] 主要包括：一是监督国家机关的法律、法规和法律性文件是否符合宪法。二是监督国家机关及其工作人员、各政党、武装力量、社会团体、企业事业组织和全体公民的行为是否符合宪法。

案例中，对有违宪违法问题的规范性文件的修改或者废止，说明全国人民代表大会及全国人民代表大会常务委员会是宪法监督的主体，有权对规范性文件的合宪性进行监督。这说明我国宪法监督的内容主要是合宪性审查，也体现了宪法监督的方式。

四、完善宪法监督

【经典案例】 2016 年 11 月 7 日，《全国人大常委会关于香港特别行

---

① 参见邱家胜：《新中国成立以来我国宪法监督制度的发展历程及理性思考》，载《中共乐山市委党校学报》2019 年第 5 期。

② 参见于文豪：《宪法和法律委员会合宪性审查职责的展开》，载《中国法学》2018 年第 6 期。

政区基本法第一百零四条的解释》于十二届全国人大常委会第二十四次会议表决通过，就有关特区政府公职人员宣誓的内容进行解释，澄清香港社会对宣誓效忠制度的模糊认识。

【问题】 全国人大常委会全票通过对《香港基本法》第104条的解释，说明了什么？

【法理解读】

在新的历史条件下，全面推进依法治国、加强宪法实施，对宪法监督提出了更高的要求。

1. 健全工作人大机制

全国人大及其常委会履行宪法赋予的宪法监督职责，[①] 实行正确监督、有效监督、依法监督。全国人大及其常委会要增强监督工作的主动性，加强对"一府一委两院"的行为是否合宪的监督。健全监督机制和程序，进一步明确全国人大及其常委会进行宪法监督的对象、范围、方式等，将原则性要求具体化、程序化，使宪法监督更规范、更有效。[②]

2. 健全宪法解释机制

依照宪法规定，全国人大常委会行使解释宪法的职权。全国人大常委会要积极回应有关宪法问题的关注，要依照宪法精神对宪法规定的内容、含义和界限作出解释。要明确宪法解释提请的条件、宪法解释请求的提起和受理以及宪法解释案的审议、通过和公布等具体规定。[③]

在香港立法会选举和宣誓过程中，一些参选人以及候任议员公然煽动"港独"以及具有"港独"性质的主张，甚至严重破坏宣誓仪式，严重干扰立法会的正常运作。针对香港特区立法会选举和宣誓过程中出现的

---

① 参见本书编写组：《思想道德与法治》，高等教育出版社2021年版，第218页。

② 参见本书编写组：《思想道德与法治》，高等教育出版社2021年版，第217页。

③ 参见张红侠、李国旗：《发挥宪法在新时代中国特色社会主义中的重大作用》，载《天津日报》2018年4月9日。

问题及争议，全国人大常委会依照宪法和基本法的规定，严格依照法定程序对基本法第104条作出解释。这是全国人大常委会履行宪法和基本法规定的宪制权力作出的与基本法有同等效力的法律解释，具有最高的法律权威。[①]

3. 健全备案审查制度和能力建设

全国人大常委会要对所有的法律法规、司法解释和规范性文件进行备案审查，备案审查包括合宪性审查、合法性审查及适当性审查。[②] 要加强备案审查能力建设，做到有件必备、有备必审、有错必纠，增强备案审查的实效，保障宪法权威。

4. 健全合宪性审查机制 [③]

合宪性审查是监督宪法实施的重要制度。在推进合宪性审查过程中必须坚持党的领导地位不动摇这一前提下，全国人大和全国人大常委会对所有规范性文件和国家机关履行宪法职责的行为进行审查，并对违反宪法的问题予以撤销和纠正。

[①] 参见《香港基本法第104条解释通过 打击"港独"势力绝不手软》，载央广网2016年11月7日。

[②] 参见《宪法学》编写组：《宪法学》，高等教育出版社、人民出版社2021年版，第339页。

[③] 参见本书编写组：《思想道德与法治》，高等教育出版社2021年版，第219页。

第三章　民事活动与民事制度

第一节　民法的基本原则和民事法律行为

一、民法的概念和性质

【经典案例】　张公平邀请30名好友组建微信群，大家相约：先由张公平发随机红包200元，抢到红包数额前三的都要继续发红包。张公平的好友董敏法抢了数次红包，红包数额进入前三但拒绝发红包。

【问题】　微信群里其他成员可否根据民法的规定，以违反合同为由向法院起诉，要求董敏法履行群规？

【法理解读】

1. 民法的概念

依据《民法典》第2条的规定，民法是调整平等主体的自然人、法人和非法人组织之间的人身关系和财产关系的法律规范的总和。广义的民法是指所有的私法规范，包括调整人身关系（亲属关系）、财产关系（包括物权、债权、知识产权关系以及商事关系）的法律规范。[①]

---

① 参见宋纪连、徐青英、郭艺蓓：《民法总则与生活》，上海人民出版社2019年版，第2页。

案例中建群发红包属于情谊行为，当事人欠缺受法律拘束的意思，该社会关系由道德调整，不属于民事法律关系规范范畴，微信群里其他成员不能以违反民法的规定为由向法院起诉，要求董敏法履行群规。

2. 民法的性质

民法的性质，是指民法区别于其他法的重要标准，是民法本身所固有的根本属性。

（1）民法是市场经济的基本法。在我国社会主义法律体系中，对社会主义市场经济关系进行法律调整最基础、最重要的当属民法。首先意志独立、财产独立、责任自负的市场交易主体需要民法总则、人格权法包括商事主体法的保障。其次，市场交易的本质主要是财产权的交易，这就需要物权法和知识产权法的保障。规范交易过程、维护交易秩序的基本规则是合同法制度。证券、保险、海商法等商法是对于商品市场、要素市场具体规则的保护。

（2）民法是市民社会的基本法，是私法。市民社会是与国家相分离的独立自主领域。民法调整市民社会关系，重在保护市民的私权，协调市民利益，以构建和谐的市民社会秩序。民法保护私人权益，规范平等主体之间关系，是典型的私法。"民法是私法的一部分，私法是整个法律制度中的一个组成部分。"[1]

（3）民法主要是实体法。民法作为实体法，既是行为规范，又是裁判规则。民法作为行为规范确立交易规则，为交易当事人从事各种交易行为提供明确的行为规则。民法为司法裁判提供了一套基本规范和术语，对法官行使的自由裁量权作出了必要的限制。就民事案件的司法裁判而言，法官所应依据的基本规则就是民法典。

---

[1] 参见[德]卡尔·拉伦茨：《德国民法通论（上册）》，王晓晔等译，法律出版社2003年版，第3页。

74

二、民法的基本原则

【经典案例】 董敏法与魏荃泽于 2020 年相识。年底董敏法提出结婚遭到拒绝。2021 年董敏法借给魏荃泽一张信用卡由魏荃泽使用，并分多次借给魏荃泽共计 10 万元。后来董敏法以不偿还 10 万元借款及透支信用卡为由对魏荃泽进行语言恐吓，要求魏荃泽必须与之结婚。魏荃泽无奈于 2022 年与其登记结婚。

【问题】 该婚姻关系违背了什么民法原则？

【法理解读】

民法基本原则，是指其效力贯穿民法制度始终，并指导民事立法、民事司法和民事活动的基本准则。

1. 平等原则

依据《民法典》第 4 条的规定，平等原则是指民事主体平等地享有法律人格，平等地享有权利和承担义务，其民事权益平等地受法律保护的基本原则。平等原则具体体现如下：第一，民事主体资格平等。任何自然人的民事权利能力都是平等的。第二，民事主体的地位平等。第三，民事主体平等地享有权利，承担义务。第四，民事主体的民事权益平等地受法律保护。[①]

2. 自愿原则

依据《民法典》第 5 条的规定，自愿原则是指民事主体在法律允许范围内按照自己的意思设立、变更、终止民事法律关系，并自主承担由此产生的法律后果。自愿原则要求如下：

（1）民事主体有权自主决定是否参与、参与程度、参与方式、参与内容、合作方的选择，主要包括：第一，人身不受非法干涉。第二，财产不

---

① 参见宋纪连、徐青英、郭艺蓓：《民法总则与生活》，上海人民出版社 2019 年版，第 14 页。

受他人支配。第三，合同自由。第四，婚姻自由。案例中，结婚必须男女双方完全自愿，不许任何一方对他方加以强迫。因胁迫结婚的，受胁迫的一方可以向婚姻登记机关或人民法院请求撤销该婚姻。董敏法以魏荃泽不偿还借款、透支银行卡为由进行语言恐吓，迫使对方违背自身意志，同意与其结婚。董敏法的行为已构成胁迫结婚，依法应当撤销该婚姻。

（2）对自己的自愿行为承担责任。一是任何有责任能力的人都要履行自己自愿承诺的义务；二是任何人都要承担由于自己过失造成他人损害的赔偿责任。

3. 公平原则

依据《民法典》第6条的规定，公平原则是指民事主体从事民事活动，应当公正、平允、合理确定各方的权利和义务。[①]公平原则要求：（1）民事主体从事民事活动必须合理地确定各方的权利和义务。（2）公平原则要求在民事活动中，尤其是合同订立的过程中，遵循价值规律，反对暴利，维持当事人之间的利益均衡。（3）法官在适用法律处理民事纠纷时，应当严格依照公平理念作出判断。[②]

4. 诚信原则

依据《民法典》第7条的规定，诚信原则是指民事主体在民事活动中应当讲究诚实、恪守信用，并依照善意的方式行使权利、履行义务。首先，诚信原则对于民事主体与他人设立、变更或消灭民事法律关系时，均应把善意作为行为的基本出发点，[③]讲究信用、恪守诺言、诚实不欺。其次，法官及仲裁员处理民事案件时应贯彻诚实信用原则。

5. 守法与公序良俗原则

依据《民法典》第8条的规定，守法与公序良俗原则，是指民事主体从事民事活动，不得违反法律，不得违背公共秩序与善良风俗。守法

---

① 参见王利明：《民法总则研究》，中国人民大学出版社2018年版，第113页。

② 参见杨立新：《中国民法总则研究》，中国人民大学出版社2017年版，第154页。

③ 参见宋纪连、徐青英、郭艺蓓：《民法总则与生活》，上海人民出版社2019年版，第17页。

与公序良俗原则的要求如下：（1）民事主体从事民事活动不得违反法律。（2）民事主体从事民事活动不得违背公序良俗。

6. 绿色原则

依据《民法典》第9条的规定，绿色原则是指民事主体从事民事活动，应当有利于节约资源、保护生态环境。绿色原则要求：民事主体从事民事活动，应当秉持生态文明的思想和贯彻创新、协调、绿色、开放、共享的发展理念，注意节约资源，自觉选择耗能低、污染轻的生活与生产方式；注意保护珍稀动植物，自觉维护生态和物种多样性，做到人与自然的和谐相处；经济发展不得以掠夺自然资源、破坏环境和危及人们的生命健康和财产安全为代价，应当走可持续发展道路和促进人的全面发展目标的实现；不得因享有私法自治权和对物的所有权，就任意毁弃和浪费资源、破坏环境。

三、民事法律行为的概念和分类

【经典案例】　2023年元旦，张公平驾驶新买的奥迪汽车入住新元酒店，在保安的安排下将车停放在酒店停车场内。第二天张公平发现新车不见了。张公平向公安机关报案后，案件未破。张公平以新元酒店未履行保管义务，应承担保管责任为由起诉到区人民法院，要求酒店全额赔偿车款。

【问题】　张公平在酒店停车场停车的行为属于何种民事法律行为？

【法理解读】

1. 概念

民事法律行为是指民事主体通过意思表示设立、变更、终止民事法律关系的行为。根据这一概念，民事法律行为包括合法的民事法律行为以及无效、可撤销和效力待定的民事法律行为，这就扩充了民事法律行为的内涵。这样既尊重民事主体的意愿，也强调对自己的行为负责，有利于提升民事主体的规则意识和责任意识。

2. 分类

民事法律行为依据不同的标准，可以分为不同的种类。

（1）单方民事法律行为。单方民事法律行为又称一方行为，是仅需一方意思表示就能成立的民事法律行为。其特点是不需要相对人的同意，该行为即告成立。[①] 单方民事法律行为有的有相对人，该行为会涉及相对人权利的发生、变更或消灭，如债务的免除；有的无相对人，该行为仅产生个人权利的变动，如捐助行为。

（2）双方民事法律行为。双方民事法律行为又称契约行为，是当事人双方意思表示一致而设立的民事法律行为。这类民事法律行为的特点是必须有当事人双方的意思表示，而且必须相互结合、彼此一致才能成立。[②] 案例中，法院认为酒店保安告知张公平将车停放在泊车位上的行为，不是接收保管物的法律行为，且住宿合同与保管合同是两个不同的法律关系，是两个单独的合同，故双方未能形成保管关系。这是因为双方对保管关系的形成未达成一致的意思，张公平在酒店停车行为不属于双方民事法律行为。

（3）多方民事法律行为。多方民事法律行为又称共同行为，是两个以上的民事主体共同的意思表示一致而成立的民事法律行为。[③] 其特点是多个方向相同的意思表示，即多个意思表示完全重合，如社团章程订立行为。多方民事法律行为，当事人所追求的利益是共同的。

（4）决议民事法律行为。决议民事法律行为简称决议，又称组织内部行为，是指社团组织成员依照一定规则实施的多方民事法律行为。决议主要发生于社团内部，调整组织内部关系，不调整组织与第三人之间关系，不直接产生对外法律效果。如公司股东会的决议。

---

① 参见宋纪连、徐青英、郭艺蓓：《民法总则与生活》，上海人民出版社 2019 年版，第 124 页。

②③ 参见宋纪连、徐青英、郭艺蓓：《民法总则与生活》，上海人民出版社 2019 年版，第 125 页。

四、民事法律行为的成立

【经典案例】　张公平，男，17岁，在砖瓦厂做临时工，每月有4000元的收入。张公平未经其父母同意，欲花1000元从董敏法处购买一台旧电动车，尽管遭到了父母的反对，但张公平还是买了下来。第二年，张公平因患精神分裂症丧失了民事行为能力。随后其父找到董敏法，认为他们之间的买卖无效，要求董敏法返还钱款，拿走旧电动车。

【问题】　此买卖是否有效？

【法理解读】

民事法律行为的成立是指当事人就民事法律关系的产生、变更和消灭作出了一定的意思表示，或意思表示一致。①

1. 行为人具有相应的民事行为能力

（1）自然人的民事行为能力

完全民事行为能力人可以独立实施所有民事法律行为。完全民事行为能力人是指年满18周岁的自然人，或者16周岁以上不满18周岁，但以自己的劳动收入为主要生活来源、智力发育正常的自然人。②因其完全能够理解自己的行为，也能够完全辨别自己行为的后果，因此可以独立实施民事法律行为。

在案例中，此买卖合同完全有效。因为合同成立时张公平已满16周岁，并以自己的劳动收入为其主要生活来源，可视为完全民事行为能力人，所以张公平可以独立实施法律行为，无须征得其父母同意。张公平患上精神分裂症丧失民事行为能力是在合同成立之后，这不影响他在此前所作出的民事法律行为的效力。

限制民事行为能力人可以进行与其年龄和智力状况相适应的民事活

① 参见王利明：《民法总则研究》，中国人民大学出版社2018年版，第368页。
② 参见宋纪连、徐青英、郭艺蓓：《民法总则与生活》，上海人民出版社2019年版，第141页。

动，其他民事活动由其法定代理人代理实施。[①]8 周岁以上的未成年人和不能完全辨认自己行为的成年人是限制民事行为能力人。《民法典》第145 条第 1 款规定，限制民事行为能力人实施的民事法律行为有：一是纯获利益的民事法律行为，即仅仅获得法律上的利益，而不会负担法律义务或减损其既有民事权利的行为，如接受奖励、赠与、报酬。二是与其年龄、智力、精神健康状况相适应的民事法律行为。

无民事行为能力人的民事活动由法定代理人代理实施，本人不得实施。不满 8 周岁的未成年人和不能辨认自己行为的成年人是无民事行为能力人，他们不具有独立作出意思表示的能力，他们的行为只能由其法定代理人进行。[②]在司法实践中，无民事行为能力的未成年人所进行的习惯上允许的或与日常生活密切相关的细小民事法律行为，如以零花钱购买零食的行为，一般认为是有效的。还有无民事行为能力人独立实施纯获利益的民事法律行为也是有效的。

（2）法人的民事行为能力

法人组织的民事行为能力是由法人核准登记的经营范围决定的，法人组织超越其经工商登记核准的营业范围实施民事行为，即不具备民事行为能力。《民法典》第 505 条规定："当事人超越经营范围订立的合同的效力，应当依照本法第一编第六章第三节和本编的有关规定确定，不得仅以超越经营范围确认合同无效。"

2. 意思表示真实

意思表示真实包括两个方面：自愿和真实。

（1）自愿

自愿即意思表示出于行为人的自由意志，而非他人强制或干涉的结果。任何人不得强迫行为人必须实施或不实施某种民事法律行为。

---

①② 参见宋纪连、徐青英、郭艺蓓：《民法总则与生活》，上海人民出版社 2019 年版，第142 页。

（2）真实

真实即行为人的内心意思与外在表示相符合。如因虚假表示、认识错误、误传、误解、受欺诈或受胁迫、显失公平、隐藏行为等，表示意思与效果不一致时，则民事法律行为会发生撤销、变更或无效等后果。[1]在大陆法系国家民法中，大多规定了三种意思表示不真实的情况：真意保留、双方虚伪表示和隐藏行为。

3. 不违反法律、行政法规的强制性规定和公序良俗

（1）不违反法律、行政法规的强制性规定

法律规定有任意性规定和强制性规定。任意性规定是指当事人可以自主决定，可以自由排除适用的规定。强制性规定是指当事人必须遵守的法律规定，不得通过协商加以改变的规定。只有违反了法律、行政法规的强制性规定，才会导致民事法律行为的无效。

（2）不违反公序良俗

公序良俗，即公序和良俗。公序，即公共秩序，是指国家社会的存在及其发展所必需的一般秩序；良俗，即善良风俗，是指国家社会的存在及其发展所必需的一般道德。公序良俗是指民事主体的行为应当遵守公共秩序，符合善良风俗，不得违反国家的公共秩序和社会的一般道德。[2]

第二节　物权制度和物权保护

一、物权的概念和平等保护原则

【经典案例】 2004 年，重庆南某隆房地产开发有限公司对九龙坡区鹤兴路片区进行开发。2005 年 2 月，开发商向九龙坡区房管局申请裁决

---

[1]　参见宋纪连、徐青英、郭艺蓓：《民法总则与生活》，上海人民出版社 2019 年版，第 144 页。
[2]　参见宋纪连、徐青英、郭艺蓓：《民法总则与生活》，上海人民出版社 2019 年版，第 146 页。

被拆迁人杨某武、吴某苹夫妻限期搬迁。吴某苹最初的愿望就是在原址、原面积和原朝向要相同的房屋。但开发商只同意货币补偿。该补偿协议货币补偿的价格远远低于吴某苹所住地区的市场价格。

【问题】 南某隆房地产公司和杨某武、吴某苹夫妻的权益应如何保护？

【法理解读】

1. 概念

我国《民法典》第 114 条第 2 款规定："物权是权利人依法对特定的物享有直接支配和排他的权利，包括所有权、用益物权和担保物权。"这包括以下几层含义：（1）物权的主体为"权利人"。既可以是所有权人、用益物权人或担保物权人，也可以是自然人、法人或其他组织。（2）物权的客体为特定的有体物。（3）物权为对物的直接支配权。物权反映的是一种权利人对物的关系。（4）物权是权利人排除他人干涉的权利。排除他人的干涉反映了权利人与其他人的关系，强调的是物权的效力。（5）物权是权利人直接享受物的利益的权利。[①]

2. 平等保护原则

平等保护原则，是指物权主体的法律地位平等，平等地享有权利，在法律救济时受到法律平等的保护。[②]《民法典》第 207 条规定："国家、集体、私人的物权和其他权利人的物权受法律平等保护，任何组织或者个人不得侵犯。"

平等保护原则包括三个方面的内容：一是法律地位平等，是指所有的物权主体在民事活动中没有高低、贵贱、大小之分，任何一方都不得享有特权，凌驾于另一方之上。二是适用法律的平等，任何物权主体在取得、设定和移转物权时，在民事活动中都应当遵循共同的规则，当然法律有特

---

① 参见宋纪连、徐青英、郭艺蓓：《物权与生活》，上海人民出版社 2020 年版，第 4 页。

② 参见宋纪连、徐青英、郭艺蓓：《物权与生活》，上海人民出版社 2020 年版，第 17 页。

别规定的情况为例外。① 物权主体平等地适用物权制度规定的权利保护和责任形式。三是保护的平等性，即在物权受到侵害之后，各个物权主体都应当受到平等保护。②

案例中，对于南某隆房地产公司和杨某武、吴某苹夫妻的土地使用权的权益应当平等保护。一方面，房地产公司在取得国有土地使用权的前提下开发楼盘，另一方面杨某武、吴某苹的房屋所有权和国有土地使用权的合法权益也要平等保护。这个平等保护的前提是双方达成协议，任何一方都没有凌驾于另一方之上的特权。

二、所有权的概念和分类

【经典案例】 张公平原有住房 7 间（堂屋 4 间、东屋 3 间）。2006 年 5 月 16 日，甲镇人民政府因拓宽马路拆除张公平东屋 3 间、堂屋东头 1 间，并在张公平院内新建成一座房屋。2008 年 5 月 15 日甲镇人民政府又强行拆除张公平剩下的 3 间堂屋房，张公平均未得到补偿。为此，张公平向法院提起诉讼，请求依法确认甲镇人民政府的行为违法，并赔偿因其违法行为造成的全部损失。甲镇人民政府辩称张公平的房屋系一户多宅理应拆除。

【问题】 甲镇人民政府的行为是否违法？为什么？

【法理解读】

1. 概念

《民法典》第 240 条规定，所有权是指权利人对自己的不动产或者动产，依法享有占有、使用、收益和处分的权利。这包括以下几层含义：一

---

① 参见宋纪连、徐青英、郭艺蓓：《物权与生活》，上海人民出版社 2020 年版，第 17 页。
② 参见王利明：《物权法研究（上）》，法律出版社 2013 年版，第 143—144 页。

是所有权的权利主体是所有权人。自然人、法人和非法人组织都可以是所有权人。二是所有权的客体是自己的动产与不动产。三是所有权是以法律规定为前提的。财产的所有制催生了所有权，而这是以法律的规定为前提的。四是所有权是对物最终支配的权利。

2. 分类

（1）国家所有权。国家所有权是指国家对国有财产的占有、使用、收益和处分的权利，它是全民所有制在法律上的表现。[①] 主要包括国家土地、海域、水资源、矿产资源、建筑物、构筑物及其附属设施的所有权，以及各种动产所有权等，可见一切有体财产都可以成为国家的所有权。

（2）集体所有权。集体所有权是指集体组织以及集体组织全体成员对集体财产享有的占有、使用、收益和处分的权利，它是劳动群众集体所有制在法律上的表现。[②] 它具有如下特点：一是集体所有权的主体，首先是指劳动群众集体（组织），包括农村劳动群众集体和城镇劳动群众集体。[③] 集体所有权的主体还包括集体组织的全体成员（《民法典》第 261 条第 1 款）。二是按照《民法典》第 260 条的规定，集体所有的不动产和动产包括法律规定属于集体所有的土地和森林、山岭、草原、荒地、滩涂；集体所有的建筑物、生产设施、农田水利设施；集体所有的教育、科学、文化、卫生、体育等设施，以及集体所有的其他不动产和动产。所谓由法律规定属于集体所有的情形，如根据《土地管理法》第 8 条第 2 款规定，农村和城市郊区的土地，除由法律规定属于国家所有的以外，属于集体所有；宅基地和自留山、自留地，也属于集体所有。三是集体所有权依法实行民主管理。

（3）私人所有权。私人所有权是指个人依法对其所有的动产或者不动

---

① 参见佟柔：《中国民法》，法律出版社 1994 年版，第 249 页。

② 参见王利明：《物权法研究（上卷）》，中国人民大学出版社 2016 年版，第 509 页。

③ 随着改革的深化，城镇劳动群众集体企业逐渐被改制为有限责任公司、股份公司以及合伙企业等形式。这些组织所享有的所有权已经不是集体所有权了。

产享有的权利，以及私人投资者投资到各类企业中所依法享有的出资人的权益。①《民法典》第 266 条规定了私人所有权：一是私人所有权的主体范围不限于自然人，还包括个体工商户、个人合伙中的合伙人、个人独资企业的投资者等。二是私人所有权的客体为合法的收入、房屋、生活用品、生产工具、原材料等不动产和动产。三是私人所有权的内容广泛。所有权的内容包括私人对其动产与不动产所享有的占有、使用、收益和处分的权利。

案例中，甲镇人民政府在没有合法有效程序的前提下强行拆除张公平房屋的行为系违法行为，侵犯了张公平的私人所有权，应当依法给予征收补偿，维护被征收人的合法权益。

三、所有权的取得方式

【经典案例】　张公平将自己收藏的一幅名画卖给乙，乙当场付款，约定七天后取画。丙听说后，表示愿出比乙高的价格购买此画，张公平当即决定卖给丙，约定第二天交货。乙得知此事，诱使张公平 8 岁的儿子从家中取出此画交给自己。该画在由乙占有期间，被丁盗走。

【问题】　此时该名画的所有权属于谁？

【法理解读】

所有权的取得方式，因不动产与动产而有所不同。不动产物权的设立、变更、转让和消灭，应当依照法律规定登记。动产物权的设立和转让，应当依照法律规定交付。

1. 不动产登记的概念与特征

不动产登记是指国家登记机构将不动产物权变动的事项记载于不动产

---

① 参见王利明：《物权法研究（上卷）》，中国人民大学出版社 2016 年版，第 524 页。

登记簿并予以公示的法律制度。① 不动产登记具有如下几个特点：

（1）不动产登记是将物权变动事项记载于登记簿的行为。在登记制度中，登记簿具有特殊的地位，它是证明物权设立及变动的重要根据。

（2）不动产登记的内容是不动产物权的变动事项。不动产登记簿记载的事项主要可以分为四个部分，即不动产的自然状况部分、权利状况、限制或提示事项以及其他事项。

（3）不动产登记的客体仅限于不动产。② 所谓不动产，是指土地、海域以及房屋、林木等定着物。

（4）不动产登记是一种公示方法。当事人办理不动产物权变动登记，是将物权变动的法律事实加以确认并对外公开，并不需要政府的行政许可。

2. 动产交付的概念与种类

动产的交付意味着占有的移转，自动产移转给受让人占有时完成。《民法典》第 224 条规定，动产物权的设立和转让，自交付时发生效力，但法律另有规定的除外。因此，我国关于动产交付的效力，原则上是生效要件主义。该条中"法律另有规定的除外"，是指受让人先行占有、指示交付、占有改定等情形下适用特别的生效规则，也包括对动产抵押权和留置权的相关规定，不需要完成交付，抵押权和留置权就可以成立。

交付包括现实交付和观念交付。现实交付，是指对动产的事实支配控制力的移转，使受让人取得直接占有。③ 观念交付并非真正的交付，只是动产占有在观念上的移转，它主要包括：简易交付，即受让人因租赁、使用借贷、委托、寄托或其他关系已经有权占有标的物，动产物权设立和转让的让与合意生效时则视为交付的完成。指示交付，即动产由第三人占有时，动产物权设立和转让时，出让人将其对于第三人的返还请求权的指示

---

① 参见宋纪连、徐青英、郭艺蓓：《物权与生活》，上海人民出版社 2020 年版，第 65 页。

② 参见宋纪连、徐青英、郭艺蓓：《物权与生活》，上海人民出版社 2020 年版，第 66 页。

③ 参见崔建远：《物权法》，中国人民大学出版社 2017 年版，第 95 页。

让与受让人，以代替现实交付。[①] 占有改定，即动产转让时，让与人与受让人之间特别约定，标的物让与后仍由出让人继续占有一段时间，让与合意生效时视为交付完成，受让人则为间接占有。[②] 拟制交付，即出让人将标的物的物权凭证（如仓单、提单）交付于受让人的方式，以代替标的物的现实交付。[③]

　　案例中，名画的所有权属于张公平。动产物权的设立和转让，自交付时发生效力，但法律另有规定的除外。因为该名画尚未交付给乙，也未交付给丙，所以乙和丙不享有所有权。至于该画最后被张公平的儿子取出给了乙，张公平的儿子属于无民事行为人，该交付行为无效。丁实施盗窃行为，尽管占有了名画，也无权得到所有权。

四、他物权

【经典案例】　1993 年，张公平一家抛弃承包的 5 亩耕地，去外地打工。近年来，中央落实了一系列惠农政策，在外打工多年的张公平决定回老家继续经营承包地。但张公平回村后，村委会告知张公平其土地已经发包给董敏法耕种了。张公平多次索要土地没有结果，向法院提起诉讼，要求村委会返还其原先的承包地。

【问题】　张公平要求村委会返还承包地是否有依据？本案应如何处理？

【法理解读】

1. 用益物权

根据《民法典》第 323 条的规定，用益物权是指权利人对他人所有的

---

①② 参见宋纪连、徐青英、郭艺蓓：《物权与生活》，上海人民出版社 2020 年版，第 71 页。
③ 参见宋纪连、徐青英、郭艺蓓：《物权与生活》，上海人民出版社 2020 年版，第 72 页。

不动产或者动产，依法享有占有、使用和收益的权利。这里的"他人"既包括所有权人，也包括使用权人。我国民法典规定的用益物权基本类型包括土地承包经营权、建设用地使用权和宅基地使用权等。

（1）土地承包经营权

根据《民法典》第 331 条的规定，土地承包经营权是指土地承包经营权人对集体所有或者国家所有由集体使用的土地，依法以承包经营的方式，享有从事种植业、林业、畜牧业等农业生产的权利。土地承包经营权具有下列特征：土地承包经营权的主体是一切农业经营者、客体是农村土地、目的是从事农业生产且期限较长。

案例中，张公平弃耕撂荒有多种原因，但不能简单地理解为张公平永久性放弃土地承包经营权。[①] 张公平作为土地承包经营权人，依法对其承包经营的土地享有占有、使用和收益的权利。因此对于张公平要求返还承包地的请求，法院应当支持。

（2）建设用地使用权

根据《民法典》第 344 条的规定，建设用地使用权是指建设用地使用权人依法利用国家所有的土地建造建筑物、构筑物及其附属设施，并享有占有、使用和收益的权利。这里的建设用地包括住宅用地、公共设施用地、工矿用地、交通水利设施用地、旅游用地、军事设施用地等。建筑物主要是指住宅、写字楼、厂房等。[②] 构筑物主要是指不具有居住或者生产经营功能的人工建造物，比如道路、桥梁、隧道、水池、水塔、纪念碑等；附属设施主要是指附属于建筑物、构筑物的一些设施。[③] 建设用地使用权的特征如下：建设用地使用权的主体具有广泛性，只要依法经过批准取得建设用地使用权的单位和个人，都可以成为建设用地使用权人；客体

[①] 参见宋纪连、徐青英、郭艺蓓：《物权与生活》，上海人民出版社 2020 年版，第 167 页。
[②] 参见宋纪连、徐青英、郭艺蓓：《物权与生活》，上海人民出版社 2020 年版，第 177 页。
[③] 参见全国人大常委会法制工作委员会民法室：《中华人民共和国物权法条文说明、立法理由及相关规定》，北京大学出版社 2017 年版，第 289 页。

为国有土地；以开发利用、生产经营和社会公益事业为目的。

（3）宅基地使用权

根据《民法典》第 362 条的规定，宅基地使用权是指宅基地使用权人依法对集体所有的土地享有占有和使用的权利，有权依法利用该土地建造住宅及其附属设施。宅基地使用权的特征如下：主体必须是该农村集体经济组织成员，不包括城镇居民；客体限于集体用地，不包括国有土地；只能用于村民建造、保有住宅及其附属设施；取得具有无偿性且使用具有无期限性。

2. 担保物权

根据《民法典》第 386 条的规定，担保物权是指担保物权人在债务人不履行到期债务或者发生当事人约定的实现担保物权的情形时，依法享有的就担保财产优先受偿的权利。担保物权包括抵押权、质权和留置权。

（1）抵押权

根据《民法典》第 394 条的规定，抵押权是指为担保债务的履行，债务人或者第三人不转移财产的占有，将该财产抵押给债权人的，债务人不履行到期债务或者发生当事人约定的实现抵押权的情形，债权人有权就该财产优先受偿的权利。其中债务人或者第三人为抵押人，债权人为抵押权人，提供担保的财产为抵押财产。抵押权具有如下特征：抵押权是一种担保物权；抵押权是在债务人或第三人提供的财产上设定的担保物权；抵押权是不转移抵押财产占有的担保物权；抵押权是就抵押财产的变价优先受偿的担保物权。[1]

（2）质权

质权是指为担保债务的履行，债务人或者第三人将其动产或权利交给债权人占有，债务人不履行到期债务或者发生当事人约定的实现质权的情形时，债权人有权就该动产或权利的变价优先受偿的权利。债务人或者第

---

[1]　参见宋纪连、徐青英、郭艺蓓：《物权与生活》，上海人民出版社 2020 年版，第 207 页。

三人为出质人，债权人为质权人，交付的动产或权利为质押财产。质权有如下特征：质权是一种担保物权；质押财产包括动产和权利；质权以质权人占有质押财产或出质登记为设立条件。

（3）留置权

根据《民法典》第447条规定，留置权是指债务人不履行到期债务时，债权人可以留置已经合法占有的债务人的动产，并有权就该动产优先受偿的权利。留置他人财产的债权人是留置权人，占有的动产为留置财产。留置权的特征如下：留置权是担保物权；留置权是法定担保物权；留置权的客体是债务人动产；留置权具有留置和优先受偿的双重效力。

第三节　合同的订立和履行

一、合同的概念和形式

【经典案例】　租客张公平与房东董敏法签订租赁合同，租期为2021年1月至12月，月租金3000元，任何一方未经对方同意提前解除合同的，需支付违约金2000元。在合同期满后双方没有续签书面合同，但张公平仍使用房屋并支付租金。2022年2月，双方通过微信聊天约定：自3月起房租增加200元，租期一年。但3月起，张公平不再交房租并于5月底搬离该房屋。现董敏法要求张公平支付3月至5月的租金9600元和违约金2000元。张公平说双方没有合同，有权随时解除。董敏法诉至法院。

【问题】　该案应如何处理？

【法理解读】

1. 概念

合同又称契约，是市场主体之间的交易关系在法律上的反映，是推动实现资源优化配置的法律形式，也是实现特定公共政策的中介。《民法典》第 464 条规定："合同是民事主体之间设立、变更、终止民事法律关系的协议。"根据这一规定，合同具有如下特征：（1）合同是一种民事法律行为，合同的成立是当事人意思表示一致的结果，是一种典型的民事法律行为。（2）合同是以设立、变更、终止民事权利义务关系为目的的一种民事法律行为。（3）合同是当事人的意思表示一致的民事法律行为。合同必须有两方以上的当事人，且意思表示一致。

2. 形式

《民法典》第 469 条第 1 款规定："当事人订立合同，可以采用书面形式、口头形式或者其他形式。"

（1）书面形式。所谓书面形式，是指以文字等有形的表现形式订立合同的形式。① 依据《民法典》第 469 条第 2 款、第 3 款的规定，书面形式包括：合同书、信件、电报、电传、传真等可以有形地表现所载内容的形式。以电子数据交换、电子邮件等方式能够有形地表现所载内容，并可以随时调取查用的数据电文，视为书面形式。书面形式的优点是有据可查，明确清晰，发生纠纷时举证容易。

案例中，双方通过微信聊天对租赁期限、租赁费用等内容达成合意，根据《民法典》的规定，微信聊天记录视为书面形式，因此本案租赁形式为定期租赁，租赁期限为微信聊天中双方商定的期限，张公平无权随时解除。因此，张公平应承担提前解除合同的违约责任。

（2）口头形式。口头形式，指以语言为意思表示订立合同。② 口头形式包括当面对话、电话联系以及将谈话进行录制的方式。在市场交易中，口头形式是最普遍采用的合同订立方式。口头形式的优点是简便易行、快捷迅速。

---

① 参见王利明、杨立新等：《民法学（上）》，法律出版社 2020 年版，第 637 页。

② 参见最高人民法院民法典贯彻实施工作领导小组主编：《中华人民共和国民法典合同编理解与适用》，人民法院出版社 2020 年版，第 55 页。

（3）其他形式。所谓其他形式，是指推定形式，也有学者称为默示形式。推定形式是当事人未用语言、文字表达其意思表示，而是仅用行为向对方发出要约，对方通过一定的行为作出承诺，从而使合同成立。[①] 推定形式具有广泛的应用领域。如自动售货机，顾客将货币投入机器，买卖合同即成立。再如租赁房屋合同期满后，承租人继续交房租，出租人接受租金，即认为租赁合同成立。

二、合同的订立

【经典案例】 某中学需购买 100 台电脑，便向甲公司发出传真，要求以 3000 元的价格购买 100 台电脑，并要求甲在半个月内送货上门。传真发出后，学校收到了乙电脑公司的广告，其价格比甲公司的价格低 5% 并且能马上送货上门。于是，学校立即要求乙电脑公司送货上门。收货后，学校想起自己曾经答应过购买甲公司的电脑，便派专人到甲公司联系退货事宜。学校派出的人刚走，甲公司发来一传真，称同意学校意见。学校派出的人到甲公司后，甲公司的人表示不能退货。半个月后，甲公司的货送到学校，可是学校拒收货物。甲公司提起诉讼。

【问题】 该案如何处理？

【法理解读】

合同订立，指当事人为意思表示并达成合意。[②]《民法典》第 471 条规定："当事人订立合同，可以采取要约、承诺方式或者其他方式。"

[①]　参见王利明、杨立新等：《民法学（上）》，法律出版社 2020 年版，第 640 页。

[②]　参见最高人民法院民法典贯彻实施工作领导小组主编：《中华人民共和国民法典合同编理解与适用》，人民法院出版社 2020 年版，第 60 页。

（一）要约

1. 概念

根据《民法典》第 472 条的规定，要约是希望与他人订立合同的意思表示。要约应当符合下列条件：一是内容具体确定。所谓"具体"是指要约的内容必须具体明白，并包含使合同成立的主要条款。① 所谓"确定"是指要约的内容必须清楚明确，不可模棱两可。② 二是只要受要约人作出承诺，那么要约人就要受该意思表示的约束。

2. 生效、撤回、撤销和失效

（1）生效。根据《民法典》的规定，要约生效有以下几种情况：第一，以对话方式作出的要约，受要约人知道其内容时生效。以对话方式作出的意思表示，如面对面交谈、电话等，意味着要约人作出意思表示和受要约人受领意思表示是同步进行的，没有时间差。因此，要约人作出意思表示，受要约人知道其内容时，要约生效。第二，以非对话方式作出的要约，到达受要约人时生效。以非对话方式作出的意思表示，如信件、传真等，意味着要约人作出意思表示和受要约人受领意思表示不是同步进行的，有时间差。因此，意思表示到达受要约人的实际控制范围内，要约即生效。第三，以非对话方式作出的、采用数据电文形式的要约的生效。互联网时代，采用数据电文形式作出要约也是合同订立的常见方式。依据《民法典》第 137 条的规定，相对人指定特定系统接收数据电文的，该数据电文进入该特定系统时，要约生效；未指定特定系统的，相对人知道或者应当知道该数据电文进入其系统时，要约生效。当事人对采用数据电文形式的意思表示的生效时间另有约定的，按照其约定。

（2）撤回。要约不是在任何情况下都可以撤回的，而是有条件的。撤回意思表示的通知应当在意思表示到达相对人前或者与意思表示同时到达

---

①② 参见葛立朝、朱建农：《合同法》，浙江大学出版社 2008 年版，第 51 页。

相对人时，要约才能撤回。

（3）撤销。要约撤销，指要约在生效后，要约人欲使其丧失法律效力的意思。① 要约一旦生效，不能随意撤销。要约不得撤销的情形：一是要约人已经确定了一个承诺期限，或以其他形式明示要约是不可撤销的。要约人在要约中写明受要约人应在某一具体日期前进行承诺，或者写明类似"此要约直到你方答复之前不会撤销"字样，应认定属于此种要约不能撤销的情况。② 二是受要约人有理由认为要约是不可撤销的，并已经为履行合同做了合理准备工作。撤销要约的意思表示以对话方式作出的，该意思表示的内容应当在受要约人作出承诺之前为受要约人所知道；撤销要约的意思表示以非对话方式作出的，应当在受要约人作出承诺之前到达受要约人。

（4）失效。要约的失效，指要约丧失法律效力，要约人与受要约人均不再受其约束。要约失效的几种情形：一是要约被拒绝。二是要约被依法撤销。三是承诺期限届满，受要约人未作出承诺。四是受要约人对要约的内容作出实质性变更。

（二）承诺

1. 承诺的概念和方式

根据《民法典》第 479 条的规定，承诺是受要约人同意要约的意思表示。承诺的方式，是受要约人向要约人送达其承诺意思的具体方式。根据《民法典》第 480 条的规定，承诺原则上应当以通知的方式作出，通知可以是口头形式，也可以是书面形式。"通知的方式"是典型的明示方式，即受要约人应当作出明确的意思表示。但在特定情形下可以默示方式作出

---

① 参见最高人民法院民法典贯彻实施工作领导小组主编：《中华人民共和国民法典合同编理解与适用》，人民法院出版社 2020 年版，第 77 页。

② 参见最高人民法院民法典贯彻实施工作领导小组主编：《中华人民共和国民法典合同编理解与适用》，人民法院出版社 2020 年版，第 79 页。

承诺：一是根据交易习惯可以通过行为作出承诺。二是要约表明可以通过行为作出承诺。

2. 承诺的生效和撤回

（1）生效。承诺的生效分两种情况：一是以通知方式作出的承诺，承诺生效的时间依照《民法典》总则编第137条规定确定，采用到达主义。二是承诺不需要通知的，根据交易习惯或者要约的要求作出承诺的行为时生效。

（2）撤回。承诺的撤回，是指在发出承诺之后，承诺生效之前，宣告收回发出的承诺，取消其效力的行为。撤回承诺具有时限，撤回承诺的通知仅在承诺送达要约人之前或同时送达要约人时，方能撤回。

案例中，学校向甲公司发出的传真属于要约，甲公司发来的传真属于承诺，该校对要约的撤销不符合"撤销要约的通知应当在受要约人发出承诺通知之前到达要约人"的条件，故要约撤销不成立，要约和承诺均已生效，合同即成立，该校不能单方面解除合同。

三、合同的履行

【经典案例】　张公平于2021年向董敏法提供冰箱，共计670230元，剩余270230元未支付。2022年4月6日董敏法向张公平出具欠条一份，内容为：2022年4月6日，今欠张公平冰箱款270230元。张公平多次催要，董敏法以张公平不能开具增值税发票为由拒绝付款。张公平诉至法院。

【问题】　该案如何处理？

【法理解读】
合同的履行，是指债务人依据合同约定和法律规定作出给付的行为。① 合同的履行是合同关系从产生到消亡过程中的中心环节。依据《民法典》第509条的规定，在合同的履行过程，需要遵循以下原则：

1. 全面履行原则

全面履行原则包含这几层含义：一是合同当事人应当根据合同的约定履行义务，包括履行主体、履行标的、履行期限、履行数量和质量、履行方式等，均须遵守合同的约定。二是对于债务人全部义务的履行，须按法律规定或约定履行。三是合同当事人同时履行的原则。《民法典》第525条规定，当事人互负债务，没有先后履行顺序的，应当同时履行。

2. 诚信原则

诚实信用原则是民法典的基本原则。诚信原则包含以下几方面的要求：一是合同当事人不仅要履行合同约定的义务，而且还要履行法律规定的义务，即附随义务。通知、协助、保密等义务就是附随义务。二是相互照顾对方的利益。《民法典》第830条规定："货物运输到达后，承运人知道收货人的，应当及时通知收货人，收货人应当及时提货。"这就是相互照顾对方利益的体现。

3. 绿色原则

绿色原则是《民法典》的重大创新。绿色原则要求合同当事人遵守绿色原则，一是应当节约资源，避免资源浪费。二是避免污染环境和破坏生态。

案例中，张公平已将冰箱交付给董敏法，已经履行了主合同义务，且在合同中双方并无约定"先开具发票再付款"，因此董敏法不能以张公平没有履行开具发票的附随义务为由拒绝支付货款。董敏法可另行诉请张公平开具发票，发票纠纷一事与本案无关。

---

① 参见最高人民法院民法典贯彻实施工作领导小组主编：《中华人民共和国民法典合同编理解与适用》，人民法院出版社2020年版，第341页。

四、违约责任

【经典案例】 甲公司与乙公司签订买卖合同,约定由乙公司向甲公司出售一批生猪肉,甲公司于2月5日支付首期价款20万元,乙公司于2月10日前发货,甲公司须在发货后5日内支付剩余价款30万元。2月1日,甲公司得知乙公司所在地发生猪流感疫情,即向乙公司询问情况。乙公司表示其生猪肉是从其他省购入的,疫情与之无关。甲公司表示要解除合同,乙公司当场表示反对。直至2月20日,双方均未履行合同义务。乙公司诉至法院。

【问题】 该案如何处理?

【法理解读】

1. 违约责任的概念和违约行为

违约责任,也称为违反合同的民事责任,是指合同当事人因违反合同义务所承担的责任。[1] 根据《民法典》第577条的规定,违约行为主要体现为以下几种形态:

(1)拒绝履行。拒绝履行包括债务人在履行期限届至前的预期拒绝履行和履行期限届满后的拒绝履行。

(2)不能履行。不能履行指债务人在客观上已经没有履行能力。如标的物的灭失等。

(3)迟延履行。迟延履行是指债务人虽能履行,但在履行期限届满时却未履行债务的状态。

(4)瑕疵履行。瑕疵履行是指债务人虽然作出了履行的行为,但是债务人的履行不符合合同的约定,其履行存在瑕疵。

2. 违约责任担任的方式

(1)继续履行。这是指违约方未能履行合同时,则由法院强制违约方继续履行其合同之债,从而使守约方的债权可依约实现。继续履行的方式

---

[1] 参见王利明、杨立新等:《民法学(上)》,法律出版社2020年版,第738页。

常见的有给付金钱、财物、土地、房屋、票证等。

（2）采取补救措施。如果债务人交付的标的物或提供的工作成果不符合约定的标准，可以要求债务人补救措施。补救措施包括修理、重作、更换等。

（3）赔偿损失。损害赔偿是最重要的违约责任形式，赔偿损失是指债务人不履行合同义务时赔偿债权人因违约行为所受的损失。对于赔偿损失，我国法律以金钱赔偿为主，其他形式的赔偿为例外。

案例中，甲公司并无确切证据证明乙公司生猪肉来自疫区，因甲公司没有支付首期价款，乙公司有权拒绝发货，因此乙公司有权请求甲公司承担不能继续履行的违约责任。

第四节　知识产权制度和知识产权保护

一、知识产权法的概念和特征

【经典案例】　17世纪，著名科学家伽利略在发明了"扬水灌溉机"后，写信给当时的威尼斯共和国元首，信中写道："阁下……我费了很大力气，花了很大代价才完成了它……所以恳求您，除我和我的子孙或从我的后代手中获得这种权利的人以外，在四十年内或在规定的期间内，不允许任何人制造和使用我所发明的新机械，即使是制造了，也不准使用。"最终，他在威尼斯共和国获得了扬水灌溉机的20年专利权。

【问题】　伽利略取得扬水灌溉机专利权的事例说明了知识产权的什么特征？

【法理解读】

为推动科技的进步、文化的繁荣和经济的发展，《知识产权强国建设纲要（2021—2035 年）》明确把加强知识产权保护作为完善产权保护制度重要的内容，提出"建设面向社会主义现代化的知识产权制度"。知识产权是与物权、人格权、债权并列的一种民事权利，《民法典》中关于知识产权和技术合同的法律条文共有 52 条，但是，知识产权并没有在《民法典》中以独立成编的形式呈现，而是以单行法的形式存在。因此知识产权法在性质上属于民法，是民法的特别法。

知识产权是基于创造成果和商业标记依法产生的权利的统称。① 根据我国法律规定，我国知识产权主要包括著作权、专利权、商标权等智力成果权，知识产权作为一种财产权，与其他财产所有权相比，具有如下特征：

1. 专有性

专有性又称排他性，是指知识产权专为权利人所享有，非经法律特别规定或权利人同意，任何人不得占有、使用和处分。② 具体而言，一是独占性，即知识产权为权利人所独占，权利人垄断专有权利并受法律严格保护。二是排他性，即同一个知识产品只有一个专有权，不能同时拥有两个或两个以上专有权。

2. 地域性

地域性是指根据一国法律，在该国取得的知识产权的效力只限于该国境内，他国没有承认和保护该权利的义务，但有国际公约、双边或多边协定的特别规定除外。

3. 时间性

知识产权的期限由法律明确规定，一旦法律规定的有效期限届满，这一权利就自行消灭，知识产品就进入公有领域，成为社会的财富，人人都可无偿共同使用。

案例中，扬水灌溉机是伽利略智力创造性劳动的成果，是他的专属权

---

① 参见《知识产权法学》编写组：《知识产权法学》，高等教育出版社 2019 年版，第 8 页。
② 参见冯晓青：《知识产权法》，中国政法大学出版社 2010 年版，第 15 页。

利，其他人未经许可不得行使其权利，这说明了知识产权的专有性。伽利略取得灌溉机的 20 年专利权，这说明了知识产权具有时间性。伽利略的专利是在威尼斯共和国获得的，这说明了知识产权的地域性。

二、著作权

【经典案例】 钱锺书及其配偶杨绛、女儿钱瑗与前香港《广角镜》杂志社总编辑李国强是朋友，三人曾先后向李国强寄送私人信札、手稿共计百余封。2013 年 5 月，中贸圣佳公司发布公告表示其将举行"也是集——钱锺书书信手稿"拍卖活动，公开拍卖上述私人信件。① 中贸圣佳公司网站中还登载了多篇介绍这些书信的报道文章。杨绛发表公开信坚决反对此次拍卖，在制止无效的情况诉至法院。

【问题】 该案如何处理？

【法理解读】

1. 著作权的概念

著作权，又称为版权，是指自然人、法人或者非法人组织对文学、艺术和科学作品依法享有的人身权和财产权的统称。著作权与专利权、商标权等其他知识产权相比，具有以下特征：一是内容的双重性。即著作权依法同时产生人身权和财产权两个方面的权利。二是权利自动取得，即著作权自作品完成时自动产生，不必履行登记、注册手续。

2. 著作权的内容

根据我国《著作权法》第 10 条的规定，著作权包括人身权和财产权两个方面的内容：

---

① 参见《钱锺书手稿拍卖案一审宣判 杨绛获赔 20 万元》，载《新民晚报》2014 年 2 月 18 日。

（1）著作人身权。著作人身权指的是作者依法享有的以人身利益为内容的权利，与著作财产权相对。① 著作人身权的特征，一是具有无期限性，即法律对著作人身权的保护没有时间限制。《著作权法》第 22 条规定："作者的署名权、修改权、保护作品完整权的保护期不受限制。"二是不可剥夺性。随着作品的创造完成，著作人身权就归作者所有，其他人不得剥夺。三是不可转让性。著作财产权可以转让，但著作人身权却不能转让。著作人身权包括发表权、署名权、修改权、保护作品完整权。②

（2）著作财产权。著作财产权指作者及传播者通过某种形式使用作品，从而依法获得经济报酬的权利。③ 著作财产权的特征，一是期限性。如自然人的作品，保护期为作者终生及其死亡后五十年，截止于作者死亡后第五十年的 12 月 31 日。④ 二是可转让性。《著作权法》明确规定，著作权可以转让，转让时应当订立书面合同。三是可继承性。《著作权法》第 21 条规定："著作权属于自然人的，自然人死亡后，其本法第十条第一款第五项至第十七项规定的权利在本法规定的保护期内，依法转移。"著作财产权包括复制权、发行权、出租权、展览权、表演权、放映权、广播权、信息网络传播权、摄制权、改编权、翻译权、汇编权、应当由著作权人享有的其他权利。

3. 著作权的保护

侵犯著作权的法律责任是指侵权行为人违反著作权法和相关法律的规定，对著作权人造成损害时应承担的法律后果。对于著作权侵权行为的法律责任，《著作权法》作了明确规定，承担方式有民事责任、行政责任和刑事责任：

---

① 参见《知识产权法学》编写组：《知识产权法学》，高等教育出版社 2019 年版，第 56 页。

② 参见《著作权法》第 10 条。

③ 参见王肃：《知识产权保护教程》，知识产权出版社 2015 年版，第 168 页。

④ 参见《著作权法》第 23 条。

（1）侵犯著作权的民事责任

《著作权法》第 52 条规定，有下列侵权行为的，应当根据情况，承担停止侵害、消除影响、赔礼道歉、赔偿损失等民事责任：侵权发表权的行为；侵权合作著作权的行为；非法署名行为；歪曲、篡改他人作品的行为；剽窃行为；侵犯某些财产权的行为；侵犯获得报酬权的行为；侵犯出租权的行为；侵犯版式设计的行为；侵犯表演权的行为；其他侵犯著作权以及与著作权有关的权利的行为。

（2）侵犯著作权的行政责任

《著作权法》第 53 条规定，有下列侵权行为的，不仅承担民事责任，还要承担行政责任，构成犯罪的，依法追究刑事责任：侵犯著作权人某些财产权的行为；侵犯图书专有出版权的行为；侵犯表演者的行为；侵犯录音录像制作者的行为；侵犯广播组织权的行为；避开或者破坏技术措施的行为；删除或者改变权利管理电子信息的行为；[①]制作、出售假冒他人署名的作品的行为。

（3）侵犯著作权的刑事责任

我国《刑法》第 217 条"侵犯著作权罪"，第 218 条"销售侵权复制品罪"就是对侵犯著作权刑事责任的规定。

案例中，法院认为涉案书信是写信人独立创作的文字作品，是我国著作权法保护的作品。杨绛作为著作权人或著作权人的继承人，享有对涉案书信的发表权。法院最终判决中贸圣佳公司停止侵害书信手稿著作权的行为，赔偿杨绛经济损失 10 万元；中贸圣佳公司、李国强停止侵害隐私权的行为，共同向杨绛支付精神损害抚慰金 10 万元。中贸圣佳公司、李国强就其涉案侵权行为向杨绛公开赔礼道歉。[②]

---

① 参见吴汉东：《知识产权法》，北京大学出版社 2011 年版，第 124 页。
② 参见江胜信：《"钱杨书信拍卖"案落槌　杨绛将捐 20 万元赔款》，载《青岛日报》2014 年 4 月 16 日。

三、专利权

【**经典案例**】　柏某就一种"防电磁污染服"获得了实用新型专利权，其权利要求：一种防电磁污染服，它包括上装和下装，其特征在于所述服装在面料里设有由导磁率高而无剩磁的金属细丝或者金属粉末构成的起屏蔽作用的金属网或膜。某公司销售防辐射服，服装的面料里设有起屏蔽作用的金属防护网，且该网由不锈钢金属纤维构成。[①] 柏某起诉该公司的行为侵犯其专利权。

【**问题**】　该案如何处理？

【**法理解读**】

1. 专利权的概念

专利权是国家专利主管部门依据专利法授予发明创造人或合法申请人对某项发明创造在法定期间内所享有的一种独占权或排他权。[②]

依据我国《专利法》的规定，专利权的主体是专利权人，包括自然人、法人和其他组织。专利权的客体是发明、实用新型和外观设计。《专利法》第 2 条规定："发明，是指对产品、方法或者其改进所提出的新的技术方案。实用新型，是指对产品的形状、构造或者其结合所提出的适于实用的新的技术方案。外观设计，是指对产品的整体或者局部的形状、图案或者其结合以及色彩与形状、图案的结合所作出的富有美感并适于工业应用的新设计。"

2. 专利权的内容

专利权的内容即专利权人所享有的权利和承担的义务。根据《专利法》第 11 条的规定，专利权人的权利因专利性质的不同而不同，一是发明和实用新型专利权人所享有的权利，具体如下：制造权、使用权、许

---

① 参见王迁：《知识产权法教程》，中国人民大学出版社 2019 年版，第 374 页。

② 参见吴汉东：《知识产权法》，北京大学出版社 2011 年版，第 133 页。

诺销售权、销售权和进口权。二是外观设计专利权的专利权人所享有的权利，具体如下：制造权、许诺销售权、销售权和进口权。

专利权人在享有权利的同时，必须承担相应的义务，一是按规定缴纳专利年费的义务。《专利法》第43条规定："专利权人应当自被授予专利权的当年开始缴纳年费。"二是充分公开专利内容的义务。专利权人应当在说明书里把专利的内容清楚、完整地加以说明，以便同行业的技术人员能够理解和实施。三是不得滥用专利权的义务。权利人须在法定范围内行使权利，不得实施损害国家、社会和他人合法权益的行为，如非法垄断、妨碍技术进步等。

3. 专利权的保护

（1）保护的期限。《专利法》第42条规定："发明专利权的期限为二十年，实用新型专利权的期限为十年，外观设计专利权的期限为十五年，均自申请日起计算。"

（2）保护的范围。根据《专利法》第64条第1款的规定，发明或者实用新型专利权的保护范围以其权利要求的内容为准。外观设计专利权的保护范围以表示在图片或者照片中的该产品的外观设计为准。[①]

案例中，专利权利要求中的技术特征"导磁率高"是一个无法被准确界定的术语，不存在统一认识，因此该专利权的保护范围明显是不清楚的，法院判定被控侵权产品未侵犯专利权人的实用新型专利权。

四、商标权

【经典案例】甲手表厂生产销售一款名为"雪花"的手表，但是一直未申请注册商标，乙手表厂模仿甲厂生产这款手表，并以"雪花"为商标

---

① 参见《专利法》第64条。

名。一年后甲手表厂将"雪花"申请注册了商标，乙继续将"雪花"商标用于其所生产的手表，甲手表厂诉至法院。

【问题】　该案如何处理？

【法理解读】

1. 商标和商标权的概念

商标是经营者为了使自己的商品或服务与他人的商品或服务相区别而使用的识别标记。[1] 根据《商标法》第 3 条的规定，经商标局核准注册的商标为注册商标，包括商品商标、服务商标和集体商标、证明商标。

商标权是指注册商标所有人对其注册商标享有的专有使用权。[2] 商标权的取得方式有原始取得和继受取得。原始取得的方式包括通过注册方式取得、使用取得和通过使用或注册的混合方式取得。继受取得包括转让商标权和继承取得。

2. 商标权的内容

商标权的内容是商标权人所享有的权利。

（1）注册商标专用权。注册商标专用权包括专有权和禁止权。专有权，即商标权人对其注册商标享有独占性使用的权利。[3] 商标注册人享有的商标专用权，受法律保护。根据《商标法》第 56 条的规定，专有权的范围"以核准注册的商标和核定使用的商品为限"。禁止权，即注册商标权人有权禁止他人未经许可使用其注册商标。《商标法》第 57 条规定了禁止权的范围。

（2）注册商标续展权。注册商标续展权是指商标权人保持其注册商标继续有效的权利。[4] 注册商标有效期满，需要继续使用的，商标注册人应

---

[1]　参见《知识产权法学》编写组：《知识产权法学》，高等教育出版社 2019 年版，第 173 页。

[2]　参见马长山：《法治教育教师读本（高中教育阶段）》，华东师范大学出版社 2019 年版，第188 页。

[3]　参见吴汉东：《知识产权法》，北京大学出版社 2011 年版，第 276 页。

[4]　参见王肃：《知识产权保护教程》，知识产权出版社 2015 年版，第 143 页。

当在期满前 12 个月内按照规定办理续展手续。① 期满未办理续展手续的，注销其注册商标。

（3）许可权。《商标法》第 43 条第 1 款规定："商标注册人可以通过签订商标使用许可合同，许可他人使用其注册商标。"

（4）转让权。《商标法》第 42 条第 1 款规定："转让注册商标的，转让人和受让人应当签订转让协议，并共同向商标局提出申请。"

3. 商标权的保护

侵害商标权应承担的法律责任分为民事责任、行政责任和刑事责任。

（1）民事责任。根据《商标法》和其他相关法律规定，民事责任包括停止侵害、排除妨碍、消除危险、赔偿损失、消除影响等。

（2）行政责任。行政责任包括罚款，收缴、销毁侵权商品和主要用于制造侵权商品、伪造注册商标标识的工具等。②

（3）刑事责任。我国《刑法》规定了侵害商标权的刑事责任有假冒注册商标罪；销售假冒注册商标的商品罪；非法制造、销售非法制造的注册商标标识罪。

案例中，在甲手表厂将"雪花"申请注册商标前，乙手表厂可以使用。但是在甲厂申请注册之后，该商标即由甲厂专有使用，乙厂不得继续使用，乙厂要承担侵权的法律责任。

第五节　人格权和侵权责任制度

一、人格权的概念和特征

【经典案例】 张公平因种种原因欠董敏法债务上千万元。董敏法多次

---

① 参见《商标法》第 40 条。
② 参见《商标法》第 60 条。

催要无果，张公平与董敏法达成协议，内容如下：张公平自愿做董敏法的家奴，一辈子无条件服从服务董敏法来还债。

【问题】 张公平自愿为奴，可以吗？

【法理解读】

人格权，是指民事主体专属享有，以人格利益为客体，为维护其独立人格所必备的固有权利。[①] 根据《民法典》的规定，人格权具有以下特征：

1. 人格权是民事主体固有的权利

表现在：第一，人格权是一种原始的权利，是与生俱来的，自然人一出生、非自然人一成立，就自然享有人格权。无论自然人和非自然人是否意识到这些权利，人格权都是客观存在的。第二，人格权不可剥夺。任何人所享有的人格权，他人不能非法剥夺。民事主体只有具有人格权，才能成为民法上的"人"。

2. 人格权是民事主体专属的权利

表现在：第一，人格权只能由民事主体专有，人格权不得放弃、转让或者继承。人格权随着权利主体的消亡而消灭。第二，人格权只能由民事主体自己行使，他人不得代位行使，也不可能代为行使。案例中，张公平自愿为奴，放弃自由的协议是无效的，因为人格权是不能抛弃的。

3. 人格权是以民事主体的人格利益为客体 [②]

与其他权利相比，人格权是以人格利益为客体的，而不是其他利益。人格利益具有物质和精神双重属性，虽更多体现的是精神利益，但也包含于精神利益中的物质利益，如生命权受到损害时为治疗所产生的财产损失。

---

① 参见王利明、杨立新等：《民法学（上）》，法律出版社 2020 年版，第 882 页。
② 参见《民法学》编写组：《民法学》，高等教育出版社 2019 年版，第 109 页。

二、人格权的内容

【经典案例】 张公平与梁一思是情侣关系，但婚事遭到双方父母的反对，两人相约协助自杀。张公平用绳子帮梁一思上吊自杀，自己也上吊自杀。但张公平随即被人发现后进行抢救，脱离了危险，梁一思则死亡。

【问题】 张公平与梁一思相约自杀是行使自己生命权的行为吗?

【法理解读】

人格权包括一般人格权和具体人格权。

（一）一般人格权

一般人格权是相对于具体人格权而言的，一般人格权是以人身自由、人格尊严为内容的、具有高度概括性和权利集合性特点的权利，在保护人格利益方面发挥解释、补充和创设功能。[①]《民法典》第 109 条规定的"自然人的人身自由、人格尊严受法律保护"，第 990 条第 2 款规定的"除前款规定的人格权外，自然人享有基于人身自由、人格尊严产生的其他人格权益"，指的就是一般人格权。

（二）具体人格权

《民法典》第 990 条规定："人格权是民事主体享有的生命权、身体权、健康权、姓名权、名称权、肖像权、名誉权、荣誉权、隐私权等权利。"这指的就是具体人格权。具体人格权体现在以下方面:

1. 生命权、身体权和健康权

（1）生命权。生命权是自然人所享有的最基本的人格权。[②]《民法典》

---

① 参见范小华:《论一般人格权的民法表达——以〈中华人民共和国民法典〉为视角》，载《行政管理改革》2020 年第 11 期。

② 参见姚辉:《人格权法论》，中国人民大学出版社 2011 年版，第 150 页。

第 1002 条规定："自然人享有生命权。自然人的生命安全和生命尊严受法律保护。任何组织或者个人不得侵害他人的生命权。"生命权的内容包括生命安全、生命尊严的维护权和生命利益的有限支配权。[1] 案例中，张公平协助梁一思自杀是对梁一思生命权的侵犯，即使是在梁一思真实意思表示的情况下，也因违反公共利益和善良风俗而被认定无效。

（2）身体权。《民法典》第 1003 条规定："自然人享有身体权。自然人的身体完整和行动自由受法律保护。任何组织或者个人不得侵害他人的身体权。"

（3）健康权。《民法典》第 1004 条规定："自然人享有健康权。自然人的身心健康受法律保护。任何组织或者个人不得侵害他人的健康权。"

2. 姓名权和名称权、肖像权

（1）姓名权。《民法典》第 1012 条规定："自然人享有姓名权，有权依法决定、使用、变更或者许可他人使用自己的姓名，但是不得违背公序良俗。"

（2）名称权。《民法典》第 1013 条规定："法人、非法人组织享有名称权，有权依法决定、使用、变更、转让或者许可他人使用自己的名称。"

（3）肖像权。《民法典》第 1018 条规定："自然人享有肖像权，有权依法制作、使用、公开或者许可他人使用自己的肖像。"

3. 名誉权和荣誉权

（1）名誉权。《民法典》第 1024 条规定："民事主体享有名誉权。任何组织或者个人不得以侮辱、诽谤等方式侵害他人的名誉权。"

（2）荣誉权。《民法典》第 1031 条规定："民事主体享有荣誉权。任何组织或者个人不得非法剥夺他人的荣誉称号，不得诋毁、贬损他人的荣誉。"

4. 隐私权和个人信息保护权

（1）隐私权。《民法典》第 1032 条规定："自然人享有隐私权。任何

---

[1]　参见宋纪连：《人格权与生活》，上海人民出版社 2022 年版，第 119 页。

组织或者个人不得以刺探、侵扰、泄露、公开等方式侵害他人的隐私权。"

（2）个人信息保护权。《民法典》第1034条规定："自然人的个人信息受法律保护。"

三、侵权责任的概念和特征

【经典案例】 张公平伙同王某在某KTV内，以勒索500万元为目的绑架公司老板周某，周某不从，王某持刀捅伤周某头部、背部。经司法鉴定，确认周某因被锐器砍击致重型开放性颅脑损伤，鉴定为三级伤残。法院作出刑事判决书，认为：被告人王某在实施共同犯罪过程中，起主要作用，是主犯，应当按照其所参与的全部犯罪处罚；判决被告人王某犯绑架罪，判处无期徒刑，并处没收财产。张公平在实施共同犯罪过程中，并非本案主要伤害后果的直接责任人，起次要和辅助作用，是从犯，判决张公平犯绑架罪，判处有期徒刑10年，并处没收财产。

【问题】 两被告的个人财产均被没收，受害人周某的民事侵权赔偿如何实现？

【法理解读】

1. 侵权责任的概念

侵权责任指民事主体因自我行为或由其监管的他人行为或由其管理的物件致使他人民事权益遭受侵害而应承担不利的民事法律后果。[①] 侵权行为是责任承担的前提和依据，凡是实施了侵权行为的行为人，只要符合法律规定的责任构成要件，就会产生侵权责任。侵权责任是民事责任，而不是行政责任或者刑事责任。不过，因侵权行为产生民事责任的同时，也有

---

① 参见宋纪连：《民法典人生导图》，上海人民出版社2022年版，第68页。

可能产生行政责任或者刑事责任。《民法典》第 187 条规定，民事主体因同一行为应当承担民事责任、行政责任和刑事责任的，承担行政责任或者刑事责任不影响承担民事责任。

2. 侵权责任的特征

侵权责任具有如下法律特征：

第一，侵权责任是对法定义务的违背而应承担的法律后果。相对应的违约责任很大一部分则是对约定义务的违反导致的法律后果。

第二，侵权责任的根本特性是不利性的后果。财产的不利性，如因赔偿损失而减少已有财产；人身方面的不利性，如因消除影响、恢复名誉、赔礼道歉而导致社会的负面评价等。

第三，侵权责任以损害赔偿为核心，但又不限于损害赔偿。侵权责任的主要作用是为受害人提供补偿，使其所遭受的一切损失得以恢复。《民法典》第 179 条第 1 款规定，承担民事责任的方式主要有 11 种：停止侵害；排除妨碍；消除危险；返还财产；恢复原状；修理、重作、更换；继续履行；赔偿损失；支付违约金；消除影响、恢复名誉；赔礼道歉。法律规定惩罚性赔偿的，依照其规定。在适用于侵权责任的方式中，有些是预防性质的，如停止侵害、排除妨碍和消除危险；有些是填补损失性质的，如恢复原状、赔偿损失、消除影响、恢复名誉、赔礼道歉。

第四，侵权责任的方式既有法定性又有任意性。与违约责任的约定性不同的是，法律对侵权责任承担的方式和具体内容均有明确的规定。如法律对损害赔偿的项目、计算方法作了详细的规定。侵权责任与刑事责任、行政责任不同，它是一种民事责任，当事人可以在法定的基础上，对责任的内容、方式等加以协商和处分。《民法典》第 1187 条规定，损害发生后，当事人可以协商赔偿费用的支付方式。协商不一致的，赔偿费用应当一次性支付；一次性支付确有困难的，可以分期支付，但是被侵权人有权请求提供相应的担保。

第五，侵权责任具有优先性。根据《民法典》第 187 条的规定，因同一行为应当承担侵权责任和行政责任、刑事责任，民事主体的财产不足以支付的，优先用于承担民事责任。案例中，受害人周某可以提起刑事附带民事诉讼，向两被告主张民事侵权赔偿，该赔偿优先于没收个人财产的刑事处罚。

四、侵权责任归责原则

【经典案例】 2022 年 3 月，甲酒店服务员梁一思为图省事，将一袋垃圾从高约三米的保安部附近的台阶上朝路边的垃圾桶扔去，正巧砸到路过的张公平左肩处，致其左肩峰骨折。后经鉴定为十级伤残。法院经审理认为，酒店员工执行职务伤人，员工所在企业担责赔偿。法院判决甲酒店赔偿张公平医疗费、残疾赔偿金、误工费、鉴定费和交通费等共计135000 元。

【问题】 对于甲酒店服务员梁一思高空抛垃圾的行为，谁应该承担责任？

【法理解读】

侵权行为归责原则，就是指据以确定侵权民事责任由行为人承担的理由、标准或者说最终决定性的根本要素。[①] 侵权行为归责原则是贯穿于侵权责任制度之中、对侵权行为规则起着统率作用的立法指导方针。一定的归责原则直接体现了统治阶级的侵权立法政策，同时又集中表现了侵权法的规范功能。[②]《民法典》第 1165 条第 1 款规定的是过错责任原则，第 2款规定的是过错推定原则，第 1166 条规定的是无过错责任原则。

1. 过错责任原则

这是最基本、最主要的归责原则。《民法典》第 1165 条第 1 款规定：

---

① 参见汪渊智：《侵权责任法学》，法律出版社 2008 年版，第 28 页。

② 参见王利明：《侵权行为法归责原则研究》，中国政法大学出版社 1992 年版，第 18 页。

"行为人因过错侵害他人民事权益造成损害的，应当承担侵权责任。"第1254条规定："禁止从建筑物中抛掷物品。从建筑物中抛掷物品或者从建筑物上坠落的物品造成他人损害的，由侵权人依法承担侵权责任。"案例中的高空抛物是一种危害公共安全的危险行为，甲酒店服务员梁一思高空抛垃圾，造成路人张公平致残的损害后果，存在过错，甲酒店应当承担侵权赔偿责任。根据《民法典》第1191条第1款的规定，用人单位的工作人员因执行工作任务造成他人损害的，由用人单位承担侵权责任。用人单位承担侵权责任后，可以向有故意或者重大过失的工作人员追偿。

2. 过错推定原则

《民法典》第1165条第2款规定："依照法律规定推定行为人有过错，其不能证明自己没有过错的，应当承担侵权责任。"将过错推定原则作为一个单独的归责原则是因为：（1）过错推定责任原则调整的是某些特殊侵权行为，而不是一般侵权行为。（2）在证明主观过错要件上实行举证责任倒置，原告不承担举证责任，而是由被告承担举证责任。（3）在法院审理过错推定原则的侵权案件中，只适用关于特殊侵权责任的特别条款，而非适用侵权行为一般条款的规定。（4）适用过错推定原则的是特殊侵权行为，其责任形态是替代责任。

3. 无过错责任原则

《民法典》第1166条规定："行为人造成他人民事权益损害，不论行为人有无过错，法律规定应当承担侵权责任的，依照其规定。"无过错责任原则是一种独立的归责原则，其适用范围也与过错责任原则、过错推定原则有区别，其独立地对产品侵权责任、高度危险责任、特殊侵权责任进行调整。法律确定无过错也应当承担民事责任，这一范围内的侵权行为就不再由过错责任原则调整，而由无过错责任原则调整，只要符合这一法律规定，则行为人无论有无过错都应承担民事责任。

4. 公平责任原则

《民法典》第1186条规定："受害人和行为人对损害的发生都没有过

错的，依照法律的规定由双方分担损失。"公平责任作为补充适用的规则，由于公平责任的适用情形极为狭窄，须严格限制，所以无法作为一项独立的归责原则。[1] 在实践中，公平分担损失责任的适用范围是对于损害的发生，行为人无过错，而受害人亦无过错的情形，这种情形并非严格意义上的侵权行为。该条规定将公平责任的适用空间限缩在狭小的"法律规定"的情形下，导致第 1186 条适用范围更加限缩，这显然不符合归责原则所要求具有一定的普遍适用性的特征。而且公平责任旨在分担损失，故其只适用于损害赔偿的侵权责任承担方式，而不适用赔礼道歉、恢复名誉等侵权责任承担方式。

---

[1] 参见程啸：《侵权责任法》，法律出版社 2021 年版，第 112 页。

第四章 法律保护与个人成长

第一节 婚姻家庭制度和身份权

一、婚姻家庭编概述

【经典案例】 张公平与梁一思在同一酒店工作。两人相恋不久，梁一思发现张公平脾气暴躁，提出终止恋爱关系。张公平对此坚决反对，并提出结婚，梁一思不愿意。张公平扬言道："你不和我结婚，我杀了你全家。"梁一思被迫与其结婚。

【问题】 张公平的行为违反了民法中关于婚姻家庭的什么原则？

【法理解读】

作为法律调整对象的婚姻，是指男女双方以永久共同生活为目的，以夫妻的权利义务为内容的合法结合。[①] 作为法律调整对象的家庭，是指因婚姻、血缘和法律拟制而产生的具有权利义务内容的一定范围的亲属所组成的共同体。[②] 依据《民法典》第 1041 条的规定，我国《民法典》婚姻

---

① 参见马忆南：《婚姻家庭继承法学》，北京大学出版社 2019 年版，第 2 页。
② 参见刘淑媛：《婚姻家庭继承法新论》，宁夏人民教育出版社 2010 年版，第 2 页。

家庭编的基本原则包括婚姻自由原则、一夫一妻原则、男女平等原则以及保护妇女、未成年人、老年人、残疾人合法权益原则。

1. 婚姻自由原则

婚姻自由原则是我国《民法典》婚姻家庭编的首要原则。[①] 婚姻自由是指男女双方有权依照法律的规定，自主自愿地决定自己的婚姻问题，不受任何人的强制与干涉。[②] 婚姻自由包括结婚自由和离婚自由两个方面。[③] 为了保障婚姻自由原则，《民法典》第 1042 条第 1 款规定："禁止包办、买卖婚姻和其他干涉婚姻自由的行为。禁止借婚姻索取财物。"案例中，张公平以胁迫的方式强迫梁一思与其结婚，违反了婚姻自由的原则。

2. 一夫一妻制原则

一夫一妻制，是指一男一女结为夫妻的婚姻制度。即任何人都不得同时有两个或两个以上的配偶，已婚者在配偶死亡或离婚之前不得再行结婚。[④] 任何形式的一夫多妻或一妻多夫的两性关系都是违法的。为了贯彻一夫一妻制，《民法典》第 1042 条第 2 款规定："禁止重婚。禁止有配偶者与他人同居。"

3. 男女平等原则

男女平等是指男女双方在婚姻家庭方面享有平等的权利，履行平等的义务。主要表现在：男女在婚姻方面的权利平等、夫妻在家庭中的地位平等、其他男女家庭成员在家庭中的地位平等。

4. 保护妇女、未成年人、老年人、残疾人合法权益原则

妇女、未成年人、老年人、残疾人属于家庭中的弱势群体，强调对他们特别保护是为了维护其合法权益，实现法律的公正，同时也反映了社会主义制度的优越性。为了贯彻这一原则，《民法典》第 1042 条第 3 款规

---

① ③ 参见徐青英：《婚姻家庭继承与生活》，上海人民出版社 2021 年版，第 4 页。

② 参见最高人民法院民法典贯彻实施工作领导小组主编：《民法典婚姻家庭编继承编理解与适用》，人民法院出版社 2020 年版，第 19 页。

④ 参见徐青英：《婚姻家庭继承与生活》，上海人民出版社 2021 年版，第 5 页。

定："禁止家庭暴力。禁止家庭成员间的虐待和遗弃。"

二、结婚

【经典案例】 张公平和梁一思是大学同学，两人一见钟情。于大学毕业后的 2022 年元旦登记结婚，2 月 14 日两人举办了婚礼。在婚礼上，张公平的伯伯认出梁一思是自己的私生女。

【问题】 张公平和梁一思的婚姻有效吗？

【法理解读】

结婚是男女双方依照法律规定的条件和程序缔结配偶关系，并由此产生相应的民事权利、义务和责任的身份法律关系。[①] 结婚包括实质要件和形式要件。结婚的实质要件，分为必备条件和禁止条件。

1. 结婚的必备条件

必备条件是指当事人结婚时必须具备的法定条件。根据《民法典》的规定，结婚的必备条件有三个：

（1）男女双方完全自愿。男女双方完全自愿包括以下三层含义：第一，必须是男女双方自愿，而不是单方自愿，任何一方都不得把自己的意志强加给另一方。第二，必须是男女双方本人自愿，而不是第三人意愿。第三人是指组织和包括父母在内的个人。第三，必须是男女双方完全自愿，而不是勉强同意。即真正的自愿结婚是不附加任何条件的。

（2）双方均达到法定婚龄。我国《民法典》第 1047 条规定："结婚年龄，男不得早于二十二周岁，女不得早于二十周岁。"达到法定婚龄是结婚的必备条件之一，具有强制力，当事人必须遵守。不到法定年龄结婚的

---

① 参见杨立新：《〈中华人民共和国民法典〉条文精释与实案全析（下）》，中国人民大学出版社 2020 年版，第 92 页。

行为都是违法行为，其婚姻为无效婚姻。

（3）符合一夫一妻制原则。一夫一妻制就是要求结婚的男女，必须是单身无配偶身份。单身无配偶包括三种情况：一是未婚，二是离婚，三是丧偶。有配偶者必须在配偶死亡或者离婚前不得再行结婚。在婚姻关系存续期间再行结婚，则构成重婚罪，为法律所禁止。对于构成重婚罪的，依照刑法的规定，追究其刑事责任。

2. 结婚的禁止条件

《民法典》规定禁止一定范围内的血亲结婚。我国禁止结婚的血亲范围分为两大类。一是直系血亲。直系血亲包括父母与子女、祖父母与孙子女、外祖父母与外孙子女、曾祖父母与曾孙子女、曾外祖父母与曾外孙子女等。[①] 二是三代以内的旁系血亲。三代以内的旁系血亲范围包括：同源于父母的兄弟姐妹、同源于祖父母或外祖父母的辈分相同的堂兄弟姐妹、姑表兄弟姐妹、舅表兄弟姐妹、姨表兄弟姐妹以及同源于祖父母或外祖父母的辈分不同的伯、叔、姑、舅、姨与侄子女、外甥子女。案例中，张公平和梁一思的婚姻被法院判决无效。因为我国《民法典》规定直系血亲或者三代以内的旁系血亲禁止结婚。而张公平和梁一思则属于三代以内的旁系血亲，两人的婚姻无效。

3. 结婚的形式要件

结婚的程序是结婚的形式要件，是法律规定的缔结婚姻关系必须履行的法律手续。[②]《民法典》第 1049 条规定："要求结婚的男女双方应当亲自到婚姻登记机关申请结婚登记。符合本法规定的，予以登记，发给结婚证。完成结婚登记，即确立婚姻关系。未办理结婚登记的，应当补办登记。"根据《婚姻登记条例》，结婚登记的程序分为申请、审查和登记三个环节。首先，自愿结婚的男女双方，必须亲自到婚姻登记机关申请结婚登记。其次，婚姻登记机关应当对结婚登记当事人出具的证件、证明材料进

---

① 参见徐青英：《婚姻家庭继承与生活》，上海人民出版社 2021 年版，第 46 页。

② 参见王利明、杨立新等：《民法学》，法律出版社 2020 年版，第 931 页。

行审查并询问相关情况。[①] 最后，婚姻登记机关对当事人的结婚申请进行审查后，对当事人符合结婚条件的，应当当场予以登记，发给结婚证。[②] 对当事人不符合结婚条件不予登记的，应当向当事人说明理由。[③]

4. 无效婚姻和可撤销婚姻

结婚是一种法律行为，必须符合法律规定的要件，包括实质要件和形式要件。欠缺结婚法定要件的婚姻是违法婚姻，应当依法予以宣告无效或者被撤销。

（1）无效婚姻

无效婚姻，亦称婚姻无效，是指不具备法定结婚实质要件或形式要件的两性结合，在法律上不具有婚姻效力，应当被宣告为无效的婚姻。[④]

《民法典》第1051条规定，有下列情形之一的，婚姻无效：一是重婚。重婚包括法律上的重婚和事实上的重婚两种。重婚由于违背一夫一妻的婚姻制度，不能产生婚姻的效力，只能产生婚姻无效的法律后果。[⑤] 二是有禁止结婚的亲属关系。禁止结婚的亲属关系是指直系血亲或者三代以内的旁系血亲。凡属上述范围内的亲属，无论是全血缘还是半血缘、无论是自然血亲还是拟制血亲，都不得结婚。[⑥] 三是未到法定婚龄。依照法律，对于结婚年龄，男不得早于二十二周岁，女不得早于二十周岁。违反这一规定，男女双方或一方未到法定婚龄结婚的，为无效婚姻。需要注意的是，对未到法定婚龄的婚姻，应当在男女当事人的法定婚龄届至前提出或确认其婚姻无效。

（2）可撤销婚姻

可撤销婚姻，是指因违背当事人的真实意思而成立的婚姻，或者已成立的婚姻缺乏结婚的某个要件，有撤销权的当事人可行使撤销权，使已经

[①②③] 参见徐青英：《婚姻家庭继承与生活》，上海人民出版社2021年版，第53页。

[④] 参见最高人民法院民法典贯彻实施工作领导小组主编：《中华人民共和国民法典婚姻家庭编继承编理解与适用》，人民法院出版社2020年版，第81页。

[⑤] 参见徐青英：《婚姻家庭继承与生活》，上海人民出版社2021年版，第60页。

[⑥] 参见王利明、杨立新：《民法学》，法律出版社2020年版，第932页。

发生效力的婚姻归于无效。①

《民法典》第 1052 条规定："因胁迫结婚的，受胁迫的一方可以向人民法院请求撤销婚姻。"第 1053 条规定："一方患有重大疾病的，应当在结婚登记前如实告知另一方；不如实告知的，另一方可以向人民法院请求撤销婚姻。"据此，可撤销婚姻有以下两种情形：一是胁迫。根据《最高人民法院关于适用〈中华人民共和国民法典〉婚姻家庭编的解释（一）》第 18 条第 1 款规定，婚姻法律中的胁迫，是指行为人以给另一方当事人或者其近亲属的生命、身体、健康、名誉、财产等方面造成损害为要挟，迫使另一方当事人违背真实意愿结婚的行为。二是一方患有重大疾病婚前未如实告知。在不违背社会公共道德和国家利益的前提下，应当尽可能地保障公民婚姻自主权。② 如果一方患有重大疾病的，在结婚登记前如实告知另一方，对方当事人同意结婚的，那么可以缔结有效婚姻。③ 但是婚姻自由是建立在双方互相信任的基础上，如果一方患有重大疾病，在结婚之前不如实告知，那么会影响另一方作出结婚意思表示的真实性，另一方可以请求撤销该婚姻。

三、身份权

【经典案例】 张公平是某跨国公司经理，与中学教师梁一思结婚。婚后生有一女。产假结束后梁一思想去单位上班，张公平怕妻子在单位认识其他男人，坚持要妻子辞掉工作，做专职太太。梁一思认为丈夫对自己缺乏应有的信任，坚持去单位上班。张公平到妻子单位大闹破坏其工作，夫

---

① 参见最高人民法院民法典贯彻实施工作领导小组主编：《中华人民共和国民法典婚姻家庭编继承编理解与适用》，人民法院出版社 2020 年版，第 90 页。
② 参见最高人民法院民法典贯彻实施工作领导小组主编：《中华人民共和国民法典婚姻家庭编继承编理解与适用》，人民法院出版社 2020 年版，第 98 页。
③ 参见徐青英：《婚姻家庭继承与生活》，上海人民出版社 2021 年版，第 65 页。

妻感情破裂。梁一思起诉离婚，张公平不同意。

【问题】 该案如何处理?

【法理解读】

《民法典》婚姻家庭编第三章家庭关系规定了基于亲属关系的身份权制度，构建了包括配偶权、亲权和亲属权在内的身份权体系。其中配偶权是婚姻家庭关系的核心内容。

1. 配偶权

配偶权，也叫配偶身份权，是指夫妻之间互为配偶的基本身份权，表明夫妻之间互为配偶的身份利益由权利人专属支配，其他任何人均负不得侵犯的义务。[①]夫妻关系是婚姻家庭关系的核心，夫妻关系包括人身关系和财产关系，人身关系在夫妻关系中占主导地位。我国《民法典》规定的夫妻人身关系，包括姓名权、人身自由权、同居权、忠诚权、家事代理权等几个方面。夫妻财产关系包括夫妻财产制、夫妻间的扶养关系和继承关系。案例中，张公平坚持让妻子辞掉工作，在家做专职太太，侵犯了妻子参加工作的权利。因为法律赋予夫妻人身自由权，夫妻双方都有参加生产、工作、学习和社会活动的自由，一方不得对另一方加以限制或者干涉。

2. 亲权

亲权，是指父母对未成年子女在人身和财产方面的管教和保护的权利和义务。[②]亲权的内容是亲权制度的核心，包括对未成年子女人身上的照护权和财产上的照护权。人身照护权的基本内容，是父母对未成年子女有抚养、教育和保护的权利和义务。财产照护权主要包括财产代理权和同意权、财产管理权、使用收益权和处分权。

3. 亲属权

亲属权也叫其他亲属权，是指除配偶、未成年子女与父母以外的其他

---

① 参见王利明、杨立新等:《民法学》，法律出版社 2020 年版，第 857 页。

② 参见李志敏:《比较家庭法》，北京大学出版社 1988 年版，第 227—228 页。

近亲属之间的基本身份权。① 与亲权相比，亲属权的主体更广泛。《民法典》规定了配偶、父母、子女、兄弟姐妹、祖父母、外祖父母、孙子女、外孙子女为近亲属。我国《民法典》第 26、1067、1074、1075 条具体规定亲属权的内容，包括父母与成年子女之间的权利、祖父母与孙子女、外祖父母与外孙子女间的权利、兄弟姐妹间的权利。

四、离婚

【经典案例】 张公平与梁一思是大学同学，两人相恋。毕业后两人结婚并生育一子，婚后生活很幸福。2022 年 3 月 8 日，双方因生活琐事发生激烈的争吵，张公平一时冲动提出离婚，被气愤冲昏头脑的梁一思答应离婚。双方签好离婚协议后，当日就去了婚姻登记机关。

【问题】 婚姻登记机关在收到张公平与梁一思的离婚登记申请后，会不会立即为其办理离婚登记手续？如果在提交离婚登记申请后的第二天，张公平后悔作出离婚这个决定，该怎么办？

【法理解读】

保障离婚自由，防止轻率离婚，是我国婚姻立法一贯坚持的指导思想。法律允许夫妻在感情确已破裂时，有解除婚姻关系的自由。我国的离婚制度分为协议离婚和诉讼离婚两种。

1. 协议离婚

（1）协议离婚的概念和条件

协议离婚也叫"双方自愿离婚"，是指婚姻关系当事人达成离婚合意并通过婚姻登记程序解除婚姻关系的法律制度。②《民法典》第 1076 条

---

① 参见王利明、杨立新：《民法学》，法律出版社 2020 年版，第 967 页。

② 参见黄薇：《中华人民共和国民法典婚姻家庭编释义》，法律出版社 2020 年版，第 133 页。

规定："夫妻双方自愿离婚的，应当签订书面离婚协议，并亲自到婚姻登记机关申请离婚登记。离婚协议应当载明双方自愿离婚的意思表示和对子女抚养、财产以及债务处理等事项协商一致的意见。"为维护协议离婚的严肃性，准予办理协议离婚必须具备以下条件：一是协议离婚的当事人必须具有合法有效的婚姻关系。二是协议离婚的当事人必须具有完全民事行为能力。三是协议离婚的当事人必须具有离婚的共同意愿。四是协议离婚的当事人对子女抚养、财产以及债务处理等事项已协商一致。

（2）协议离婚的程序

离婚登记和结婚登记的程序一样，都必须到婚姻登记机关办理登记手续。为了贯彻《民法典》的规定，民政部对婚姻登记有关程序进行了调整。新调整后的离婚登记程序包括申请、受理、冷静期、审查、登记（发证）等。[1] 一是申请。自愿离婚的夫妻双方应当共同到有管辖权的婚姻登记机关提出申请。[2] 二是受理。婚姻登记机关按照《婚姻登记工作规范》有关规定对当事人提交的上述材料进行初审。三是冷静期。《民法典》第1077 条规定："自婚姻登记机关收到离婚登记申请之日起三十日内，任何一方不愿意离婚的，可以向婚姻登记机关撤回离婚登记申请。前款规定期限届满后三十日内，双方应当亲自到婚姻登记机关申请发给离婚证；未申请的，视为撤回离婚登记申请。"四是审查。婚姻登记机关按照《婚姻登记工作规范》第 56 条和第 57 条规定的程序和条件执行和审查。婚姻登记机关对不符合离婚登记条件的，不予办理。当事人要求出具《不予办理离婚登记告知书》的，应当出具。五是登记（发证）。婚姻登记机关查明双方确实是自愿离婚，并已经对子女抚养、财产以及债务处理等事项协商一致的，予以登记，发给离婚证。对不符合离婚条件的，婚姻登记机关不予登记，并向当事人说明理由。

---

① 参见《民政部：明年 1 月 1 日起办理离婚将设冷静期》，载央视网 2020 年 12 月 3 日。

② 参见徐青英：《婚姻家庭继承与生活》，上海人民出版社 2021 年版，第 163 页。

案例中，婚姻登记机关在收到张公平与梁一思的离婚登记申请后不会立即为其办理离婚登记手续，因为《民法典》规定了30天的离婚冷静期。张公平如果后悔草率提出离婚的申请，自婚姻登记机关收到其离婚登记申请之日起30日内，他可以去婚姻登记机关撤回离婚登记申请。①

2. 诉讼离婚

（1）诉讼离婚的概念与特征

除了协议离婚，夫妻双方还可以通过诉讼离婚的方式进行离婚。诉讼离婚既能实现对离婚行为的司法监控，又能减少轻率离婚，对家庭和社会的稳定起到积极的作用。诉讼离婚，是婚姻当事人向人民法院提出离婚请求，由人民法院调解或判决而解除其婚姻关系的一项离婚制度。② 我国的诉讼离婚制度有以下特征：

第一，诉讼离婚有法定的必要条件，即"感情确已破裂，调解无效"。③ 人民法院在审理案件中必须严格执行法律规定的离婚条件，从而作出最终的裁判。④

第二，在诉讼离婚中，人民法院对争议的处理起主导作用。对当事人提出的离婚诉讼，人民法院不能被动的认可，而是应当对当事人提出的离婚请求和理由进行审查，最终是否准予离婚取决于人民法院的依法裁量。人民法院既可以判决准予离婚，也可以依法驳回当事人的请求。⑤

第三，人民法院依法作出的调解和判决，在发生法律效力后，即具有强制执行力。一方当事人不履行调解书或判决书中所确定的义务，人民法院可依另一方当事人的申请予以强制执行。⑥

（2）诉讼离婚的程序

依照《民法典》第1079条的规定，夫妻一方要求离婚的，可以由有

---

① 参见徐青英：《婚姻家庭继承与生活》，上海人民出版社2021年版，第162页。

② 参见最高人民法院民法典贯彻实施工作领导小组主编：《中华人民共和国民法典婚姻家庭编继承编理解与适用》，人民法院出版社2020年版，第258页。

③ 参见黄薇：《中华人民共和国民法典婚姻家庭编释义》，法律出版社2020年版，第143页。

④⑤⑥ 参见徐青英：《婚姻家庭继承与生活》，上海人民出版社2021年版，第167页。

关组织进行调解或者直接向人民法院提起离婚诉讼。人民法院审理离婚案件，应当进行调解；如果感情确已破裂，调解无效的，应当准予离婚。据此规定，夫妻一方要求离婚的程序分为两部分：

第一，诉讼外的调解。诉讼外调解，也称诉前调解，是指夫妻一方要求离婚的，可以先经有关组织进行调解。① 诉讼外调解的主体是"有关组织"。"有关组织"是指人民法院以外的有关部门，通常包括当事人所在单位、当事人居住地的居民委员会或村民委员会、群众团体、基层调解组织和婚姻登记机关等。诉讼外调解不是诉讼离婚的必经程序，不具有法律强制性。当事人根据自愿原则可以进行诉讼外调解，也可以不选择诉讼外调解而直接向人民法院起诉，人民法院不能因其未经过诉讼外调解而拒绝受理。诉讼外调解要建立在合法和自愿的基础上，有关部门不能强迫当事人接受调解，也不能阻止当事人向人民法院提出离婚诉讼。当事人即使选择了诉讼外调解，也有权随时要求终止。② 并且调解的结果只有道德上的约束力，无行政或法律上的约束力，任何人或组织均不得强制执行。

第二，诉讼离婚的具体程序。根据《民法典》第1079条的规定，诉讼离婚的程序包括人民法院的调解和判决两个阶段。第一阶段：诉讼中的调解。《民法典》第1079条第2款前半句规定，人民法院审理离婚案件，应当进行调解。这说明在离婚诉讼中，调解是必经程序，如果没有进行调解，人民法院不能直接作出判决。这里的"调解"是诉讼中的调解，是指在人民法院的审判人员主持下，由双方当事人自愿协调，达成协议，解决纠纷的一种方法和程序。③ 第二阶段：判决。对于调解无效的离婚案件，人民法院应当根据事实和法律作出判决。④ 人民法院可以依法判决离婚，

---

① 参见肖峰：《民法典婚姻家庭编条文精释与案例实务》，法律出版社2020年版，第224页。
② 参见徐青英：《婚姻家庭继承与生活》，上海人民出版社2021年版，第169页。
③ 参见陈苇：《婚姻家庭继承法学》，中国政法大学出版社2014年版，第201页。
④ 参见徐青英：《婚姻家庭继承与生活》，上海人民出版社2021年版，第171页。

也可以依法判决不予离婚。一审人民法院的判决下达后，当事人有 15 天的上诉期，在这期间内当事人不得另行结婚。超过 15 天双方当事人均不上诉的，判决书立即生效。当事人对一审判决不服的，可在 15 天内向上一级人民法院提起上诉，第二审人民法院作出的判决为终审判决，一经送达即发生法律效力。凡判决不准离婚和调解和好的离婚案件，没有新情况、新理由的，原告在 6 个月内不得重新起诉。①

第二节　劳动法律制度和劳动权保护

一、劳动法的概念和基本原则

【经典案例】　甲公司承包了乙公司的装修办公楼的业务。在装修过程中，甲公司的员工张公平不慎从楼顶坠落，造成严重骨折，经鉴定已经完全丧失劳动能力。甲公司认为张公平是在乙公司时发生的工伤事故，所以应当由乙公司承担主要责任。

【问题】　甲公司的说法是否正确？

【法理解读】

劳动法律制度有其自身的理论体系。它以劳动法基本术语为逻辑起点，通过对基本术语的演绎推理，提示劳动法基本特点，确立劳动法基本原则，限定劳动法适用范围，并最终形成完整的劳动法制度体系。② 劳动

---

① 参见马忆南：《婚姻家庭继承法学》，北京大学出版社 2019 年版，第 117 页。

② 参见《劳动与社会保障法学》编写组：《劳动与社会保障法学》，高等教育出版社 2018 年版，第 15 页。

法是调整劳动关系以及与劳动关系密切联系的其他社会关系的法律规范的总称。[①] 其中，劳动关系是劳动法的主要调整对象。案例中，张公平为甲公司的职工，与甲公司存在劳动关系，张公平和甲公司是劳动关系的双方当事人。根据《劳动法》的规定，劳动者发生工伤事故，由劳动者所在的用人单位即甲公司按照规定的工伤保险待遇项目和标准承担费用。而乙公司与张公平没有法律关系，对张公平不负法律责任。劳动法的基本原则如下：

1. 保护劳动者合法权益原则

这是劳动法的首要原则，也是我国劳动立法的宗旨。《劳动法》第1条和《劳动合同法》第1条都明确提出把"保护劳动者的合法权益"作为立法的宗旨，而非"保护劳动者和用人单位的合法权益"，这是基于对劳动者弱势地位的考量。因此保护劳动者合法权益原则，又称倾斜保护原则，这一原则体现在用人单位和劳动者之间，对劳动者的合法权益进行倾斜。《劳动法》第3条明确规定了劳动者享有的7项基本权利，其他劳动法律规范对劳动者的基本权利和具体权利都作了更加具体系统的规定。同时对用人单位必须履行的劳动义务作了具体规定。

2. 劳动者平等竞争原则

劳动者平等竞争原则是劳动法的基本原则，体现在以下三个方面：一是平等就业。《劳动法》第12条规定，劳动者就业，不因民族、种族、性别、宗教信仰不同而受歧视；第13条规定，妇女享有与男子平等的就业权利。二是待遇平等。《劳动法》第46条规定，工资分配应当遵循按劳分配原则，实行同工同酬。三是劳动条件平等。即用人单位提供的工作环境和劳动保护要平等。

3. 特殊劳动保护原则

劳动法在一般劳动者和特殊劳动群体之间，对特殊劳动群体进行倾

[①]　参见郭捷:《劳动法与社会保障法》,法律出版社2016年版,第4页。

斜。妇女劳动者、残疾劳动者、未成年劳动者等特殊劳动群体除了受到一般保护外，其特殊利益还受到劳动法的特殊保护。如《劳动法》第58条规定了国家对女职工和未成年工实行特殊劳动保护。第29条规定，女职工在孕期、产期、哺乳期内的，用人单位不得解除劳动合同。

二、劳动法律关系

【经典案例】 张公平于2022年9月入职某工厂，双方签订的劳动合同，约定3个月的试用期，试用期每月薪水是7000元，必须遵守工厂规定的工作时间（早8时至晚8时，一周工作6天）。2个月后，张公平以工作时间严重超过劳动法规定的上限为由拒绝超时加班安排，该公司以张公平试用期间不合格为由与其解除劳动合同。张公平提请仲裁。

【问题】 该公司的做法合法吗？

【法理解读】

劳动法律关系，是劳动者与用人单位之间，依据劳动法律规范所形成的实现劳动过程的权利和义务关系。[①] 劳动法律关系由劳动法律关系主体、劳动法律关系内容和劳动法律关系客体三部分组成。其中劳动法律关系主体是指参加劳动法律关系，享有权利并承担义务的当事人，包括劳动者和用人单位。劳动法律关系客体是劳动法律关系权利义务共同指向的对象。劳动法律关系的内容是指劳动法律关系的主体在劳动过程享有的权利和承担的义务。

（一）劳动者的权利和义务

根据《劳动法》第3条的规定，劳动者的权利和义务如下：

---

① 参见王兴全：《劳动法》，法律出版社2017年版，第75页。

1. 劳动者的权利

（1）就业权。就业权是指具有劳动能力、达到法定就业年龄的劳动者有获得劳动机会的权利。[①] 就业权体现劳动者有平等就业和选择职业的权利。

（2）劳动报酬权。劳动报酬权是劳动者的一项劳动基本权利，具体包括同工同酬请求权、按时支付请求权、最低工资取得权以及对劳动报酬有支配权等。

（3）休息休假权。《宪法》第43条规定了劳动者有休息的权利。《劳动法》第四章对劳动者的工作时间和休息休假作了专门规定，如对公休假日、年休假以及加班时间都作了具体规定。

案例中，某工厂规章制度中"工作时间为早8时至晚8时，每周工作6天"的内容违反了《劳动法》第41条关于延长工作时间的规定，《劳动合同法》第26条对违反法律、行政法规强制性规定的劳动合同认定为无效或者部分无效。因此，张公平与该工厂约定的加班条款是无效的。张公平拒绝违法超时加班安排，是维护劳动者的合法权益，工厂不能其因拒绝加班就认定其试用期间不合格，仲裁委员会依法裁决该公司支付张公平违法解除劳动合同赔偿金。

（4）劳动安全卫生保护权。这是指劳动者在劳动过程中有权获得生命安全和身体健康方面的保障。[②]《劳动法》第54条规定，用人单位必须为劳动者提供符合国家规定的劳动安全卫生条件和必要的劳动防护用品，对从事有职业危害作业的劳动者应当定期进行健康检查。

（5）职业技能培训权。《劳动法》第68条规定："用人单位应当建立职业培训制度，按照国家规定提取和使用职业培训经费，根据本单位实际，有计划地对劳动者进行职业培训。"

（6）社会保险和福利权。社会保险权是指劳动者在暂时或永久丧失劳动能力以及失业时，有向国家和社会获得物质帮助的权利。社会福利权是

[①] 参见郭捷：《劳动法与社会保障法》，中国政法大学出版社2012年版，第58页。

[②] 参见张志京：《劳动法学》，复旦大学出版社2014年版，第47页。

指劳动者依据国家制度的社会福利制度所享有的权利。[①] 社会保险和福利权体现在养老保险、疾病保险、失业保险、工伤保险等方面。

（7）提请劳动争议处理权。当劳动者与用人单位因劳动权益发生争议时，劳动者有权享有向有关部门对劳动争议请求进行处理的权利，具体包括依法申请调解、仲裁和提起诉讼。

（8）法律规定的其他劳动权利。如民主管理参与权等。

2. 劳动者的义务

（1）完成劳动任务。完成劳动任务是劳动者对用人单位承担的最基本的义务。

（2）提高职业技能。接受职业技能培训，既是劳动者的权利，也是劳动者的义务。劳动者必须提高职业技能，这是科学技术的飞速发展对劳动者提出的要求。

（3）执行劳动安全卫生规程。为减少工伤事故的发生，劳动者必须在享有劳动保护权的同时，承担遵守劳动安全卫生规程的义务。

（4）遵守劳动纪律和职业道德。为了保证劳动任务的顺利完成，劳动者应严格遵守用人单位制定的各种劳动纪律，同时必须遵守职业道德。

（二）用人单位的权利和义务

根据《劳动法》第4条的规定，用人单位的权利和义务如下：

1. 用人单位的权利

用人单位的权利包括：有权建立和完善规章制度、有权制定劳动安全操作规程、有权对劳动者进行职业技能考核、有权制定劳动纪律和职业道德标准、有权对劳动报酬进行分配，同时还有权对劳动者的行为实行奖惩。

2. 用人单位的义务

用人单位的义务是对应于劳动者的主要权利而言的，包括：依法建立

---

① 参见《劳动与社会保障法学》编写组：《劳动与社会保障法学》，高等教育出版社2018年版，第38页。

和完善规章制度的义务、支付劳动报酬的义务、提供劳动安全卫生保护权的义务、依法安排劳动者休息休假的义务，还有提供职业培训的机会、缴纳社会保险费用等义务。

三、劳动合同

【经典案例】 张公平于 2002 年 1 月进入某公司工作，签订劳动合同期限为 2002 年 1 月至 2010 年 9 月 30 日。2010 年 9 月 30 日双方终止劳动合同，张公平办理了离厂手续并领取了失业保险金等。2011 年 1 月 1 日双方再次签订了劳动合同，期限为 2011 年 1 月 1 日至 2018 年 12 月 31 日。2017 年张公平提出签订无固定期限劳动合同，遭到拒绝。张公平提请仲裁被驳回申诉请求后，诉至法院。

【问题】 该案如何处理？

【法理解读】

1. 劳动合同的概念和期限

劳动合同是指劳动者与用人单位确立劳动关系、明确双方权利和义务的协议。[①] 建立劳动关系应当订立劳动合同。依据《劳动法》和《劳动合同法》的规定，订立劳动合同，应当遵循合法、公平、平等自愿、协商一致、诚实信用的原则。

《劳动合同法》第 12 条规定："劳动合同分为固定期限劳动合同、无固定期限劳动合同和以完成一定的工作任务为期限的劳动合同。"《劳动合同法》第 13 条规定，固定期限劳动合同，是指用人单位与劳动者约定合同终止时间的劳动合同。第 14 条规定，无固定期限劳动合同，是指用人

---

① 参见关怀:《劳动法教程》，法律出版社 2007 年版，第 87 页。

单位与劳动者约定无确定终止时间的劳动合同。劳动者在同一用人单位连续工作满十年以上，当事人双方同意续延劳动合同的，如果劳动者提出订立无固定期限的劳动合同，应当订立无固定期限的劳动合同。[1] 第 15 条规定，以完成一定工作任务为期限的劳动合同，是指用人单位与劳动者约定以某项工作的完成为合同期限的劳动合同。

案例中，2010 年 9 月 30 日张公平与某公司终止劳动合同事实清楚，劳动时间为 9 年。双方于 2011 年 1 月 1 日再次签订劳动合同书约定的履行期限截至 2018 年 12 月 31 日，因此法院判决该劳动合同仍在履行期内，不符合《劳动合同法》第 14 条规定的劳动者在该用人单位连续工作满十年的条件，驳回了张公平的诉讼请求。

2. 劳动合同的内容

劳动合同的内容即用人单位与劳动者在合同中约定的权利义务，表现为具体的合同条款。合同条款分为必备条款和约定条款。

（1）必备条款，即法律规定的劳动合同必须具备的合同条款。《劳动合同法》第 17 条规定："劳动合同应当具备以下条款：（一）用人单位的名称、住所和法定代表人或者主要负责人；（二）劳动者的姓名、住址和居民身份证或者其他有效身份证件号码；（三）劳动合同期限；（四）工作内容和工作地点；（五）工作时间和休息休假；（六）劳动报酬；（七）社会保险；（八）劳动保护、劳动条件和职业危害防护；（九）法律、法规规定应当纳入劳动合同的其他事项。"

（2）约定条款，劳动合同除前款规定的必备条款外，用人单位与劳动者可以约定试用期、培训、保守秘密、补充保险和福利待遇等其他事项。[2] 如《劳动法》第 21 条规定："劳动合同可以约定试用期。试用期最长不得超过六个月。"第 22 条规定："劳动合同当事人可以在劳动合同中约定保守用人单位商业秘密的有关事项。"

---

[1] 参见《劳动法》第 20 条。

[2] 参见《劳动合同法》第 17 条。

四、劳动争议

【经典案例】 张公平与某公司于 2022 年 8 月签订了为期 3 年的劳动合同，从事产品销售工作。早在 2022 年 1 月，该公司规定所有销售人员每月必须完成一定的销售基数。完成销售基数可以领取基本工资和销售提成，完成不了销售基数则不能领取包括基本工资在内的所有待遇。2022年 8 月至 12 月张公平未完成销售基数，故未领到一分钱工资。张公平要求公司支付其工资，遭到公司拒绝。张公平向当地劳动争议仲裁委员会提出申诉。

【问题】 该公司不计发张公平工资是否合法?

【法理解读】

劳动争议是劳动关系当事人之间因实现劳动权利、履行劳动义务而发生的纠纷或者争议。①《劳动法》第 78 条规定:"解决劳动争议，应当根据合法、公正、及时处理的原则，依法维护劳动争议当事人的合法权益。"根据《劳动法》和《劳动争议调解仲裁法》的规定，劳动争议处理程序有协商、调解、仲裁和诉讼四个环节。

1. 协商

劳动争议发生后，劳动者可以通过与用人单位协商，或者请工会或是第三方共同与用人单位协商达成和解。但是协商不是劳动争议处理的必经程序，协商在劳动争议的任何一个阶段都可进行。

2. 调解

发生劳动争议后，当事人不愿意协商、协商不成功或者达成和解协议后一方不履行的，可以向调解组织提出调解请求。调解组织包括:(1)企业劳动争议调解委员会，这一组织由职工代表和企业代表组成。职工代表

---

① 参见《劳动与社会保障法学》编写组:《劳动与社会保障法学》，高等教育出版社 2018 年版，第 185 页。

由工会成员担任或者由全体职工推举产生，企业代表由企业负责人指定。企业劳动争议调解委员会主任由工会成员或者双方推举的人员担任。①（2）依法设立的基层人民调解组织。②（3）在乡镇、街道设立的具有劳动争议调解职能的组织。③调解包括申请与受理、调查核实和组织调解等程序。

3. 仲裁

发生劳动争议后，当事人不愿意调解、调解不成功或者达成调解协议后不履行的，可以通过劳动争议仲裁委员会进行仲裁。仲裁是处理劳动争议的主要方式。仲裁程序，是法定的必经程序，是诉讼的前置程序。仲裁包括申诉、受理、仲裁准备、开庭审理和裁决、结案、法律文书生效和执行等程序。案例中，该公司的规定与《劳动法》第48条规定的"国家实行最低工资保障制度"是相违背的。张公平虽未能完成销售任务，但享有获得劳动报酬的权利。劳动争议仲裁委员会裁决某公司补发张公平8月至12月欠发的工资。

4. 诉讼

发生劳动争议后，当事人对仲裁裁决不服的，可以自收到仲裁裁决书之日起十五日内向人民法院提起诉讼。④诉讼是劳动争议处理的最终方式，而非劳动争议处理的必经程序。当事人不服一审法院判决的，可以上诉，二审判决为最终判决。

第三节　继承制度和继承权保护

一、继承制度概述

【经典案例】　张公平有个哥哥张大平已结婚成家并分家另过，只有张

---

① ② ③　参见《劳动争议调解仲裁法》第10条。
④　参见《劳动法》第83条。

公平与父母生活在一起。2022年元旦，张大平生怕将来父母的财产都留给张公平，提出要继承并分割父母的财产。对此，张公平父母均不同意，双方发生争执。

【问题】　张大平可以要求继承并分割父母的财产吗？

【法理解读】

1. 继承制度的概念与特征

《民法典》第1119条规定："本编调整因继承产生的民事关系。"这就明确了《民法典》继承编所调整的是平等的民事主体之间因自然人的死亡而发生的财产关系。与一般民事法律关系相比，继承法律关系具有以下特征：一是继承法律关系是以被继承人死亡为发生原因。二是继承法律关系是以亲属关系为基础的法律关系。三是继承法律关系是对遗产权利和义务的全面承受。四是继承人取得遗产所有权具有无偿性。

案例中，如果张大平提出的是分家析产，在法律上是可以的，分家析产将家庭共有财产予以分割，如张大平与父母共同的劳动收入或共同购置的生活资料等，按照各自收入或出资情况分割相应的财产份额。但如果是分割父母的财产，这是没有法律依据的，因为继承从被继承人死亡时开始，而其父母还健在。因此张公平父母完全有权拒绝张大平的要求。

2. 遗产

《民法典》第1122条规定："遗产是自然人死亡时遗留的个人合法财产。依照法律规定或者根据其性质不得继承的遗产，不得继承。"这是对遗产范围作了规定，明确了继承法律关系中的客体。遗产的范围可以从以下四个方面进行界定：一是时间上的特定性。遗产只存在于自然人死亡之后到被分割之前这一特定时间段。二是内容上的财产性。所谓财产性，是指作为继承对象的遗产，仅指被继承人死亡时遗留的财产权利，而不涉及对身份权和人身权的继承。[①] 三是范围上的限定性。遗产只能是自然人死

---

① 参见陈甦、谢鸿飞：《民法典评注继承编》，中国法制出版社2020年版，第18页。

亡时遗留的个人财产。四是性质上的合法性。遗产只能是自然人死亡时遗留的个人合法财产。

但是下列财产不能作为遗产：一是依据法律规定不能继承的财产权利，包括国家、集体自然资源的使用权、自留山、自留地、宅基地的使用权以及指定受益人的保险金。二是根据其性质不得继承的财产权利，包括与被继承人密不可分的人身权利、死亡赔偿金、抚恤金。

3. 继承、遗赠的接受与放弃

继承、遗赠的接受与放弃，是在继承开始后，继承人有权自主选择是否行使继承权，接受或放弃继承或遗赠的财产。《民法典》第1124条规定："继承开始后，继承人放弃继承的，应当在遗产处理前，以书面形式作出放弃继承的表示；没有表示的，视为接受继承。受遗赠人应当在知道受遗赠后六十日内，作出接受或者放弃受遗赠的表示；到期没有表示的，视为放弃受遗赠。"

4. 继承权的丧失及例外

继承人有下列行为之一的，丧失继承权：（1）故意杀害被继承人；（2）为争夺遗产而杀害其他继承人；（3）遗弃被继承人，或者虐待被继承人情节严重；（4）伪造、篡改、隐匿或者销毁遗嘱，情节严重；（5）以欺诈、胁迫手段迫使或者妨碍被继承人设立、变更或者撤回遗嘱，情节严重。

继承人因法定事由丧失了继承权，但继承人有悔改表现且得到被继承人的原谅的，则可以恢复继承权，这就是宽宥制度。

二、法定继承

【经典案例】 张公平与梁一思婚后生育四个子女，2021年、2022年张公平和梁一思相继去世，均未留下遗嘱，夫妻生前名下共有两套房产。

梁一思去世后，其过继给他人的小女儿赵小平与其三个兄姐为继承发生纠纷。赵小平诉至法院。

【问题】 该案如何处理？

【法理解读】

1. 法定继承的范围与顺序

（1）法定继承的范围

法定继承，是指继承人范围、继承顺序、继承条件、继承份额、遗产分配原则及继承程序均由法律直接规定的继承方式。①《民法典》第1123条规定："继承开始后，按照法定继承办理；有遗嘱的，按照遗嘱继承或者遗赠办理；有遗赠扶养协议的，按照协议办理。"法定继承人的范围，是指在适用法定继承时，哪些人可以作为被继承人遗产的继承人。②依据《民法典》第1127至1129条的规定，法定继承人的范围仅于法定的近亲属。具体包括：配偶，作为被继承人的配偶，是指被继承人死亡时，与被继承人有合法婚姻关系的人；子女，包括婚生子女、非婚生子女、养子女和有扶养关系的继子女；父母，包括生父母、养父母和有扶养关系的继父母；兄弟姐妹，包括同父母的兄弟姐妹、同父异母或者同母异父的兄弟姐妹、养兄弟姐妹、有扶养关系的继兄弟姐妹；祖父母、外祖父母，包括亲（外）祖父母、养（外）祖父母和有扶养关系的继（外）祖父母；对公婆、岳父母尽了主要赡养义务的丧偶儿媳、女婿。案例中，赵小平因过继给他人，依照法律规定，养子女不能继承生父母的遗产。因此法院判决赵小平不享有遗产继承权，遗产由其三个兄姐平均分配。

（2）法定继承的顺序

《民法典》依据继承人与被继承人的婚姻关系、血缘关系、抚养关系以及权利义务多少等，将法定继承的顺序分为两个顺序。第一顺序继承人

①　参见王利明、杨立新：《民法学》，法律出版社2020年版，第1004页。

②　参见徐青英：《婚姻家庭继承与生活》，上海人民出版社2021年版，第249页。

为：配偶、子女、父母；对公婆、岳父母尽了主要赡养义务的丧偶儿媳、女婿。第二顺序继承人为：兄弟姐妹、祖父母、外祖父母。

继承开始后，由第一顺序继承人继承，第二顺序继承人不继承；没有第一顺序继承人或第一顺序继承人放弃继承的，由第二顺序继承人继承。

2. 代位继承

依据《民法典》第1128条的规定，代位继承，是指被继承人的子女或者兄弟姐妹先于被继承人死亡时，由被继承人的继承人的晚辈直系血亲或者子女代替先亡的被继承人的子女继承被继承人遗产的法定继承制度。[1] 代位继承必须具备以下条件：一是被代位继承人必须先于被继承人死亡。二是被代位继承人必须是被继承人的子女或兄弟姐妹。三是代位继承人必须是被继承人的子女的晚辈直系血亲或兄弟姐妹的子女。

3. 转继承

转继承，是指继承人在继承开始后、遗产分割前死亡，其所应继承的遗产份额转由其继承人承受的法律制度。[2] 转继承无论是在法定继承中还是在遗嘱继承中发生，都必须具备以下要件：一是时间要件，即继承人须在继承开始之后、遗产分割之前死亡。如果继承人在继承开始前死亡，就可能发生代位继承。如果继承人在遗产分割后死亡，该继承人则以被继承人的身份直接继承。二是客观要件，即继承人未丧失或放弃继承权。如果继承人丧失或放弃继承权，其因继承的份额由其他继承人继承，则不存在转继承的问题。三是结果要件，即转继承人一般只能继承其被转继承人应得的遗产份额。转继承人的应得份额，要根据法定继承与遗嘱继承的具体情形进行判定。

---

[1] 参见王利明、杨立新：《民法学》，法律出版社2020年版，第1007页。
[2] 参见房绍坤、范李瑛、张洪波编著：《婚姻家庭与继承法》，中国人民大学出版社2000年版，第195页。

三、遗嘱继承、遗赠和遗赠抚养协议

【经典案例】 张公平曾立下书面遗嘱,将其全部遗产给长子张大平继承。但临终前,张公平看到张大平似乎在暗自窃笑,巴不得自己赶快死,便立下口头遗嘱,宣布把自己的全部遗产给次子张小平继承。当时在场人员有护士张某,张大平和张小平。

【问题】 两份遗嘱以哪一份为准?为什么?

【法理解读】

1. 遗嘱继承

遗嘱继承是法定继承的对称,是指在被继承人死亡后,继承人按照被继承人生前所立的合法有效的遗嘱,继承被继承人遗产的继承方式。[①] 遗嘱,是指自然人生前按照法律的规定处分自己的财产及安排与此有关的事务并于死亡后发生效力的单方的民事行为。[②] 依照《民法典》的规定,遗嘱的形式有:

(1)自书遗嘱。自书遗嘱指遗嘱人亲笔书写的遗嘱。《民法典》第1134条规定:"自书遗嘱由遗嘱人亲笔书写,签名,注明年、月、日。"

(2)代书遗嘱。代书遗嘱是指遗嘱人口述遗嘱内容,由他人代为书写的遗嘱。《民法典》第1135条规定:"代书遗嘱应当有两个以上见证人在场见证,由其中一人代书,并由遗嘱人、代书人和其他见证人签名,注明年、月、日。"

(3)打印遗嘱。打印遗嘱,是指遗嘱的内容由打印机打印而成的遗嘱。[③]《民法典》第1136条规定:"打印遗嘱应当有两个以上见证人在场

---

① 参见陈甦、谢鸿飞:《民法典评注继承编》,中国法制出版社2020年版,第100页。

② 参见最高人民法院民法典贯彻实施工作领导小组主编:《中华人民共和国民法典婚姻家庭编继承编理解与适用》,人民法院出版社2020年版,第556页。

③ 参见陈甦、谢鸿飞:《民法典评注继承编》,中国法制出版社2020年版,第137页。

见证。遗嘱人和见证人应当在遗嘱每一页签名，注明年、月、日。"

（4）录音录像遗嘱。录音录像遗嘱是指通过录音或录像的方式录制的遗嘱人的口述遗嘱。《民法典》第1137条规定："以录音录像形式立的遗嘱，应当有两个以上见证人在场见证。遗嘱人和见证人应当在录音录像中记录其姓名或者肖像，以及年、月、日。"

（5）口头遗嘱。口头遗嘱是指遗嘱人以口头方式设立的遗嘱。《民法典》第1138条规定："遗嘱人在危急情况下，可以立口头遗嘱。口头遗嘱应当有两个以上见证人在场见证。危急情况消除后，遗嘱人能够以书面或者录音录像形式立遗嘱的，所立的口头遗嘱无效。"案例中，只有书面遗嘱是有效的。张公平临终前所立的口头遗嘱要有效的话，必须有两个以上见证人在场见证。但张大平、张小平都不能成为遗嘱见证人，只有护士张某可以成为遗嘱见证人。因此不符合有两个以上见证人在场见证这一法律规定，所以这份口头遗嘱是无效的。

（6）公证遗嘱。公证遗嘱是指经过公证机构公证的遗嘱。《民法典》第1139条规定："公证遗嘱由遗嘱人经公证机构办理。"需要注意的是，公证遗嘱必须由遗嘱人本人亲自办理，不得委托他人办理。

2. 遗赠

遗赠是指自然人以遗嘱的方式将个人财产赠与国家、集体或者法定继承人以外的组织、个人，《民法典》第1133条规定："自然人可以立遗嘱将个人财产赠与国家、集体或者法定继承人以外的组织、个人。"遗赠具有以下法律特征：

（1）遗赠为单方民事法律行为。遗赠只需要遗赠人一方的意思表示就可以成立，无须征得受遗赠人的同意。

（2）遗赠是对特定范围内的人赠与财产的行为。受遗赠人必须是法定继承人以外的组织、个人或者国家、集体，而不是法定继承人范围之内的人。

（3）遗赠为死因行为。遗赠虽然是遗赠人生前所作出的意思表示，但只有在遗赠人死亡后才发生法律效力。

（4）遗赠必须是受遗赠人亲自接受的行为。受遗赠的主体具有特定性，只能受遗赠人自己亲自享有，不得转让。

（5）遗赠是一种无偿的民事法律行为。遗赠人给予受遗赠人的财产只能是积极财产，不能是消极财产。但遗赠附有义务的，受遗赠人应当履行义务。

3. 遗赠抚养协议

遗赠抚养协议，是指遗赠人和扶养人为明确相互间遗赠和扶养的权利义务关系所订立的协议。①《民法典》第1158条规定："自然人可以与继承人以外的组织或者个人签订遗赠扶养协议。按照协议，该组织或者个人承担该自然人生养死葬的义务，享有受遗赠的权利。"

四、遗产的处理

【经典案例】 张公平带着父亲和10岁的儿子进山打猎，遭遇雪崩，三人全部遇难。闻听此讯，张公平的妻子当即悲痛而死。张公平的母亲和岳父料理完丧事后，为争得张公平父亲的遗产和张公平与妻子共有的财产发生了争执。

【问题】 该案死亡顺序应如何确定？

【法理解读】

1. 继承开始时间的确定

（1）自然死亡的时间认定。自然人的死亡时间，以死亡证明记载的时间为准；没有死亡证明的，以户籍登记或者其他有效身份登记记载的时间

---

① 参见王利明、杨立新：《民法学》（第六版），法律出版社2020年版，第1016页。

为准。有其他证据足以推翻以上记载时间的，以该证据证明的时间为准。

（2）宣告死亡的时间认定。被宣告死亡的人，人民法院宣告死亡的判决作出之日视为其死亡的日期；因意外事件下落不明宣告死亡的，意外事件发生之日视为其死亡的日期。

（3）互有继承权的继承人在同一事件中死亡的时间确定。相互有继承关系的数人在同一事件中死亡，难以确定死亡时间的，推定没有其他继承人的人先死亡。都有其他继承人，辈分不同的，推定长辈先死亡；辈分相同的，推定同时死亡，相互不发生继承。

案例中，涉及在意外事件情况下死亡时间的推定问题。遵循长辈先死、晚辈后死之原则，案例中的张公平的父亲先死，张公平次之，张公平的儿子死亡顺序排在第三，张公平的妻子最后死亡。

2. 遗产分割的原则

（1）物尽其用原则。人民法院在分割遗产中的房屋、生产资料和特定职业所需要的财产时，应当依据有利于发挥其使用效益和继承人的实际需要，兼顾各继承人的利益进行处理。①

（2）保留胎儿继承份额原则。遗产分割时，应当保留胎儿的继承份额。应当为胎儿保留的遗产份额没有保留的，应从继承人所继承的遗产中扣回。②

3. 遗产分割的方法

遗产具体分割方法有以下几种：

（1）实物分割。当遗产为可分物时，按各继承人的应继份额进行实际分割。

（2）折价分割。当遗产为不可分物或不宜分割时，可以将遗产变卖，换取价金，按各继承人的应继份额对价金进行分割。

（3）补偿分割。当遗产为不可分物或不宜分割时，如果继承人中有人

①② 参见徐青英：《婚姻家庭继承与生活》，上海人民出版社 2021 年版，第 274 页。

愿意取得该遗产，则由该继承人取得遗产的所有权。取得遗产所有权的继承人要分别补偿给其他继承人应继份额相应的价金。

（4）共有分割。当遗产不宜实物分割、折价分割或补偿分割时，可采用共有分割的方式，由各继承人共同遗产，各继承人对遗产形成共有关系。

第五章　刑法规则与权利保障

第一节　刑法的原则和刑法运行规则

一、刑法的概念和性质

【经典案例】　法国著名启蒙思想家卢梭在《社会契约论》说："刑法在根本上与其说是一种特别法，还不如说是其他一切法律的制裁力量。"

【问题】　这句话体现了刑法的什么性质？

【法理解读】

刑法是规定犯罪、刑事责任和刑罚的法律。具体说，刑法是掌握政权的阶级即统治阶级，为了维护本阶级政治上的统治和经济上的利益，根据自己的意志，以国家名义制定、颁布的规定犯罪、刑事责任和刑罚的法律。[①]就其涵盖的内容而言，刑法有广义上的刑法和狭义上的刑法之分。广义上的刑法是指一切规定有关犯罪、刑事责任和刑罚的法律规范的总称。包括刑法典、单行刑法和附属刑法。狭义上的刑法仅指刑法典，在中

---

① 参见《刑法学》编写组：《刑法学（上册·总论）》，高等教育出版社 2019 年版，第 36 页。

国特指《中华人民共和国刑法》。刑法有着区别于其他法律规范的特别属性，主要表现在以下几个方面：

1. 调整范围的广泛性

其他法律规范往往只调整某一方面的社会关系，如民法调整的是平等主体之间的人身关系和财产关系。而刑法所保护的社会关系具有广泛性，大到国家安全、公共安全、经济秩序，小到公民个人的人身权利和财产权利，都是刑法调整的范围。换言之，其他法律规范所调整的社会关系，刑法都要调整。

2. 调整内容的特殊性

虽然刑法调整的范围具有广泛性，但并非对所有的违法行为都适用，而仅仅是针对最严重的违法行为才适用。刑法所规定的内容主要是犯罪、刑事责任和刑罚，而其他法律规范主要针对一般违法行为。

3. 制裁手段的严厉性

任何违法犯罪都要担负一定的法律后果。违反其他法律规范的法律后果通常是民事责任、行政责任等，如赔偿损失、警告、治安管理处罚等。而刑法制裁的严厉性是其他法律所不能比拟的。刑法的制裁方式是刑罚，刑罚是国家制裁方式中最严厉的一种制裁方式，不仅可以剥夺犯罪人的人身自由，甚至还能剥夺犯罪人的生命。

4. 保护手段的终极性 [①]

"刑法是其他法律的保护法，没有刑法作后盾、作保证，其他部门法往往难以得到彻底贯彻实施。" [②] 当其他法律不足以制止某种危害社会的行为时，才由刑法禁止；当其他法律不足以保护某种社会关系时，才由刑法保护。因此刑法是其他法律的保护法。案例中的这句话体现了刑法保护手段的终极性这一性质，刑法是用来保障其他法律得以实施的力量，是对破坏其他法律的行为的最终制裁的规范。 [③]

---

① ③　参见李永升：《刑法总论》，法律出版社 2011 年版，第 9 页。

②　参见高铭暄：《中国刑法学》，中国人民大学出版社 1989 年版，第 2 页。

二、刑法的基本原则

【经典案例】 13世纪初，英王约翰为了满足对外战争的军费需求，随意增加税收，疯狂掠夺教会和臣民财产。1215年，英国贵族以国王没有尽到保护臣民利益的义务为由武装反抗约翰的统治，英王约翰在大军压境的情况下无奈地签署了《大宪章》。《大宪章》规定，不经过合法裁决和法律审判，国王不得逮捕和囚禁任何人，不得剥夺他们的财产，不得宣布他们不受法律保护，也不得将他们处死。

【问题】 这段材料体现了刑法的什么原则？

【法理解读】

所谓刑法基本原则，是指贯穿全部刑法规范，具有指导和制约全部刑事立法和刑事司法的意义，并体现我国刑事法治基本精神的准则。[①]

1. 罪刑法定原则

《刑法》第3条规定："法律明文规定为犯罪行为的，依照法律定罪处刑；法律没有明文规定为犯罪行为的，不得定罪处刑。"这就是对罪刑法定原则的规定。什么行为构成犯罪，构成什么性质的犯罪，犯罪人承担什么刑事责任，应受什么刑罚，都必须由刑法加以规定。如果刑法没有明文规定某种行为是犯罪行为，则不得定罪处罚。即"法无明文规定不为罪，法无明文规定不处罚"。案例中的这段材料体现了刑法的罪刑法定原则。罪刑法定原则最早就是诞生于13世纪的英国，这一原则成为保护人民权利的利器。

罪刑法定原则包括以下几方面的内容：

（1）禁止溯及既往。这涉及刑法适用的时间效力问题。刑法只适用于其生效以后的犯罪，而不追溯其生效之前的犯罪，即禁止事后法。这是从

---

① 参见《刑法学》编写组：《刑法学（上册·总论）》，高等教育出版社2019年版，第55页。

保障公民自由的角度考虑的。

（2）禁止习惯法。刑法必须是立法机关制定的成文法律，司法机关只能根据公开的、成文的法律定罪量刑。习惯法不是刑法的渊源，判例也不是刑法的渊源。习惯法是在人类社会生活中形成的一种不成文的社会规则，没有成文性、明确性的特点，缺乏统一的规则内容，因而不能作为定罪的根据。

（3）禁止类推解释。类推解释，是指需要判断的具体事实与法律规定的构成要件基本相似时，将后者的法律效果适用于前者。[①] 如果对刑法没有明文规定的行为定罪处罚，是对公民自由的严重威胁，与罪刑法定原则是相违背的。

（4）禁止绝对不定刑。绝对不定刑是指刑法只规定了什么行为是犯罪，而不规定具体如何处罚。根据"没有法定的刑罚就没有犯罪"的原则，该行为就不是犯罪。法官在裁量刑罚时也不能宣告不定期刑，法官必须判定具体的刑罚刑期。因此各国刑法都规定了相对确定的法定刑。

2. 适用刑法人人平等原则

《刑法》第4条规定："对任何人犯罪，在适用法律上一律平等。不允许任何人有超越法律的特权。"这就是对适用刑法人人平等原则的规定。适用刑法人人平等原则具体体现在：

（1）定罪上的平等，这是指任何人犯罪，都应当受到刑事追究而不得例外。[②] 不论其出身、教育程度、财产状况、社会地位等有何不同，都适用相同的定罪标准。不能因其地位高而不予定罪，也不能因其是平民百姓就任意定罪。

（2）量刑上的平等，这是指犯相同的罪，都应当处以相同的刑罚。《刑法》第61条规定："对于犯罪分子决定刑罚的时候，应当根据犯罪的事实、犯罪的性质、情节和对于社会的危害程度，依照本法的有关规定判

---

① 参见姜涛：《刑法总论入门笔记》，法律出版社2018年版，第18页。

② 参见冯军、肖中华：《刑法总论》，中国人民大学出版社2016年版，第50页。

处。"这就明文规定了在量刑时，不得因人而异，而要以事实为根据，以法律为准绳。

（3）行刑上的平等，这是指在执行刑罚时，受刑人都应受到相同的待遇，不能因其财产、身份进行区别对待。对于减刑、假释的条件必须统一，不能因人而异。

3. 罪责刑相适应原则

《刑法》第5条规定："刑罚的轻重，应当与犯罪分子所犯罪行和承担的刑事责任相适应。"这就是对罪责刑相适应原则的规定。即刑罚的轻重必须与犯罪的轻重相当，做到重罪重罚、轻罪轻罚，罪刑相称、罚当其罪。[①] 这一原则主要包括以下两方面的内容：

（1）刑罚的轻重应当与犯罪分子所犯罪行的大小相适应。[②] 犯罪分子所犯罪行的大小要根据犯罪的性质、犯罪的情节加以区分，从而决定刑罚的轻重。罪行严重的，相应的刑罚要重；罪行较轻的，相应的刑罚要轻。

（2）刑罚的轻重应当与犯罪分子所承担的刑事责任的大小相适应。[③] 刑事责任是指犯罪分子的主观恶性或者人身危险性的内容。[④] 主观恶性包括故意、过失、动机等。人身危险性是指犯罪分子再次犯罪的可能性。这些对刑罚的轻重具有重要影响。

三、刑法的效力

【经典案例】 1998 年 10 月 30 日广东省广州市中级人民法院对张子强等 36 名被告人犯非法买卖爆炸物罪、绑架罪、抢劫罪等一审作出判决，其中，被告人张子强犯非法买卖爆炸物罪，判处死刑，剥夺政治权利终

---

① 参见李永升：《刑法总论》，法律出版社 2011 年版，第 40 页。
② 参见黎宏：《刑法学总论》，法律出版社 2016 年版，第 26 页。
③④ 参见黎宏：《刑法学总论》，法律出版社 2016 年版，第 27 页。

身；犯绑架罪，判处无期徒刑，剥夺政治权利终身，并处没收财产人民币6.62亿元；犯走私武器、弹药罪，判处无期徒刑，剥夺政治权利终身，并处没收财产人民币10万元。决定执行死刑，剥夺政治权利终身，并处没收财产人民币6.62亿元。张子强及其辩护人上诉称：本案犯罪行为实施地在香港，侵犯的客体是香港居民的人身权和财产权，应由香港法院管辖，一审法院管辖不当。广东省高级人民法院审理后，核准了判处上诉人张子强死刑、剥夺政治权利终身的判决，认为：本案指控的犯罪，有些犯罪行为虽然是在香港实施的，但是组织、策划等实施犯罪的准备工作，均发生在内地；实施犯罪所使用的枪支、爆炸物及主要的作案工具均是从内地非法购买后走私运到香港的，依照《刑事诉讼法》第24条的规定，内地法院对本案依法享有管辖权。①

【问题】 内地法院对本案依法享有管辖权吗？

【法理解读】

刑法的效力，也称刑法的适用范围，是指刑法在什么地方、对什么人以及什么时间具有效力。②刑法的效力包括刑法的空间效力和刑法的时间效力。

1. 刑法的空间效力

刑法的空间效力是指一个国家的刑法在哪一地域，对哪些人有约束力。我国《刑法》第6条至第11条对刑法的空间效力规定了属地管辖权、属人管辖权、保护管辖权和普遍管辖权。

（1）属地管辖权

《刑法》第6条第1款规定："凡在中华人民共和国领域内犯罪的，除法律有特别规定的以外，都适用本法。"这是对属地管辖原则的规定。

---

① 参见《张子强等非法买卖、运输爆炸物、抢劫、绑架、走私武器、弹药、非法买卖、运输枪支、弹药、私藏枪支、弹药上诉案》，载《最高人民法院公报》1999年第1期。

② 参见《刑法学》编写组：《刑法学（上册·总论）》，高等教育出版社2019年版，第70页。

领域是国际法上的概念，包括领陆、领水、领空。领陆，指我国国境线以内的陆地领土及其地下层。[①] 领水，包括内水和领海，内水指我国国境内的江、河、湖泊、内海及其与他国之间的界河的一部分；[②] 领海指国家所享有的沿岸一定宽度的海水域。中华人民共和国领海的宽度从领海基线量起为 12 海里。[③] 领空，指领陆和领水的上部空间。[④] 领空的最高为大气层的上边缘，不包括外层空间。

关于船舶或者航空器。《刑法》第 6 条第 2 款规定："凡在中华人民共和国船舶或者航空器内犯罪的，也适用本法。"按照国际惯例，领域还包括船舶或者航空器。只要属于我国的船舶或者航空器都属于我国领土。只要是在我国船舶、航空器内犯罪的，也都适用我国刑法。

关于犯罪地问题。根据《刑法》第 6 条第 3 款的规定，我国领域内"犯罪"的认定，只要犯罪的行为或者结果有一项发生在我国领域内的，就认为是在我国领域内的犯罪。在本案例中，虽然张子强等人是在香港进行犯罪行为的，但其在内地进行了犯罪的组织策划和犯罪工具的准备，因此内地法院有管辖权，适用我国刑法。

关于"法律有特别规定。"《刑法》第 6 条第 1 款规定了在我国领域内犯罪的，如果法律有特别规定的，就适用法律的特别规定，不适用本法。法律的特别规定包括：一是享有外交特权和豁免权的外国人的刑事责任，通过外交途径解决；[⑤] 二是港澳特区和我国台湾地区；三是民族自治地方有特别规定的。

（2）属人管辖权

《刑法》第 7 条对属人管辖权作了明确规定。中国公民在我国领域外犯罪的，是否适用我国刑法，分两种情况：

我国国家工作人员和军人在我国领域外犯我国刑法规定之罪的，适用

---

①④　参见黎宏：《刑法学总论》，法律出版社 2016 年版，第 29 页。

②　参见李永升：《刑法总论》，法律出版社 2011 年版，第 49 页。

③　参见《中华人民共和国领海及毗连区法》第 3 条。

⑤　参见《刑法》第 11 条。

我国刑法。这是因为国家工作人员和军人的身份特殊，其犯罪行为会严重损害我国的国际形象，因此从严处理。

国家工作人员和军人以外的其他人员在我国领域外犯我国刑法规定之罪的，适用我国刑法，但所犯之罪的法定最高刑为三年以下有期徒刑的，可以不予追究。

（3）保护管辖权

《刑法》第 8 条规定："外国人在中华人民共和国领域外对中华人民共和国国家或者公民犯罪，而按本法规定的最低刑为三年以上有期徒刑的，可以适用本法，但是按照犯罪地的法律不受处罚的除外。"这表明，外国人在我国领域外犯罪，需要满足以下三个条件：一是所犯罪行必须是侵犯我国国家或者公民的合法权益。二是所犯之罪按照我国刑法规定的最低刑必须是三年以上有期徒刑。三是这一行为不仅触犯我国法律，而且也必须触犯犯罪地的法律。

（4）普遍管辖权

《刑法》第 9 条规定："对于中华人民共和国缔结或者参加的国际条约所规定的罪行，中华人民共和国在所承担条约义务的范围内行使刑事管辖权的，适用本法。"这是对普遍管辖权的规定。根据这一规定，只要是我国缔结或者参与的国际条约中所规定的罪行，无论犯罪分子是中国人或外国人，也无论其罪行发生在我国领域内或领域外，凡是在我国境内被发现的犯罪分子，我国都要履行国际条约的责任，并行使普遍管辖权。

2. 刑法的时间效力

刑法的时间效力，是指刑法的生效时间、失效时间以及刑法是否具有溯及力问题。①

（1）生效时间

刑法的生效时间分为两种：一是从刑法公布之日起生效。② 如《关于

---

① 参见《刑法学》编写组：《刑法学（上册·总论）》，高等教育出版社 2019 年版，第 78 页。
② 参见李永升：《刑法总论》，法律出版社 2011 年版，第 56 页。

惩治骗购外汇、逃汇和非法买卖外汇犯罪的决定》自公布之日起生效。二是公布后一段时间才生效。如我国刑法是 1997 年 3 月 14 日公布的，但生效时间是 1997 年 10 月 1 日。

（2）失效时间

刑法的失效主要有两种方式：一是法定失效，即国家立法机关明确宣布某些法律失效。[①]二是自然失效，即新法施行后代替了同类内容的旧法，或者由于原来的特殊立法条件已经消失，旧法自行废止。[②]

（3）溯及力

按照我国《刑法》第 12 条的规定，我国刑法的溯及力分为：

行为时的法律不认为是犯罪，刑法规定是犯罪，适用当时的法律，不追究行为人的刑事责任。

行为时的法律认为是犯罪，刑法规定不认为是犯罪，适用刑法，不追究行为人的刑事责任。

行为时的法律认为是犯罪，依照《刑法》总则第四章第八节的规定应当追诉的，按照当时的法律追究刑事责任，但是如果处刑较轻的，适用刑法。

在刑法施行以前，依照当时的法律所作出的生效判决，仍然具有效力。

第二节　犯罪构成和刑罚

一、犯罪概述

【经典案例】 张公平，男，18 岁，待业青年，暂住于其叔叔家。一

---

① 参见李永升：《刑法总论》，法律出版社 2011 年版，第 56 页。
② 参见黎宏：《刑法学总论》，法律出版社 2016 年版，第 36 页。

天趁家中无人，张公平从抽屉中偷偷抽走 400 元。在这之后的 3 个月里，张公平又窃取人民币 800 元。当张公平又打开抽屉盗取现金时，被其堂弟发现，随之报案。事后张公平父母偿还了 1200 元，其叔叔曾到公安机关要求不要处理张公平。

【问题】　张公平的行为是否构成犯罪？

【法理解读】

我国《刑法》第 13 条规定："一切危害国家主权、领土完整和安全，分裂国家、颠覆人民民主专政的政权和推翻社会主义制度，破坏社会秩序和经济秩序，侵犯国有财产或者劳动群众集体所有的财产，侵犯公民私人所有的财产，侵犯公民的人身权利、民主权利和其他权利，以及其他危害社会的行为，依照法律应当受刑罚处罚的，都是犯罪，但是情节显著轻微危害不大的，不认为是犯罪。"这是我国刑法对犯罪概念所下的定义。概括来讲，犯罪是指危害社会的依法应当受到刑法惩罚的行为。[①] 从犯罪的概念可以看出，犯罪具有如下特征：

1. 严重的社会危害性

这是犯罪的基本特征，即行为对刑法所保护的社会关系造成严重的损害。如果某种行为虽具有社会危害性，但情节显著轻微危害不大的，不认为是犯罪。严重的社会危害性是区别罪与非罪的根本特性。

2. 刑事违法性

这是犯罪的法律特征，即行为必须是违反刑法的行为。某种行为虽然具有严重的社会危害性，但刑法没有明文规定这一行为是犯罪的话，则该行为也并不一定构成犯罪。这一特征体现了罪刑法定原则。

3. 应受刑罚惩罚性

这是犯罪的重要特征。犯罪是实施刑罚的先决条件，而刑罚则是犯罪

---

① 参见曲新久：《刑法学》，中国政法大学出版社 2016 年版，第 30 页。

的法律后果。某种行为尽管其具有严重的社会危害性，且具有刑事违法性，但是按照刑法规定不应当受刑罚惩罚的，则该行为也不构成犯罪。

犯罪的上述三个基本特征是任何犯罪都必须具备的，缺一不可。案例中，张公平虽然在主观上存在非法占有的意图，在客观上也有盗窃他人财物的行为，因此，其行为具有一定的社会危害性。但是从整体上来看，其犯罪情节明显轻微，造成的社会危害不大，并不认为是犯罪。

二、犯罪构成

【经典案例】 张公平为某医院医生，一天他在值班时，恰巧送来一名名为董敏法的病人要求急救。张公平和董敏法是仇人，张公平便故意装病，表示对病人无法进行急救，最终导致董敏法因延误诊断时间而死亡。

【问题】 张公平的行为构成犯罪吗？

【法理解读】

犯罪构成是指刑法规定的、决定某一具体行为的社会危害性及其程度，而为该行为构成犯罪所必须具备的一切客观要件和主观要件的有机统一的整体。① 犯罪构成要件包括犯罪客体、犯罪客观方面、犯罪主体和犯罪主观方面四个部分。

1. 犯罪客体

犯罪客体是我国刑法所保护的而为犯罪行为所侵犯的社会关系。② 如我国《刑法》总则中规定的国家安全，人民民主专政的政权和社会主义制度，国有财产和劳动群众集体所有的财产，公民私人所有的财产，公民的人身权利、民主权利和其他权利，社会秩序、经济秩序，以及分则中规定

---

① 参见《刑法学》编写组：《刑法学（上册·总论）》，高等教育出版社2019年版，第93页。
② 参见李永升：《刑法总论》，法律出版社2011年版，第95页。

的各种社会关系，就是我国刑法中的犯罪客体。如《刑法》第 102 条规定的背叛国家罪的客体就是中华人民共和国的主权、领土完整和安全。

2. 犯罪客观方面

犯罪客观方面是指犯罪活动的客观外在表现，包括危害行为、危害结果以及危害行为与危害结果之间的因果关系。[①]

（1）危害行为

任何犯罪都必须通过行为体现出来，没有行为就没有犯罪。危害行为分为作为和不作为。其中，作为是最常见的犯罪行为形式。所谓作为，是指行为人以其积极的身体活动实施刑法禁止实施的危害行为。[②] 即"不应为而为"，如杀人、盗窃等。不作为，是指行为人消极地不履行自己有义务实施且能够实施的作为。即"应为而不为"。构成不作为的犯罪，必须具有以下三个条件：第一，行为人负有实施特定积极行为（作为）的义务。[③] 这种义务一是法律明文规定的特定义务。[④] 二是职务上或业务上要求履行的义务。[⑤] 三是行为人因以前的行为而产生的义务。第二，行为人有能力履行特定义务。第三，行为人没有履行特定义务，导致了一定的危害结果的发生。

（2）危害结果

危害结果是指犯罪行为对犯罪客体所造成的客观损害。[⑥] 危害结果在刑法中占有十分重要的地位。危害结果是区分罪与非罪的标准之一、危害结果的有无是区分犯罪既遂与未遂的重要标志，危害结果的大小是量刑轻重的重要依据。

（3）因果关系

因果关系是指刑法规定的危害行为和危害结果之间存在的特定联系。

---

① 参见姜涛：《刑法总论入门笔记》，法律出版社 2018 年版，第 114 页。
② 参见冯军、肖中华：《刑法总论》，中国人民大学出版社 2016 年版，第 157 页。
③ 参见曲新久：《刑法学》，中国政法大学出版社 2016 年版，第 86 页。
④ 参见李永升：《刑法总论》，法律出版社 2011 年版，第 114 页。
⑤ 参见李永升：《刑法总论》，法律出版社 2011 年版，第 115 页。
⑥ 参见李永升：《刑法总论》，法律出版社 2011 年版，第 123 页。

因果关系具有复杂性，有一因一果，也有一因多果、多因一果或多因多果。案例中，张公平作为一名医生，负有挽救病人的作为义务，而且又能够实施抢救病人的行为，却因为私仇而未履行这种职务行为，导致病人的死亡，病人的死亡与张公平的不作为之间存在因果关系。因此张公平的行为构成犯罪，是一种不作为的犯罪。

3. 犯罪主体

犯罪主体是指达到法定刑事责任年龄、具有刑事责任能力、实施了严重危害社会行为的自然人或者单位。[①]

（1）自然人犯罪主体

自然人是指作为个体存在的有生命的人，是自然意义上的人。[②] 自然人犯罪主体必须同时具备以下三个构成条件：

第一，自然人必须法定刑事责任年龄。根据《刑法》第17条的规定，刑事责任年龄分为四个阶段。一是不满14周岁的人，不负刑事责任。这是绝对不负刑事责任年龄阶段。但是已满12周岁不满14周岁的人，犯故意杀人、故意伤害罪，致人死亡或者以特别残忍手段致人重伤造成严重残疾，情节恶劣，经最高人民检察院核准追诉的，应当负刑事责任。[③] 二是已满14周岁不满16周岁的人，犯故意杀人、故意伤害致人重伤或者死亡、强奸、抢劫、贩卖毒品、放火、爆炸、投放危险物质罪的，应当负刑事责任。[④] 这是相对不负刑事责任年龄阶段。三是已满16周岁的人犯罪，应当负刑事责任。[⑤] 这是应当负刑事责任年龄阶段。四是不满18周岁的人，应当从轻或者减轻处罚，已满75周岁的人故意犯罪的，可以从轻或者减轻处罚；过失犯罪的，应当从轻或者减轻处罚。[⑥] 这是减轻刑事责任

---

① 参见肖扬：《中国新刑法学》，中国人民公安大学出版社1997年版，第102页。
② 参见李永升：《刑法总论》，法律出版社2011年版，第138页。
③ 参见《刑法》第17条第3款。
④ 参见《刑法》第17条第2款。
⑤ 参见《刑法》第17条第1款。
⑥ 参见《刑法》第17条之一。

年龄阶段。

第二，自然人必须具有刑事责任能力。根据《刑法》第18条的规定，刑事责任能力分为四种情况。一是完全刑事责任能力。凡年满18周岁、精神和生理功能健全且智力与知识发展正常的人，[①] 是完全刑事责任能力人，其实施的犯罪行为，应当负全部刑事责任。二是限制刑事责任能力。限制刑事责任能力人为14周岁以上16周岁以下的人。三是无刑事责任能力。无刑事责任能力人包括不满14周岁的人和行为时不能辨认或者不能控制自己行为的精神病人。四是减轻刑事责任能力。减轻刑事责任能力人包括已满14周岁不满18周岁的未成年人、又聋又哑的人、盲人、尚未完全丧失辨认或者控制自己行为能力的精神病人。[②]

第三，自然人必须实施了刑法规定的危害社会的行为。

（2）单位犯罪主体

单位犯罪是指公司、企业、事业单位、机关、团体实施的危害社会的、依照法律规定应受刑罚处罚的行为。[③] 我国《刑法》对单位犯罪的处罚原则实行双罚制。对单位判处罚金，并对其直接负责的主管人员和其他直接责任人员判处刑罚。[④]

4. 犯罪主观方面

犯罪主观方面是犯罪主体对自己所实施的危害行为及其结果所持的心理态度。犯罪主观方面包括犯罪故意和犯罪过失。

（1）犯罪故意

根据《刑法》第14条的规定，犯罪故意是指行为人明知自己的行为会发生危害社会的结果，并且希望或者放任这种结果发生的心理态度。犯罪故意分为直接故意和间接故意。直接故意是指行为人明知自己的行为可

---

① 参见《刑法学》编写组：《刑法学（上册·总论）》，高等教育出版社2019年版，第142页。
② 参见《刑法》第18条、第19条。
③ 参见曲新久：《刑法学》，中国政法大学出版社2016年版，第77页。
④ 参见曲新久：《刑法学》，中国政法大学出版社2016年版，第80页。

能发生危害社会的结果，并且希望这种结果发生的心理态度。[①] 间接故意是指行为人明知自己的行为可能发生危害社会的结果，并且放任这种结果发生的心理态度。[②]

（2）犯罪过失

根据《刑法》第15条的规定，犯罪过失是指行为人应当预见自己的行为可能发生危害社会的结果，因为疏忽大意而没有预见或者已经预见而轻信能够避免，以致发生这种结果的心理态度。犯罪过失包括疏忽大意的过失和过于自信的过失。疏忽大意的过失，是指行为人应当预见自己的行为可能发生危害社会的结果，因为疏忽大意而没有预见，以致发生这种结果的心理态度。[③] 过于自信的过失，是指行为人已经预见自己的行为可能发生危害社会的结果，但轻信能够避免，以致发生这种结果的心理态度。[④]

三、正当行为

【经典案例】 无业游民张公平为还债务，于深夜拦住刚下晚自习回家的董敏法，持刀进行抢劫。在此过程中，张公平良心发现，觉得学生不易，于是转身离开。但怒气未消的董敏法从地上捡起一石块将张公平砸伤。

【问题】 董敏法的行为是正当防卫吗？

【法理解读】

正当行为，是指客观上造成一定的损害结果，形式上符合刑法对某种犯罪规定的客观构成要件，但实质上既不具有社会危害性，也不具有刑事

---

①② 参见黎宏：《刑法学总论》，法律出版社2016年版，第189页。
③ 参见李永升：《刑法总论》，法律出版社2011年版，第171页。
④ 参见李永升：《刑法总论》，法律出版社2011年版，第173页。

违法性的行为。[①] 刑法明文规定的正当行为只有正当防卫和紧急避险。

1. 正当防卫

根据《刑法》第 20 条的规定，正当防卫是指为了使国家、公共利益、本人或者他人的人身、财产和其他权利免受正在进行的不法侵害，而采取的制止不法侵害且未明显超过必要限度的行为。正当防卫成立必须满足以下条件：

（1）必须是为了使国家、公共利益、本人或者他人的人身、财产权利和其他权利免受不法侵害而实施的。这是正当防卫目的的正义性。

（2）必须有不法侵害行为的存在。即不法侵害行为应当是客观的、真实的，而非主观的想象或推断。没有不法侵害行为存在而进行的防卫，是假想防卫。

（3）必须是正在进行的不法侵害。正当防卫的目的是阻止不法侵害行为，从而避免发生危害结果。如果不法侵害行为尚未发生或者已经结束而采取"防卫"行为的，是事先防卫和事后防卫，这都不是正当防卫。案例中，张公平持刀进行抢劫的行为已经结束，董敏法的行为不满足正当防卫要求的"正在进行"这一条件，因此不属于正当防卫。

（4）必须是对不法侵害者本人实行防卫，而不能对没有实施不法侵害行为的第三人实行防卫。

（5）不能明显超过必要限度造成重大损害。能否成立正当防卫还要考虑行为的限度条件。《刑法》第 20 条第 2 款规定，正当防卫明显超过必要限度造成重大损害的，应当负刑事责任。但是对正在进行行凶、杀人、抢劫、强奸、绑架以及其他严重危及人身安全的暴力犯罪，采取防卫行为，造成不法侵害人伤亡的，不属于防卫过当，不负刑事责任。[②]

2. 紧急避险

根据《刑法》第 21 条的规定，紧急避险是为了使国家、公共利益、

---

① 参见《刑法学》编写组：《刑法学（上册·总论）》，高等教育出版社 2019 年版，第 192 页。

② 参见《刑法》第 20 条第 3 款。

本人或者他人的人身、财产和其他权利免受正在发生的危险，不得已采取的行为。紧急避险的成立必须满足以下条件：

（1）必须是为了保护国家、公共利益、本人或者他人的人身、财产和其他权利。这是紧急避险的正当性条件，即紧急避险的目的是保护合法利益。不能为保护非法利益而实行紧急避险。

（2）必须是正在发生的危险。如果危险尚未开始或已经结束而采取紧急避险的，是事前避险和拖后避险，这不是紧急避险。

（3）必须是不得已采取的行为。"不得已"是指危险已经迫在眉睫，行为人没有其他合理方式排除危险。

（4）必须不能超过必要限度。必要限度是指被损害的利益必须小于所保护的利益。通常来说，人身权利高于财产权利，而在人身权利中，生命权要高于其他人身权利。财产权利应当以财产价值的多少，而非以所有制性质来衡量。《刑法》第21条第2款规定："避险超过必要限度造成不应有的损害，应当负刑事责任，但是应当减轻或者免除处罚。"

（5）职务上、业务上负有特定责任的人不得实施紧急避险。

四、刑罚

【经典案例】 张公平，男，20岁，因犯抢劫罪、盗窃罪，被判处死刑缓期2年执行。张公平在死刑缓期执行期间，表现平平。他在死刑缓期2年期满后，没有得到减刑，于是产生了和同室犯人甲、乙一起逃跑的想法，三人为逃跑作了充分的准备。某日凌晨张公平三人一起从监房下水道逃出监狱。

【问题】 对张公平能否核准死刑？本案应如何处理？

【法理解读】

刑罚，是刑法所规定的由国家审判机关对犯罪人所适用的限制或剥夺其某种权益的强制性制裁方法。① 刑罚分为主刑和附加刑。

1. 主刑

主刑是指只能独立适用的主要刑罚方法。② 一个犯罪只能有一个主刑，而不能有两个以上的主刑。根据《刑法》第33条的规定，主刑包括管制、拘役、有期徒刑、无期徒刑和死刑。

（1）管制。管制是对犯罪分子不予关押，依法实行社区矫正的刑罚方法。③ 对于罪行较轻、人身危险小的犯罪分子实行管制。根据《刑法》第38条的规定，对判处管制的犯罪分子，依法实行社区矫正。管制的期限，为3个月以上2年以下。

（2）拘役。拘役是指短期剥夺犯罪分子人身自由，就近实行劳动改造的刑罚方法。④ 根据《刑法》第42条的规定，拘役的期限，为1个月以上6个月以下。

（3）有期徒刑。有期徒刑是剥夺犯罪分子一定期限的人身自由，实行强制劳动改造的刑罚方法。⑤ 有期徒刑是我国适用范围最广的刑罚。根据《刑法》第45条的规定，有期徒刑的期限，除刑法第56条、第69条规定外，为6个月以上15年以下。

（4）无期徒刑。无期徒刑是指对犯罪分子终身监禁并实行强制劳动改造的一种刑罚方法。

（5）死刑。死刑是指对犯罪分子剥夺生命的一种刑罚方法。死刑分为立即执行和缓期2年执行。

案例中，对张公平不能核准执行死刑。这是因为被判处死刑缓期2年执行的犯罪分子，如果在缓刑考验期内没有故意犯罪的，2年期满之后减为无期徒刑。张公平在死缓考验期内，没有立功表现，也没有故意犯罪，

---

① 参见《刑法学》编写组：《刑法学（上册·总论）》，高等教育出版社2019年版，第293页。

② 参见张明楷：《刑法学（上）》，法律出版社2016年版，第523页。

③ 参见冯军、肖中华：《刑法总论》（第三版），中国人民大学出版社2016年版，第415页。

④ 参见李永升：《刑法总论》，法律出版社2011年版，第297页。

⑤ 参见李永升：《刑法总论》，法律出版社2011年版，第298页。

依法应当减为无期徒刑。但张公平在考验期满后又犯新罪，依法应当将对其所犯新罪判处的刑罚与无期徒刑进行并罚。

2. 附加刑

附加刑是指补充主刑适用的刑罚方法。[①] 附加刑既可以附加主刑适用，也可以独立适用。对同一犯罪人，可以适用多个附加刑。根据《刑法》第34条的规定，附加刑包括罚金、剥夺政治权利、没收财产和驱逐出境。

（1）罚金。罚金是法院判处犯罪分子向国家缴纳一定数额金钱的刑罚方法。[②] 根据《刑法》第52条的规定，判处罚金，应当根据犯罪情节决定罚金数额。

（2）剥夺政治权利。剥夺政治权利，是指剥夺犯罪分子参加国家管理和政治活动权利的刑罚方法。[③]《刑法》第54条规定："剥夺政治权利是剥夺下列权利：（一）选举权和被选举权；（二）言论、出版、集会、结社、游行、示威自由的权利；（三）担任国家机关职务的权利；（四）担任国有公司、企业、事业单位和人民团体领导职务的权利。"

（3）没收财产。没收财产是强制将犯罪分子个人所有财产的一部或全部强制无偿收归国有的刑罚方法。《刑法》第59条规定，在判处没收财产的时候，不得没收属于犯罪分子家属所有或者应有的财产。

（4）驱逐出境。驱逐出境是强制犯罪的外国人离开中国国境的刑罚方法。

第三节　法治教育和青少年犯罪预防

一、青少年犯罪预防概述

【经典案例】 2017年至2021年，检察机关受理审查逮捕未成年犯罪

---

① 参见冯军、肖中华：《刑法总论》，中国人民大学出版社2016年版，第427页。

② 参见张明楷：《刑法学（上）》，法律出版社2016年版，第534页。

③ 参见李永升：《刑法总论》，法律出版社2011年版，第304页。

嫌疑人数分别为 42413 人、44901 人、48275 人、37681 人、55379 人，受理审查起诉未成年犯罪嫌疑人数分别为 59593 人、58307 人、61295 人、54954 人、73998 人。2021 年受理审查逮捕、受理审查起诉人数较 2017 年分别上升 30.6%、24.2%。[①]

【问题】 这段材料说明了什么？

【法理解读】

1. 青少年和青少年犯罪

虽然在我国，"青少年犯罪"这一概念被广泛使用，在我国宪法和法律中均有"青少年"这个称呼，但对于"青少年"的界定，尚未形成统一的答案。我国法律界通常以 25 周岁作为青少年的年龄上限。如我国最高人民法院将 25 周岁以下（含 25 周岁）的犯罪定义为青少年犯罪，并从 1991 年开始公布青少年犯罪情况。[②] 至于青少年年龄的下限。依据我国《刑法》中对刑事责任年龄的规定，不满 14 周岁的人不负刑事责任。因此一般把 14 周岁作为青少年的年龄下限。可见，在我国，青少年的年龄范围是 14—25 周岁。青少年包括青年和少年两个年龄段，也涵盖未成年人和成年人两个年龄段。

青少年犯罪不是一个严格意义上的刑法学概念，而是犯罪学研究的重要范畴。青少年犯罪历来是我国犯罪学研究的重点。综合多数学者的观点，青少年犯罪指已满 14 周岁未满 25 周岁的人实施的触犯刑事法律、应受法律处罚的行为。[③]

2. 青少年犯罪预防

青少年犯罪预防是指国家、社会组织、社区等针对整个青少年群体所

---

① 参见最高人民检察院《未成年人检察工作白皮书（2021）》。

② 参见董毅、王瑞林：《云南省未成年人犯罪情况调查》，载《中国刑事法杂志》2011 年第 8 期。

③ 参见郝银钟：《遏制青少年犯罪新思维——构建国际视野下的中国青少年犯罪预防新体系》，中国法制出版社 2012 年版，第 5 页。

采取的，教育保护青少年健康成长，预防和减少青少年违法犯罪行为的社会治理和社会服务措施的总和。[①]青少年犯罪预防具有以下特点：

（1）预防主体的广泛性

在党中央和各级党组织的领导下，青少年犯罪预防的主体不仅包括政府有关部门、司法机关、人民团体、有关社会团体，还包括家庭、学校、城市居民委员会、农村村民委员会等各方力量，甚至青少年自己也是预防犯罪的主体。案例材料中，这一系列的数字说明未成年人犯罪数量出现反弹。包括未成年人在内的青少年犯罪应当引起社会各方面的关注。青少年犯罪预防是一个复杂的社会工程，需要学校、家庭、社会等预防主体的共同努力，实行综合治理。

（2）预防对象的特殊性

青少年犯罪预防的对象是青少年。青少年处于身体发育期，具有情绪不稳定、心理易冲动、模仿能力强、容易受外界影响、自我约束力弱等特点，因此青少年犯罪预防跟一般犯罪预防不同，着重对犯罪对象预防的教育性、保护性。

（3）预防内容的多重性

既包括对青少年在其犯罪心理产生前的超前预防，还包括对青少年在其一定犯罪心理的支配下实施犯罪行为过程中的中期控制，以及对实施犯罪后的青少年在改造场所实施的心理和行为矫治的后期预防。[②]

（4）预防方法的多性样

对青少年犯罪预防的方法主要有：一是教育性预防。包括家庭教育、学校教育、社会教育等。通过疏导、教诲、示范和警示等方式加强青少年的法治观念，培养青少年遵纪守法、预防违法犯罪的意识，提高青少年的自控能力。二是保护性预防。各方力量为青少年提供一个良好的学习、生

---

① 参见郭开元：《青少年犯罪预防的理论和实务研究》，中国人民公安大学出版社 2014 年版，第 25 页。

② 参见高从善、王志强：《青少年犯罪预防学引论》，长安出版社 2002 年版，第 46 页。

活和工作环境，如针对未成年人，禁止、限制进入法律法规规定未成年人不宜进入的场所等。三是惩戒性预防。主要是针对违法犯罪的青少年依法给予必要的制裁和处罚。①

二、青少年犯罪预防的原则

【经典案例】　对主观恶性不大、犯罪情节较轻，属于初犯、偶犯的未成年人，坚持少捕慎诉慎押，为其回归社会预留通道。2021年，全国检察机关不批准逮捕27673人，不起诉22585人（含附条件不起诉考验期满后不起诉人数），附条件不起诉19783人。同时，检察机关对涉嫌严重犯罪、社会危害性大的未成年犯罪嫌疑人依法惩戒，发挥警示教育作用。2021年，共批准逮捕27208人，提起公诉35228人（含附条件不起诉考验期满后起诉人数）。②

【问题】　这段材料说明了什么？

【法理解读】

我国《预防未成年人犯罪法》第2条规定："预防未成年人犯罪，立足于教育和保护未成年人相结合，坚持预防为主、提前干预，对未成年人的不良行为和严重不良行为及时进行分级预防、干预和矫治。"这一规定明确了青少年犯罪预防的原则——教育和保护原则、及时防治原则。

1. 教育和保护原则

预防青少年犯罪的教育与保护原则，是指预防青少年犯罪应当立足于教育和保护，以教育青少年、保护青少年的合法权益及身心健康为出发

---

① 参见王顺双：《试论未成年人犯罪之预防》，载《探索与争鸣》2003年第8期。
② 参见最高人民检察院《未成年人检察工作白皮书（2021）》。

点，通过教育和保护，达到预防青少年犯罪的目的。① 由于青少年身心发育不成熟的特点，容易受到违法犯罪行为的引诱和侵蚀，其犯罪动机与一般犯罪不同。青少年是祖国的未来，可塑性强，并且家庭、学校和社会对青少年犯罪有着不可推卸的责任，因此在处理青少年犯罪时应当与一般犯罪区别对待，应强调对青少年的教育和保护。这一原则在我国相关法律均有体现。《未成年人保护法》第4条规定了在处理涉及未成年人事项时，应当符合保护与教育相结合的要求。《预防未成年人犯罪法》第50条规定："公安机关、人民检察院、人民法院办理未成年人刑事案件，应当根据未成年人的生理、心理特点和犯罪的情况，有针对性地进行法治教育。"

2. 及时防治原则

及时防治原则是指对青少年的不良行为和严重不良行为及时进行分级预防、干预和矫治。大量案件表明，青少年在实施犯罪行为之前，大多数有不良行为，并且这些不良行为大多数没有得到及时有效的预防、干预和矫治。及时防治原则的立足点是青少年的生理和心理都还没有成熟，因此应当注重对青少年不良行为的预防、干预和矫治。一是采取积极预防的措施，净化青少年学习、生活和工作环境，消除产生犯罪的原因和条件。《预防未成年人犯罪法》第4条规定："国家机关、人民团体、社会组织、企业事业单位、居民委员会、村民委员会、学校、家庭等各负其责、相互配合，共同做好预防未成年人犯罪工作，及时消除滋生未成年人违法犯罪行为的各种消极因素，为未成年人身心健康发展创造良好的社会环境。"二是对青少年的不良行为和严重不良行为及时进行分级预防、干预和矫治。因为事前积极的防治效果远远大于事后消极的惩罚，从而有效拯救处于犯罪边缘的青少年。

案例中的材料一方面说明了我国对主观恶性不大、犯罪情节较轻的包括未成年人在内的青少年实行教育、感化，不起诉不批准逮捕。这体现了

---

① 参见郝银钟：《遏制青少年犯罪新思维——构建国际视野下的中国青少年犯罪预防新体系》，中国法制出版社2012年版，第129页。

青少年犯罪预防的教育和保护原则。另一方面说明了我国对社会危害性大的未成年犯罪嫌疑人依法惩戒，发挥警示教育作用，这体现了青少年犯罪预防的及时防治原则。

三、青少年犯罪预防的宏观途径

【经典案例】2022年5月，最高人民法院、最高人民检察院、公安部、司法部会签下发《关于未成年人犯罪记录封存的实施办法》(以下简称《实施办法》)，全文共26条，对未成年人犯罪记录的定义及范围、保密义务及相关责任等内容作出详细规定，基本上解决了目前未成年人犯罪记录封存中遇到的主要问题。《实施办法》自2022年5月30日起施行。[1]

【问题】这段材料说明了什么？

【法理解读】

青少年犯罪作为一种社会现象，是多种外界因素与自身因素综合作用的结果。[2]对青少年犯罪的预防要从国家、社会层面和社会、学校、家庭及青少年自身等层面齐抓共管，综合治理。

1. 制定和完善青少年相关立法

目前我国有《未成年人保护法》和《预防未成年人犯罪法》，此外还有《义务教育法》和《母婴保健法》，但这些法律在实践中可操作性不足。并且专门为青少年制定的法律法规尚不成熟，由于青少年处于成长期，所以对14—25周岁，特别是对18—25周岁这部分的青少年进行制定和完善

---

① 参见沙雪良：《两高两部：未成年人犯罪记录"应封尽封"，泄露将被究责》，载《新京报》2022年5月30日。

② 参见雍自元：《青少年犯罪研究》，安徽人民出版社2006年版，第297页。

相关法律法规还是必要的。案例材料中的"未成年人犯罪记录封存"，是指犯罪的时候不满18周岁、被判处5年有期徒刑以下刑罚以及免予刑事处罚的未成年人犯罪记录，应当依法予以封存。这一立法的目的是消除未成年人的犯罪记录，帮助其重新回归社会。

2. 加强法治教育，提高法律意识

为落实党的十八届四中全会提出的关于"将法治教育纳入国民教育体系，从青少年抓起，在中小学设立法治知识课程"的要求，我国颁布了《青少年法治教育大纲》。通过对青少年的法治教育，引导青少年学生从小形成法治意识，养成自觉守法、遇事找法、解决问题靠法的思维习惯和行为模式，从而促进青少年健康成长、全面发展，培养社会主义合格公民的客观要求。

四、青少年犯罪预防的微观途径

【经典案例】 浙江省社区矫正小组3.8万个，社会志愿者4.7万人，社会化教育帮扶取得显著成效。截至2020年12月底，浙江省累计接收社区矫正对象39.2万人，解除矫正35.6万人，现有社区矫正对象36720人，社区矫正对象再犯罪率为0.083%。[1]

【问题】 这段材料说明了什么？

【法理解读】

1. 家庭预防

家庭预防，是指通过改善家庭环境，通过加强监督、教育和培养等手段，使青少年增强法制观念，形成优良品德，预防不良行为，从而预防违

---

[1] 参见张丽青：《发挥六大优势 创建六大机制 浙江省社会力量参与社区矫正工作成效显著》，载司法部官网2021年1月18日。

法犯罪行为的措施。① 家庭预防主要包括以下几个方面：

（1）完善家庭教育内容，促进青少年健康成长

《未成年人保护法》第 15 条规定："未成年人的父母或者其他监护人应当学习家庭教育知识，接受家庭教育指导，创造良好、和睦、文明的家庭环境。"在家庭教育中，父母要加强对青少年法治意识教育，加强对青少年道德底线和法律底限的教育，让青少年自觉从他律走向自律。

（2）完善监护力度，加强对未成年人的监护②

这需要一方面强化未成年人监护人依法履行监护主体责任，从而预防和减少未成年人违法犯罪。另一方面对不认真履行监护义务或侵害未成年人合法权益的监护人，要依法撤销其监护资格，保障未成年人的合法权益，减少犯罪行为的发生。

2. 学校预防

联合国预防犯罪和刑事司法处在《综合性预防犯罪措施汇编》第 10 条中写道："学校对青少年的影响很大……具体地说，学校可以引导学生了解他们的公民义务、犯罪的性质、遵守纪律的重要性、犯罪的后果、刑事司法系统的工作以及预防犯罪的方法。"可见，学校预防在青少年犯罪预防体系中占有重要地位。我国《预防未成年人犯罪法》对学校预防未成年人犯罪的责任作了明确规定，一是学校应当将预防犯罪教育纳入学校教学计划。二是学校应当聘请专职的或者兼职的法治教育工作者，还可以聘请校外法治辅导员。三是学校应当通过举办讲座、座谈、培训等活动，引导教职员工、未成年学生的家长或者其他监护人对未成年人犯罪进行有效的预防等。

3. 社区预防

社区预防在青少年犯罪预防中起着重要的作用，通过社区预防可以降

---

① 参见郭开元：《青少年犯罪预防的理论和实务研究》，中国人民公安大学出版社 2014 年版，第 71 页。

② 参见郭开元：《青少年犯罪预防的理论和实务研究》，中国人民公安大学出版社 2014 年版，第 80 页。

低青少年的违法犯罪行为。社区预防主要包括以下内容：一是优化社区环境建设。社区环境包括硬环境和软环境。硬环境包括设立社区图书馆、健身房等，软环境包括提高社区的治安水平等。二是开展社区法治建设。如举办青少年社区法律学校，送法进家庭等活动。三是做好社区矫正。社区矫正是与监狱矫正相对的行刑方式。对被判处管制、宣告缓刑、假释和暂予监外执行的罪犯，依法实行社区矫正。社区矫正是青少年犯罪预防的一种有效的方式，体现了刑事司法制度对青少年犯罪的人文关怀。案例材料中，浙江省广泛动员和组织社会力量参与社区矫正工作，取得了比较好的成效。这一做法对青少年犯罪预防有着积极的意义，将符合社区矫正条件下的青少年安排在社区，通过社区服务等活动，进行矫治，达到教育作用，有利于帮助青少年顺利回归社会。

第四节　刑事法治与人权保障

一、刑法对平等权的保护

【经典案例】 2010 年 10 月 16 日晚 21 时 40 分许，在河北大学新区超市前，一黑色轿车将两名女生撞出数米远。被撞一陈姓女生于 17 日傍晚经抢救无效死亡，另一女生重伤，经紧急治疗后，方脱离生命危险。肇事者口出狂言："有本事你们告去，我爸爸是李刚"。李刚，即保定市公安局北市区分局副局长。2011 年 1 月 30 日，河北保定李启铭交通肇事案一审宣判，李启铭被判 6 年。①

【问题】 从人权保障的角度分析这一案例？

---

① 参见《十大网络流行语》，载《湛江晚报·数字报刊》2010 年 12 月 24 日第 18 版。

【法理解读】

我国宪法规定"国家尊重和保障人权",依法保障人权是政治文明和法治文明的内在要求。刑事法治是现代法治的重要组成部分,刑事法治既具有社会保护机能,又具有人权保障机能。我国刑事法治将人权保障贯穿于各个环节。

《世界人权宣言》第1条规定:"人人生而自由,在尊严和权利上一律平等。他们赋有理性和良心,并应以兄弟关系的精神相对待。"平等权是一项基本人权。我国刑法对公民的基本人权平等的保护,贯穿在刑法的各章节和条文中。我国《刑法》第4条规定:"对任何人犯罪,在适用法律上一律平等。不允许任何人有超越法律的特权。"根据这一规定,任何人应当平等地承担刑事义务,并平等地享有刑事权利。这表现在:

1. 对于实施犯罪的任何人,都应当受到法律的追究

对任何犯罪行为,不论其家庭出身、社会地位、教育程度、财产状况、权力大小如何,都一律平等适用法律,不允许任何人有超越法律的特权。《刑法》第6条规定:"凡在中华人民共和国领域内犯罪的,除法律有特别规定的以外,都适用本法。"

2. 对刑法所保护的合法权益予以平等的保护

任何人受到犯罪行为侵害时,均能依法平等地享有保护权。《刑法》第2条规定,刑法的任务是同一切犯罪行为作斗争,以保护公民的各项权利。

3. 对任何犯罪人,都应坚持罪责刑平等

这体现在:一是定罪、量刑和行刑上的平等。任何人都适用相同的定罪和量刑标准,受刑人的待遇也必须相同。二是在刑事权利方面,如刑法所规定的从轻、减轻或免除刑罚,任何犯罪人只要符合规定均有权利平等地享有。如《刑法》第22条第2款规定:"对于预备犯,可以比照既遂犯从轻、减轻处罚或者免除处罚。"案例中,李启铭被判6年说明公民在适用法律上一律平等,无论李启铭的父亲官有多大,无论他是腰缠万贯或者

一贫如洗，违反了法律都要受到惩罚。法律面前人人平等是人类社会进步的标志，这一原则充分体现了刑法对公民平等权的保护。

二、刑法对自由权的保护

【经典案例】 张公平是某派出所副所长，与朋友在某饭店用餐，酒后提出要带饭店服务员到附近舞厅"蹦迪"，遭饭店老板拒绝后，张公平一怒之下便带着派出所内的几名民警以检查该饭店的消防合格证和服务员的暂住证为由，在没有出示任何法律手续的情况下，将老板和服务员带回派出所进行询问并非法关押。此后张公平因非法拘禁罪被判处有期徒刑一年零六个月。

【问题】 试从人权保障的角度分析这一案例。

【法理解读】

自由权是人权的重要内容。自由权包括人身自由、通信自由、言论自由、宗教信仰自由等基本权利。我国刑法处处体现了自由权这一重要价值。

1. 刑法总则对自由权的保障

罪刑法定原则，作为刑法的首要原则，核心要义在于通过限制司法权的滥用进而保障人权。罪刑法定原则对自由权的保障主要体现在三个方面：一是禁止溯及既往，即禁止事后法。国家司法权的动用必须依照已经颁布的法律的明文规定，如果溯及既往是对公民个人自由的非法侵害。二是禁止习惯法和类推解释。习惯法和类推解释会导致法官恣意适用法律，侵害公民个人权利。禁止类推解释则通过限制国家司法权从而达到保障公民自由权利的目的。三是禁止绝对不定刑，即刑罚刑期必须明确。这是要求法官必须根据刑法的规定判定具体的刑罚刑期，这是对法官自由裁量权的限制，更大限度地约束法官达到保障公民自由权利的目的。

2. 刑法分则对自由权的保障

为了保护公民的自由权，刑法分则第四章具体规定了一系列侵犯公民人身权利、民主权利的犯罪类型。

为了保护公民的生存权利，我国刑法规定了故意杀人罪、过失致人死亡罪。为了保护公民的健康权利，刑法规定了故意伤害罪、过失重伤罪等。为了保护公民的人身自由权，刑法规定了非法拘禁罪、绑架罪、非法搜查罪等。为了保护公民的其他自由权，刑法还规定了侵犯通信自由罪，强迫劳动罪，私自开拆、隐匿、毁弃邮件、电报罪等。为了保护公民的人格权和名誉权，刑法规定了侮辱罪、诽谤罪等。为了保护公民的民主权利，刑法规定了破坏选举罪、报复陷害罪。为了对公民的宗教信仰和少数民族的特殊保护，刑法规定了非法剥夺公民宗教信仰自由罪、侵犯少数民族风俗习惯罪、煽动民族仇恨和民族歧视罪。为了保护妇女、儿童，刑法规定了强奸罪、强制猥亵、拐卖妇女、儿童罪等。如《刑法》第 245 条规定："非法搜查他人身体、住宅，或者非法侵入他人住宅的，处三年以下有期徒刑或者拘役。"再如《刑事诉讼法》第 64 条规定："公安机关拘留人的时候，必须出示拘留证。"案例中，张公平将饭店老板和服务员非法关押，侵犯公民的人身权利。依照《刑法》第 238 条的规定，非法拘禁他人或者以其他方法非法剥夺他人人身自由的，处三年以下有期徒刑、拘役、管制或者剥夺政治权利。具有殴打、侮辱情节的，从重处罚。这一规定充分体现了刑法对公民人身自由权的保障。

三、刑法对财产权的保护

【经典案例】 张公平、董敏法（时年 17 周岁）迷恋网络直播，平时经常打赏主播，经济紧张。2022 年 7 月俩人到某社区健身房，持刀对甲和乙实施抢劫，抢走手机两部。后将所抢的手机卖掉，所得赃款用于打赏主播。法院认定张公平、董敏法犯抢劫罪，分别判处有期徒刑二年六个月，缓刑三年，并处罚金人民币 1000 元。

【问题】 试从人权保障的角度分析这一案例。

【法理解读】

财产权利是个人权利的基础，财产权是现代人权的重要内容。《宪法》第 12 条规定："社会主义的公共财产神圣不可侵犯。"第 13 条规定："公民的合法的私有财产不受侵犯。"我国刑法为了切实保护公私财产权，作出了一系列具体而广泛的规定。

1. 刑法总则对财产权的保障

刑法总则对公共财产和私人财产的范围作了规定，这有利于加强财产权的人权保障。《刑法》第 91 条规定公共财产的范围为：国有财产；劳动群众集体所有的财产；用于扶贫和其他公益事业的社会捐助或者专项基金的财产。在国家机关、国有公司、企业、集体企业和人民团体管理、使用或者运输中的私人财产，以公共财产论。《刑法》第 92 条规定公民私人所有财产的范围为：公民的合法收入、储蓄、房屋和其他生活资料；依法归个人、家庭所有的生产资料；个体户和私营企业的合法财产；依法归个人所有的股份、股票、债券和其他财产。

2. 刑法分则对财产权的保障

为了加强对财产所有权的保护，刑法分则第五章规定了侵犯财产罪。侵犯财产罪，包括 13 个具体罪名。依犯罪故意内容的不同，分为三个类型：一是占有型。即为了非法占有而进行的侵犯财产罪。按照犯罪的方式具体分为：第一，公然强取型犯罪，包括抢劫罪、抢夺罪、聚众哄抢罪、敲诈勒索罪。[①] 第二，秘密窃取型犯罪，包括盗窃罪。[②] 第三，骗取

[①②] 参见陈根明：《试论刑法第五章侵犯财产罪的客体》，载《法制博览》（中旬刊）2012 年第 10 期。

型犯罪，即诈骗罪。第四，侵占型犯罪，包括侵占罪、职务侵占罪、[①] 拒不支付劳动报酬罪。二是挪用型。即以将公私财物非法转为自己或者第三人使用或者挪作他用为目的的犯罪，[②] 包括挪用资金罪和挪用特定款物罪两种。三是毁损型。即以毁损财物为故意内容的侵犯财产罪。包括故意毁坏财物罪、破坏生产经营罪。对这些侵犯财产所有权的行为数额较大或情节严重的，追究其刑事责任，这体现了刑法对财产所有权的保护。如《刑法》第 268 条规定："聚众哄抢公私财物，数额较大或者有其他严重情节的，对首要分子和积极参加的，处三年以下有期徒刑、拘役或者管制，并处罚金；数额巨大或者有其他特别严重情节的，处三年以上十年以下有期徒刑，并处罚金。"案例中，张公平、董敏法以非法占有为目的，用暴力、威胁手段劫持别人的财物，已构成抢劫罪。由于两人在犯罪时未满 18 周岁，系初犯，到案后认罪态度良好，董敏法系在校学生，且符合缓刑的资格，故分别判处二人有期徒刑 2 年 6 个月，缓刑 3 年。判决对被告人的刑罚体现了我国刑法对公民财产权利的保障。

四、刑法对公正权的保护

【经典案例】 2006 年 4 月 21 日，许霆来到广州天河区黄埔大道某银行的 ATM 取款机取款，无意中他发现取出 1000 元后，银行卡账户里只被扣掉 1 元，于是先后取款 171 笔，合计 17.5 万元。许霆潜逃一年后被抓获，广州中级人民法院一审判决许霆以非法侵占为目的，伙同同案人采用秘密手段，盗窃金融机构，数额特别巨大，行为已构成盗窃罪，遂判处无

---

① 参见沈忆勇、高炳光：《试论侵占罪的诉权行使及立案管辖》，载《企业家天地》2005 年第 1 期。

② 参见张红晓：《论刑法中侵犯财产罪保护客体的选择》，载《法制与社会》2018 年第 26 期。

期徒刑，剥夺政治权利终身，并处没收个人全部财产。①2008年3月广州中级人民法院重审后认定许霆犯盗窃罪，判处许霆有期徒刑五年，罚金2万元，追讨其取出的173826元。

【问题】 本案重审判处许霆有期徒刑五年，说明了什么？

【法理解读】

1. 罪责刑相适应原则对公正权的保障

《世界人权宣言》第10条规定："人人完全平等地有权由一个独立而无偏倚的法庭进行公正的和公开的审讯，以确定他的权利和义务并判定对他提出的任何刑事指控。"公正权是现代人权的核心内容。公正包括公平和正义，公正是刑法的首要价值，刑法是保障公平正义的最后一道防线。刑法维护社会的公平正义，基本要求就是坚持罪责刑相适应原则，即有罪必罚，无罪不罚，罪刑相当、罚当其罪。这一原则突出对犯罪分子追究刑事责任和适用刑罚的公正，这一原则能够使其权利得到公正的剥夺、限制和保护，充分体现了对公正权的保障。任何违反罪责刑相适应原则的司法裁量，都是对公民（犯罪人或被害人）权利的不尊重和践踏。②罪责刑相适应的原则，促进了刑法的人权保障。

案例中，法院将许霆的行为定性为"盗窃金融机构"，符合罪刑法定原则。一审和二审的量刑也有各自合理的依据。一审法院认为该案数额特别巨大，所以法定刑以内就低判处许霆无期徒刑。二审中法院认定根据本案具体的犯罪事实、犯罪情节和对于社会的危害程度，对许霆予以从宽处罚，在法定刑以下判刑。这样的判决更加客观公正，这也说明了我国刑法对公正这一人权价值的追求。

2. 减刑假释案件对公正权的保障

《刑法》第79条规定："对于犯罪分子的减刑，由执行机关向中级以

---

① 参见窦玉巧：《从何鹏、许霆案看建立案例指导制度的意义》，载商丘市中级人民法院网2009年12月29日。

② 参见赵秉志、谢望原：《刑法改革与人权保障》，载《中国刑事法杂志》1998年第5期。

上人民法院提出减刑建议书。人民法院应当组成合议庭进行审理，对确有悔改或者立功事实的，裁定予以减刑。非经法定程序不得减刑。"第82条规定："对于犯罪分子的假释，依照本法第七十九条规定的程序进行。非经法定程序不得假释。"依据上述规定，可以看出我国刑法对减刑假释案件实行公开审理。这一做法一方面体现了司法的民主与公开，便于接受检察机关和人民群众的监督，避免"暗箱操作"，有利于增强人民群众对司法公正的信心。另一方面，开庭审理能使当事人信服，从而最大程度地接近正义，同时公开庭审也具有强大的教育功能。对减刑假释必须用之得当，否则会引发对司法公正的怀疑。

第六章 法律责任与纠纷解决

第一节 法律责任和守法意识

一、守法概述

【经典案例】 某市公交公司驾驶员张公平驾驶公交车正常行驶，途中乘客董敏法因玩手机错过站点要求立即下车，张公平按照规定没有停车。董敏法抢夺方向盘并殴打张公平，双方在车辆行进中互相殴打导致公交车失控坠入江中。

【问题】 从守法内容的角度，评价张公平和董敏法的行为。

【法理解读】

守法是指国家机关、社会组织和公民个人依照宪法法律的规定，行使权利（职权）和履行义务（职责）的活动。① 这一概念涉及守法的主体、范围、内容等问题。

1. 守法的主体

在我国，守法的主体非常广泛。根据宪法的规定，守法的主体包括：

---

① 参见张文显：《法理学》，高等教育出版社 2018 年版，第 255 页。

（1）一切国家机关和武装力量、各政党和各社会团体、各企业事业组织

《宪法》第5条规定："一切国家机关和武装力量、各政党和各社会团体、各企业事业组织都必须遵守宪法和法律。一切违反宪法和法律的行为，必须予以追究。"具体内涵为：一是各政党包括中国共产党，必须带头遵守宪法和法律，在宪法和法律的范围内活动，才能起到表率作用。二是一切国家机关包括立法机关、行政机关、司法机关及其工作人员，必须遵守宪法和法律，严格依法办事，才能维护法律的尊严和权威。三是武装力量、各政党、各社会团体、各企业事业组织，都要遵守宪法和法律。

（2）中华人民共和国公民

《宪法》第53条规定："中华人民共和国公民必须遵守宪法和法律，保守国家秘密，爱护公共财产，遵守劳动纪律，遵守公共秩序，尊重社会公德。"公民是我国守法主体中最普遍、最广泛的守法主体。[1]公民守法是建设法治社会的必然要求。

（3）在我国领域内的外国组织、外国人和无国籍人

这不仅是国际法和国际惯例的要求，也是维护我国主权与利益的必然要求。如《民法典》第12条规定："中华人民共和国领域内的民事活动，适用中华人民共和国法律。法律另有规定的，依照其规定。"《行政诉讼法》第98条规定："外国人、无国籍人、外国组织在中华人民共和国进行行政诉讼，适用本法。法律另有规定的除外。"《涉外民事关系法律适用法》第19条规定："依照本法适用国籍国法律，自然人具有两个以上国籍的，适用有经常居所的国籍国法律；在所有国籍国均无经常居所的，适用与其有最密切联系的国籍国法律。自然人无国籍或者国籍不明的，适用其经常居所地法律。"

2. 守法的范围

守法范围是守法主体必须遵守的行为规范的种类。在我国，守法的范

---

[1]　参见马长山：《法治教育教师读本（高中教育阶段）》，华东师范大学出版社2019年版，第124页。

围包括：第一，既含有我国的宪法、全国人大制定的法律、国务院的行政法规、部门规章，也包括地方性法规、地方政府规章、民族自治地方的自治条例和单行条例、①特别行政区的法律以及我国缔结的国际条约和参加的国际惯例等。第二，人民法院的判决书、调解书、裁定书等非规范性文件也属于守法的范围。

3. 守法的内容

守法的内容包括行使法律权利和履行法律义务的有机统一。

（1）行使法律权利

人们只有依法行使权利才是守法。行使法律权利是指权利享有者可以通过自己作出一定的行为，或要求他人作出或不作出一定的行为来保证自己的合法权利得以实现。

（2）履行法律义务

履行义务和享受权利是同等重要。履行法律义务可分为两种不同的形式：一是作为，即履行积极的法律义务，实行积极的行为。二是不作为，即履行消极的法律义务，不得实施某种行为。案例中，张公平按照规定没有答应乘客中途停车的要求，是履行消极的法律义务，是守法行为；董敏法抢夺方向盘并殴打张公平的行为，违反法律的禁止性规范，是违法行为；张公平作为驾驶员，有义务将乘客安全送往目的地，因此双方在车辆行进中互相殴打的行为都是违法行为。虽然张公平是正当防卫，但是应当通过合法的方式进行。

二、法律责任概述

【经典案例】 某乡地处偏僻，经济发展较为落后。乡党委书记、乡长

---

① 参见王文卿：《论守法的理由》，黑龙江大学硕士学位论文 2021 年。

郑某某认为该乡经济长期发展不上去，主要原因是当地村民搞封建迷信的太多，最好的地段被寺庙占据，不如把寺庙迁走改为经营场所。郑某某组织召开群众会，宣布拆除寺庙内的设施进行改建。数十名僧侣当场提出反对意见，郑某某未予理会。会后，郑某某便组织人员动手实施改建计划，当即遭到僧侣们的强烈反对和抵抗。郑某某示意强行开工。部分村民也加入反对队伍，现场更加混乱。郑某某一怒之下，下令把一些僧侣抓了起来。此事在当地造成恶劣影响，县经委监委介入调查。①

【问题】 该案如何处理？

【法理解读】

法律责任是指由于法律主体违反法定或约定的义务，或者因为法律的特殊规定，而必须承担的具有直接强制性的特定义务，亦即由于违反第一性义务而引起的第二性义务。② 根据违法行为所触犯的法律的性质，把法律责任分为民事法律责任、行政法律责任、刑事法律责任和违宪法律责任。

1. 民事法律责任

民事法律责任是现代社会最常见的法律责任，这是由于民事主体违反法律规定或合同约定而依法承担的法律责任。民事法律责任主要为补偿性的财产责任。民事法律责任的主体是自然人、法人和国家。

2. 行政法律责任

这是指行为人因违反行政法规定或因行政法规定而应承担的法律责任。行政法律责任既包括行政机关及其工作人员、授权或委托的社会组织及其工作人员在行政管理中因违法失职、滥用职权或行政不当而产生的行政法律责任，也包括公民、社会组织等行政相对人因违反行政法而产生的

---

① 参见《案说101个罪名（76）非法剥夺公民宗教信仰自由罪》，载中央纪委国家监委网站2023年2月17日。

② 参见《法理学》编写组：《法理学》，高等教育出版社2020年版，第160页。

行政法律责任。①

3. 刑事法律责任

这是指行为人因违反刑事法律而应承担的法律责任。刑事法律责任是我国法律责任中最严厉的一种。刑事法律责任的主体既包括公民，也包括法人和其他社会组织。

4. 违宪法律责任

这是指行为人因违反宪法而应承担的法律责任。违宪法律责任的主体有一切国家机关和武装力量、各政党和各社会团体、各企业事业组织、中华人民共和国公民和在我国领域内的外国组织、外国人和无国籍人。我国宪法第 36 条规定："中华人民共和国公民有宗教信仰的自由。"案例中，郑某某身为国家干部，应了解国家的法律和政策，对于群众的请求，不仅不予理会，还强行拆除寺庙内的设施进行改建，严重违反宪法关于宗教信仰自由的规定，其行为已构成非法剥夺宗教信仰自由罪，应依法予以制裁。最终，郑某某因犯非法剥夺公民宗教信仰自由罪被判处有期徒刑一年。

三、法律责任的认定和归结

【经典案例】 张公平途经某繁华路段一幢大楼时，从高空掉下一物品砸中其头部，虽及时抢救但因伤势过重死亡。警方查明该幢大楼共居住 30 户，砸死张公平的是一块板砖，但警方无法查明究竟是哪一楼层住户实施了抛物的行为。

【问题】 从法律责任的认定和归结看本案该如何处理？

【法理解读】

法律责任的认定和归结是国家机关或授权的组织依照法定职权和程序

① 参见张文显：《法理学》，高等教育出版社 2018 年版，第 170 页。

对违法或违约行为引起的法律责任，进行判断、追究以及减缓或免除的活动。① 在我国，法律责任的认定和归结由法律规定的专门国家机关依照法定程序进行。人民法院认定和归结违法者的民事法律责任、行政法律责任和刑事法律责任。其中违法者的刑事法律责任的认定和归结权只能属于人民法院。国家行政机关认定和归结行政相对人的行政法律责任。同时，经法律法规授权，仲裁机构、调解组织以及行政机关委托的组织，也可以认定和归结某些形式的民事法律责任和行政法律责任。② 违宪法律责任的认定和归结权属于全国人民代表大会及其常务委员会。法律责任的认定和归结必须遵循一定的原则，不能随意进行。

1. 责任法定原则

这一原则强调"法无明文规定不为罪""法无规定不处罚"。其含义包括：（1）法律责任由法律明文规定。违法行为发生后，必须根据事先法律明文规定的性质、范围、程度、期限、方式追究违法者的责任。（2）法律责任的减轻和免除也由法律明文规定。国家机关根据法律规定的减轻和免除的事由、条件等减轻和免除违法者的法律责任。（3）不得溯及既往。即国家不能用当前制定的法律去指导人们过去的行为。《立法法》第104条规定："法律、行政法规、地方性法规、自治条例和单行条例和规章不溯及既往，但为了更好地保护公民、法人和其他组织的权利和利益而作的特别规定除外。"

案例情形适用责任法定原则，因警方无法查明抛物者，因此由所有住户承担侵权责任。这是依据《民法典》第1253条的规定，建筑物、构筑物或者其他设施及其搁置物、悬挂物发生脱落、坠落造成他人损害，所有人、管理人或者使用人不能证明自己没有过错的，应当承担侵权责任。所有人、管理人或者使用人在进行赔偿后，另有其他责任人的，可以向其他责任人进行追偿。

---

①② 参见《法理学》编写组:《法理学》，高等教育出版社2020年版，第166页。

2. 因果联系原则

在认定和归结法律责任的时候，要确认损害结果或危害结果与违法行为或违约行为之间的因果关系。因果关系包括：（1）行为人的行为与损害结果或危害结果之间的因果联系。（2）行为人的意志、心理、思想等主观因素与行为之间的因果联系。法律上的因果联系包括直接因果联系和间接因果联系。

3. 责任相当原则

这是公平原则在法律责任上体现。这一原则强调法律责任的大小、处罚的轻重和违法行为的轻重相适应。这一原则要求：（1）法律责任的性质与违法行为的性质相适应。[①] 如不能用刑事责任来追究民事违法行为。（2）法律责任的轻重与违法行为情节相适应。（3）法律责任的轻重与行为人的主观恶性相适应。行为人的故意、过失、意外等对法律责任的具体归结有一定的影响。

4. 责任自负原则

在法律上，每个人都是独立的个体，都有独立的法律地位。这一原则要求：（1）责任主体必须对自己的违法行为承担责任。（2）只追究责任主体的法律责任，不能让其家属或其他人受到株连。（3）要保证责任人受到法律追究，也要保证无责任者不受法律追究，做到不枉不纵。[②]

四、法律责任的承担

【经典案例】 张公平驾驶摩托车时剐蹭了董敏法的小轿车后驾车逃逸，董敏法被剐蹭后驾车紧跟其后。张公平立即超速行驶，失控撞上路肩，身受重伤。张公平出院后将董敏法告至法院，认为如果不是董敏法强

---

① 参见张文显：《法理学》，高等教育出版社 2018 年版，第 174 页。

② 参见张文显：《法理学》，法律出版社 2007 年版，第 200 页。

行追赶，交通事故不会发生，要求董敏法承担交通事故的相应责任，赔偿他的损失。

【问题】 该案如何处理？

【法理解读】

1. 法律责任的承担方式

（1）惩罚

惩罚，又称制裁，是指以剥夺或限制责任主体的人身自由、财产利益和其他利益为内容的责任承担方式。[①] 惩罚分为民事制裁、行政制裁和刑事制裁。

民事制裁是指依据民事法律的规定，对违反民事行为责任人所实施的法律制裁。通常是支付违约金。

行政制裁主要包括行政处罚和行政处分。行政处罚是行政机关对违反行政法的责任主体所实施的法律制裁。包括警告、通报批评；罚款、没收违法所得、没收非法财物；暂扣许可证件、降低资质等级、吊销许可证件；限制开展生产经营活动、责令停产停业、责令关闭、限制从业；行政拘留；法律、行政法规规定的其他行政处罚。行政处分是行政机关对违反行政法的行政人员所实施的法律制裁。包括警告、记过、降级和留用察看等。

刑事制裁是指依据刑事法律的规定，对违反刑事行为责任人所实施的法律制裁。刑事制裁包括管制、拘役、有期徒刑、无期徒刑、死刑五种主刑和罚金、剥夺政治权利、没收财产和驱逐出境附加刑。[②]

（2）补偿

补偿是通过国家强制力或应当事人要求由责任主体以作为或不作为形式弥补或赔偿所造成损失的责任方式。[③] 补偿分为民事补偿、行政补偿和

---

① 参见《法理学》编写组：《法理学》，高等教育出版社 2020 年版，第 169 页。

② 参见《中华人民共和国刑法》第 33、34、35 条。

③ 参见张文显：《法理学》，高等教育出版社 2018 年版，第 176 页。

国家补偿。

民事补偿包括停止侵害、排除妨碍、消除危险、返还财产、恢复原状、修理、重作、更换、赔偿损失、支付违约金、消除影响、恢复名誉、赔礼道歉等。[①]

行政补偿是行政主体对行政相对人的补偿责任。

国家赔偿包括行政赔偿和司法赔偿。行政赔偿是国家因为行政主体及其工作人员在行使职权时，导致行政相对人受到损害的，给予行政相对人赔偿的责任方式。司法赔偿是国家因为司法机关及其工作人员在行使职权时，导致当事人受到损害的，给予当事人赔偿的责任方式。

2. 法律责任的减轻和免除

法律责任的减轻和免除又称免责。免责包括以下法定情形：（1）时效免责。违法行为发生一定期限后，违法者不再承担法律责任。（2）不诉免责。即"不告不理""告诉才处理"。（3）自首、立功免责。对自动投案或有立功表现的违法者，免除其部分或全部法律责任。（4）不可抗力免责。不可抗力包括意外事件、自然灾害等。（5）协议免责。双方当事人在法律允许的范围内协商同意的免责。（6）补救免责。违法者在法律追责之前已经采了补救措施，免除其部分或全部法律责任。（7）自助和助人免责。《民法典》第1177条规定："合法权益受到侵害，情况紧迫且不能及时获得国家机关保护，不立即采取措施将使其合法权益受到难以弥补的损害的，受害人可以在保护自己合法权益的必要范围内采取扣留侵权人的财物等合理措施；但是，应当立即请求有关国家机关处理。"《民法典》第184条规定："因自愿实施紧急救助行为造成受助人损害的，救助人不承担民事责任。"（8）人道主义免责。如《刑法》第19条规定："又聋又哑的人或者盲人犯罪，可以从轻、减轻或者免除处罚。"（9）赦免。赦免包括大赦和特赦。案例中，法院依据《民法典》第1177条的规定，认为董敏法的追赶行为属

---

① 参见《中华人民共和国民法典》第179条。

于"自助行为"，董敏法并不是这起事故责任的主体，不应承担责任。

第二节　纠纷解决和诉讼制度

一、调解制度

【经典案例】　明朝中后期，各地推行"乡约"制度，每里为一约，设"圣谕""天地神明纪纲法度"牌位，每半月一次集合本里人，宣讲圣谕，调处半月来的纠纷，约吏记录，如当事人同意和解，记入"和薄"，不同意者可起诉至官府。[①]

【问题】　这段材料说明了调解的什么特征?

【法理解读】

纠纷是人类社会交往中不可避免的一种现象。要化解这些纠纷，维护合法权益，就需要权利救济。在我国合法救济的途径主要有调解、仲裁、诉讼。

1. 调解的概念和特征

所谓调解，是指在第三方的主持下，通过说服、疏导、教育等方法，促使纠纷当事人之间达成基于自主意志的协议，以消除争议的一种法律制度和纠纷解决方式。[②]相对于其他纠纷解决制度，调解具有如下特征:

（1）介入性

这是调解最大的特征，这与双方自行和解只存在双方当事人有着明显的不同，没有第三方介入的不能称之为调解。调解的第三方介入的目的是

[①]　参见谢冬慧:《中国古代民事纠纷解决机制的法文化解读》，载《西部法学评论》2012年第5期。

[②]　参见廖永安:《调解学教程》，中国人民大学出版社2019年版，第30页。

协助当事人之间达成解决纠纷的协议。第三方，可以是国家机关、社会组织或个人。

（2）灵活性

调解在程序上具有灵活性。与仲裁、诉讼不同的是，调解一般没有严格的程序规范约束，没有程序期间的等待，也没有上诉救济的拖延等，当事人如果在第三方介入下达成协议，纠纷随之解决。如果达不成协议，当事人可选择其他的救济方式。所以调解解决纠纷，往往耗时少，比较快捷。如《民事诉讼法》规定的普通程序审结期限是六个月，而人民调解一般在一个月内调结。

（3）成本低廉性

仲裁、诉讼需要交纳仲裁费、诉讼费，而调解无须类似费用，往往也不需要支出律师费。虽然现在出现了有偿化的调解组织或个人，但调解服务费低廉。我国《诉讼费用交纳办法》第15条规定："以调解方式结案或者当事人申请撤诉的，减半交纳案件受理费。"

（4）自愿性

调解以当事人的自愿为前提，自愿包含以下内容：一是在调解程序的启用上尊重当事人的意愿。只有在双方当事人都愿意接受调解的前提下，第三人才能进行调解，并且当事人在调解过程中可以随时终止调解程序。二是在调解协议的达成上尊重当事人的意愿。当事人既可以接受第三方提出的调解方案，也可以自行提出调解方案。当事人既可以同意签订调解协议，也可以拒绝签订调解协议。案例材料中，各地推行"乡约"制度反映了调解适用范围广泛，"每里为一约"体现了调解的介入性，"当事人同意和解"体现了调解的自愿性。

2. 调解的类型

根据调解主体的不同，调解可分为以下类型：

（1）人民调解

根据《人民调解法》第2条的规定，人民调解，是指人民调解委员会通过说服、疏导等方法，促使当事人在平等协商基础上自愿达成调解协议，解决民间纠纷的活动。人民调解是我国特有的一种纠纷解决机制。人民调解具有分布广泛、灵活便捷的特点，对调解民间纠纷、防止矛盾激化、维护社会和谐稳定发挥出应有的作用。

根据《人民调解法》的规定，人民调解委员会是依法设立的调解民间纠纷的群众性组织。这一组织形式包括：一是村民委员会、居民委员会设立人民调解委员会。村民委员会、居民委员会的人民调解委员会委员由村民会议或者村民代表会议、居民会议推选产生。① 二是企业事业单位根据需要设立人民调解委员会。企业事业单位设立的人民调解委员会委员由职工大会、职工代表大会或者工会组织推选产生。② 三是乡镇、街道以及社会团体或者其他组织根据需要可以设立人民调解委员会。

（2）行政调解

行政调解是国家行政机关及法律法规授权的组织根据法律规定，对其职权管辖范围内的民事纠纷所进行的调解。行政调解与人民调解一样，均属于诉讼外调解。行政调解的调解分为两类：一是国家行政机关主持的调解，包括基层人民政府的调解、国家合同管理机关的调解、公安机关的调解、婚姻登记机关的调解和卫生行政部门的调解。如《治安管理处罚法》第9条规定，对于因民间纠纷引起的打架斗殴或者损毁他人财物等违反治安管理行为，情节较轻的，公安机关可以调解处理。二是法律法规授权的组织主持的调解。常见的法律法规授权的组织包括行政机关内设机构、派出机构和临时机构；法律法规授权的企事业单位、社会团体等。

（3）诉讼调解

诉讼调解，又称法院调解，是指在法院审判人员的主持下，双方当事人就他们之间发生的民事权益争论，通过自愿、平等地协商，互谅互让，达成协议，解决纠纷的诉讼活动。③ 诉讼调解包括由法官主持的调解、接受委托

---

①② 参见《中华人民共和国人民调解法》第9条。

③ 参见邱星美、王秋兰：《调解法学》，厦门大学出版社2010年版，第110页。

调解的单位或组织主持的调解、①其他组织或个人与法官一起主持调解。②

二、仲裁制度

【经典案例】 张公平在某酒店工作，酒店因受疫情影响生意惨淡。酒店为控制用工成本，决定给员工三个月的无薪假期。而张公平由于家庭拮据，酒店停发工资对他影响极大，为此要求酒店支付基本的生活费。而酒店则称疫情是不可抗力，故不发放生活费。张公平提出劳动仲裁申请，要求酒店支付每个月的基本生活费。

【问题】 该案如何处理？

【法理解读】

1. 仲裁的概念和特征

仲裁作为一种法律制度，是指双方当事人在争议发生前或争议发生后达成仲裁协议，将争议事项提交非司法机关的第三者进行审理，并由其作出对双方当事人均具有约束力的仲裁裁决的一种解决争议的方法。③相对于其他纠纷解决制度，仲裁具有如下特征：

（1）自愿性

这是仲裁最突出的特点。根据我国《仲裁法》的规定，双方当事人之间的纠纷是否采用仲裁、将哪些争议事项提交仲裁、提交哪个仲裁机构、仲裁庭的组成以及仲裁采用何种审理方式等均由当事人自主决定。

（2）专业性

仲裁所解决的争议往往涉及复杂的法律、经济贸易和技术性问题，这

---

① 参见廖永安：《中国调解学教程》，湘潭大学出版社 2016 年版，第 90 页。
② 参见廖永安：《中国调解学教程》，湘潭大学出版社 2016 年版，第 91 页。
③ 参见常英：《仲裁法学》，中国政法大学出版社 2019 年版，第 9 页。

些问题需要相关领域的专家作出处理。从《仲裁法》第13条的规定可以看出，各仲裁机构都备有各领域的专家作为仲裁员，从而保证仲裁的专业性和权威性。

（3）快捷性

《仲裁法》第9条规定："仲裁实行的一裁终局制度。裁决作出后，当事人就同一纠纷再申请仲裁或者向人民法院起诉的，仲裁委员会或者人民法院不予受理。"

（4）保密性

《仲裁法》第40条规定："仲裁不公开进行。当事人协议公开的，可以公开进行，但涉及国家秘密的除外。"第54条规定："裁决书应当写明仲裁请求、争议事实、裁决理由、裁决结果、仲裁费用的负担和裁决日期。当事人协议不愿写明争议事实和裁决理由的，可以不写。"这些都体现了仲裁的保密性。

（5）独立性

仲裁依法独立进行，不受行政机关、社会团体和个人的干涉。《仲裁法》第14条规定："仲裁委员会独立于行政机关，与行政机关没有隶属关系。仲裁委员会之间也没有隶属关系。"

2. 仲裁程序

（1）申请和受理

当事人申请仲裁，应当符合下列条件：一是有仲裁协议；二是有具体的仲裁请求、事实和理由；三是属于仲裁委员会的受理范围。[①] 仲裁委员会收到仲裁申请书之日起五日内对仲裁协议、仲裁申请书、仲裁事项和仲裁时效进行审查，作出予以受理或不予受理的处理。被申请人收到仲裁申请书副本后，应当在仲裁规则规定的期限内向仲裁委员会提交答辩书。[②]申请人可以放弃或者变更仲裁请求。被申请人可以承认或者反驳仲裁请

---

① 参见《仲裁法》第21条。
② 参见《仲裁法》第25条。

求，有权提出反请求。①

（2）仲裁庭的组成

仲裁机构仲裁案件，不是仲裁委员会直接进行仲裁，而是通过仲裁庭实现的。仲裁庭分为两类：合议仲裁庭和独任仲裁庭。

（3）开庭和裁决

开庭是指由仲裁庭主持，在双方当事人和其他仲裁参与人的参加下，对仲裁请求进行实体审理并作出裁决的审理方式。《仲裁法》第39条规定："仲裁应当开庭进行。当事人协议不开庭的，仲裁庭可以根据仲裁申请书、答辩书以及其他材料作出裁决。"裁决是指仲裁庭经过评议后，对双方当事人提请的案件作出终局性的裁断。裁决一经作出即发生法律效力。

案例中，疫情确实属于不可抗力，但劳动者最基本的生活保障必须有保证。因此根据相关规定，酒店第一个月按劳动合同规定的工资标准支付工资，其余两个月需按最低工资的80%向张公平支付生活费。

三、诉讼制度

【经典案例】 2007年，一审法院依实业公司起诉，判决李某与董某所签房屋买卖合同无效，因各方当事人均未上诉，该判决生效。2011年，一审法院依职权再审，裁定驳回实业公司起诉。实业公司不服上诉，二审法院裁定驳回上诉，维持原裁定。实业公司向检察院申请监督。实业公司应否先行申请再审成为争议焦点。②

【问题】 该案如何处理？

---

① 参见《仲裁法》第27条。
② 参见最高人民法院（2014）民抗字第33-1号"太原市通畅达实业有限公司与董汶俊、李向阳合同纠纷案"，见张爱珍：《一审生效的裁判经再审、上诉后作出的裁判属再审裁判》，载《人民司法·案例》2016年第32期。

【法理解读】

诉讼是指国家司法机关在当事人以及其他诉讼参与人的参加下，依照法律规定的方式和程序，解决当事人之间权利、义务争议的全部活动。[①]相对于其他纠纷解决制度，诉讼具有如下特征：

1. 公权性

诉讼是以司法方式解决当事人之间的纠纷，是由法院代表国家行使审判权解决争议。诉讼不同于人民调解委员会以调解方式解决纠纷，也不同于由仲裁委员会以仲裁方式解决纠纷。

2. 强制性

强制性是公权力的重要属性。在案件的受理上和在裁判的执行上都表现出强制性。在案件的受理上，无论被告是否愿意，诉讼都会发生。在裁判的执行上，如果当事人不履行生效的裁判所确定的义务，法院可依法强制执行。而调解和仲裁均须当事人自愿，如果一方不愿意，则调解和仲裁就无法进行。

3. 终局性

所有案件或纠纷，一经审判，由人民法院依法作出生效的判决、裁定或决定，就具有既判力的效力，即人民法院生效裁判所确定的当事人之间的权利义务关系是终局的，其他任何机关和个人都不应再作处理，这对于树立司法权威，实现法治社会具有重要意义。

4. 程序性

对于诉讼的程序，诉讼法有着严格的规定，任何诉讼都必须依照法定程序进行。任何违背法定程序所实施的诉讼行为，其结果都不具有法律效力。而调解则没有严格的程序规则；仲裁虽有预先设定的程序，但当事人对程序的选择权有较大的灵活力。

案例中，一审生效裁判经再审、上诉后所作裁判，应属《民事诉讼

---

① 参见沈福俊、叶青：《中国诉讼法学》，华东理工大学出版社 2007 年版，第 3 页。

法》规定的再审裁判。当事人对此类裁判不服的，不能申请再审，只能向检察院申请检察监督。这体现了诉讼终局性和程序性的特点。

四、三大诉讼制度

【经典案例】 张公平经营一家饭店，某日被人举报其使用劣质食品原料。市场监督管理局李科长简单调查后作出罚款并责令停业整顿的处罚决定。李科长经常来此吃饭，欠餐费 2000 元整。但张公平采购的食材均有正规手续，这一切都是隔壁董敏法因竞争关系而捏造的。在停业整顿期间，饭店被盗损失巨大。

【问题】 张公平如何维护自己的权益？

【法理解读】

根据诉讼的案件性质、内容和程度等因素的不同，诉讼可以分为以下类型：

1. 民事诉讼

民事诉讼是指法院在双方当事人和其他诉讼参与人的参加下，在审理和执行民事案件的过程中所进行的各种诉讼活动以及由这些诉讼活动所产生的各种民事诉讼法律关系的总和。[①] 根据《民事诉讼法》第 10 条的规定，民事诉讼基本制度包括如下几个方面：

（1）合议制度。合议制度，是指由三名以上审判人员组成合议庭，代表法院行使审判权，对案件进行审理并作出裁判的制度。[②] 这一制度既可以发挥集体智慧，又能保证审判的公正性。合议庭在不同的审理程序中组成形式有所不同：首先，第一审合议庭。人民法院审理第一审民事案

---

① 参见《民事诉讼法学》编写组：《民事诉讼法学》，高等教育出版社 2018 年版，第 18 页。
② 参见《民事诉讼法学》编写组：《民事诉讼法学》，高等教育出版社 2018 年版，第 70 页。

件，由审判员、陪审员共同组成合议庭或者由审判员组成合议庭。合议庭的成员人数，必须是单数。①其次，第二审合议庭。人民法院审理第二审民事案件，由审判员组成合议庭。再次，重审合议庭。《民事诉讼法》第41条第3款规定："发回重审的案件，原审人民法院应当按照第一审程序另行组成合议庭。"最后，再审合议庭。《民事诉讼法》第41条第4款规定："审理再审案件，原来是第一审的，按照第一审程序另行组成合议庭；原来是第二审的或者是上级人民法院提审的，按照第二审程序另行组成合议庭。"

（2）回避制度。为了保证案件的公正审理，民事诉讼法规定跟案件有一定利害关系的审判人员或其他有关人员退出审理活动的制度。回避的对象包括审判人员、书记员、翻译人员、鉴定人、勘验人。

（3）公开审判制度。为了增加审判的透明度，保证审判质量，《民事诉讼法》第137条规定："人民法院审理民事案件，除涉及国家秘密、个人隐私或者法律另有规定的以外，应当公开进行。离婚案件，涉及商业秘密的案件，当事人申请不公开审理的，可以不公开审理。"

（4）两审终审制度。法院审理民事案件，经过两级法院审判即告终结的制度。《民事诉讼法》第182条规定，第二审人民法院的判决、裁定，是终审的判决、裁定。

2. 刑事诉讼

刑事诉讼应理解为国家裁判机构在追诉机构（以及自诉人）的追诉活动与被指控者的防御活动之间实施审查，并使双方展开理性争辩与说服，最终判决刑事案件的活动与过程。②刑事诉讼基本原则如下：（1）侦查权、检察权、审判权由专门机关依法行使原则。（2）人民法院、人民检察院依法独立行使审判权、检察权原则。（3）依靠群众原则。（4）以事实为根据、以法律为准绳原则。（5）分工负责、互相配合、互相制约原则。（6）人民

---

① 参见《中华人民共和国民事诉讼法》第40条。

② 参见《刑事诉讼法学》编写组：《刑事诉讼法学》，高等教育出版社2019年版，第2页。

检察院对刑事诉讼实行法律监督原则。（7）各民族公民有权使用本民族语言文字进行诉讼原则。（8）审判公开原则。（9）保障辩护原则。（10）未经人民法院依法判决对任何人不得确定有罪原则。（11）认罪认罚从宽原则。

3. 行政诉讼

所谓行政诉讼，是指公民、法人或者其他组织在认为行政机关及其工作人员的行政行为侵犯自己的合法权益时，依法向国家审判机关即法院请求司法保护，并由法院对行政行为进行审查裁判的一种诉讼活动。① 行政诉讼的特点如下：

（1）行政诉讼的内容具有特殊性。行政诉讼要解决的是行政争议，即处理作为行政主体的国家行政机关因行使行政职权与公民、法人或者其他组织发生的争议。

（2）行政诉讼的原被告具有恒定性。行政诉讼是公民、法人或者其他组织对行政机关及其工作人员的行政行为侵犯自身合法权益的诉讼，因此，行政诉讼的原告只能是公民、法人或者其他组织，而行政机关只能是被告。

（3）人民法院是行政诉讼的主导者。行政诉讼是法院运用国家审判权来监督行政机关依法行使职权和履行职责，保护公民、法人和其他组织的合法权益不受行政机关违法行为侵害的一种司法活动。这体现了国家审判机关对行政机关行政活动的一种司法监督。

案例中，张公平针对行政处罚可以提起行政诉讼。因工商管理部门没有调查清楚事实真相就进行行政处罚，侵犯了张公平的合法权益。针对李科长所欠餐费可以提起民事诉讼。李科长来饭店吃饭是作为消费者，与张公平是平等主体之间的关系。针对饭店被盗，张公平可以提起刑事诉讼，因盗窃案件属于公安机关侦查的案件。

---

① 参见应松年：《行政诉讼法学》，中国政法大学出版社 2018 年版，第 2 页。

第三节 司法机构和司法公正

一、人民法院

【经典案例】 马锡五审判方式是以陕甘宁边区从事司法审判工作的马锡五同志的名字命名的。马锡五从 1943 年 3 月开始兼任陕甘宁边区高等法庭陇东分庭的庭长。他对司法工作非常重视，亲自参加案件审理。他经常有计划地下乡，深入调查研究，开展巡回审判，及时纠正了一些错案，受到群众的欢迎。人们把这种贯彻群众路线，审判和调解相结合的办案方法称为"马锡五审判方式"。①

【问题】 马锡五审判方式体现了人民法院的什么性质？

【法理解读】

1. 人民法院的性质和任务

人民法院的性质表现在人民法院的阶级本质和职能方面。②从阶级本质方面来看，我国是工人阶级领导的，以工农联盟为基础的人民民主专政的社会主义国家，人民法院作为国家机器的重要组成部分，其本质是人民民主专政的工具。从法院的职能方面来看，我国《宪法》第 128 条规定："中华人民共和国人民法院是国家的审判机关。"因此，人民法院在性质上是人民民主专政的工具，是国家的审判机关。案例材料中，马锡五审判方式采用就地审判、不拘形式，深入调查研究，联系群众，解决问题的审判方式，一方面体现了人民法院是国家的审判机关，另一方面充分体现了人民法院是人民民主专政的工具。

---

① 参见郑重：《在新时代继承和发展"马锡五审判方式"》，载《人民法院报》2020 年 1 月 16 日。
② 参见高其才：《司法制度与法律职业道德》，清华大学出版社 2014 年版，第 38 页。

根据《人民法院组织法》第 2 条第 2 款的规定，人民法院的任务如下：人民法院通过审判刑事案件、民事案件、行政案件以及法律规定的其他案件，惩罚犯罪，保障无罪的人不受刑事追究，解决民事、行政纠纷，保护个人和组织的合法权益，监督行政机关依法行使职权，维护国家安全和社会秩序，维护社会公平正义，维护国家法制统一、尊严和权威，保障中国特色社会主义建设的顺利进行。

2. 人民法院的设置和职权

《人民法院组织法》第 12 条规定了人民法院的设置，我国人民法院由最高人民法院、地方各级人民法院和专门人民法院组成。

（1）最高人民法院

《人民法院组织法》第 10 条规定，最高人民法院是最高审判机关。最高人民法院的职责如下：一是监督地方各级人民法院和专门人民法院的审判工作。[①] 二是审理下列案件：法律规定由其管辖的和其认为应当由自己管辖的第一审案件；对高级人民法院判决和裁定的上诉、抗诉案件；按照全国人民代表大会常务委员会的规定提起的上诉、抗诉案件；按照审判监督程序提起的再审案件；高级人民法院报请核准的死刑案件。[②] 三是对属于审判工作中具体应用法律的问题进行解释。[③] 四是负责指导地方各级人民法院和专门人民法院的审判工作。

（2）地方各级人民法院

《人民法院组织法》第 13 条规定："地方各级人民法院分为高级人民法院、中级人民法院和基层人民法院。"

高级人民法院包括省高级人民法院、自治区高级人民法院和直辖市高级人民法院。[④] 其职责如下：一是审理下列案件。《人民法院组织法》第 21 条规定："高级人民法院审理下列案件：（一）法律规定由其管辖的第

---

① 参见《人民法院组织法》第 10 条第 2 款。
② 参见《人民法院组织法》第 16 条。
③ 参见《人民法院组织法》第 18 条。
④ 参见《人民法院组织法》第 20 条。

一审案件；（二）下级人民法院报请审理的第一审案件；（三）最高人民法院指定管辖的第一审案件；（四）对中级人民法院判决和裁定的上诉、抗诉案件；（五）按照审判监督程序提起的再审案件；（六）中级人民法院报请复核的死刑案件。"二是监督辖区内下级人民法院的审判工作。

中级人民法院包括省、自治区辖市的中级人民法院，在直辖市内设立的中级人民法院，自治州中级人民法院以及在省、自治区内按地区设立的中级人民法院。[①]其职责如下：一是审理下列案件。《人民法院组织法》第 23 条规定："中级人民法院审理下列案件：（一）法律规定由其管辖的第一审案件；（二）基层人民法院报请审理的第一审案件；（三）上级人民法院指定管辖的第一审案件；（四）对基层人民法院判决和裁定的上诉、抗诉案件；（五）按照审判监督程序提起的再审案件。"二是监督辖区内基层人民法院的审判工作。

基层人民法院包括县、自治县人民法院，不设区的市人民法院和市辖区人民法院。[②]《人民法院组织法》第 25 条规定基层人民法院职责如下：一是审理第一审案件，法律另有规定的除外；二是对人民调解委员会的调解工作进行业务指导。

（3）专门人民法院

根据《人民法院组织法》第 15 条的规定，专门人民法院包括军事法院和海事法院、知识产权法院、金融法院等。专门人民法院的设置、组织、职权和法官任免，由全国人民代表大会常务委员会规定。

二、法官

【**经典案例**】 杨军，2021 年度人民法院十大亮点人物之一。他一生

---

① 参见《人民法院组织法》第 22 条。
② 参见《人民法院组织法》第 24 条。

择一事，一事为公正，从事审判工作 20 余年，审理近 4000 件案件，无一错判。他积极投身扫黑除恶专项斗争，审理了一批具有影响力的黑恶大案。他是全国扫黑除恶专项斗争先进工作者。2020 年 7 月 25 日，连续工作 22 天的杨军倒在扫黑除恶一线，经救治无效牺牲。他被最高人民法院追授为"全国模范法官"，被湖北省委追授"全省优秀共产党员"等荣誉称号，湖北省高级人民法院为他追记一等功，他还被评为"CCTV 2021 年度致敬英雄"。①

【问题】 从杨军身上可以看出法官应具备哪些职业道德？

【法理解读】

1. 法官的职责、义务和权利

根据《法官法》第 2 条的规定，法官是依法行使国家审判权的审判人员，包括最高人民法院、地方各级人民法院和军事法院等专门人民法院的院长、副院长、审判委员会委员、庭长、副庭长和审判员。

（1）职责

为保证司法审判的公正和效率，《法官法》对法官的职责作了明确规定：依法参加合议庭审判或者独任审判刑事、民事、行政诉讼以及国家赔偿等案件；依法办理引渡、司法协助等案件；法律规定的其他职责。法官在职权范围内对所办理的案件负责。

（2）义务

为保证法官正确履行职责，《法官法》第 10 条规定："法官应当履行下列义务：（一）严格遵守宪法和法律；（二）秉公办案，不得徇私枉法；（三）依法保障当事人和其他诉讼参与人的诉讼权利；（四）维护国家利益、社会公共利益，维护个人和组织的合法权益；（五）保守国家秘密和审判工作秘密，对履行职责中知悉的商业秘密和个人隐私予以保密；（六）

---

① 参见《人民法院十大亮点人物 2021 年度》，载《人民法院报》2022 年 1 月 8 日。

依法接受法律监督和人民群众监督；（七）通过依法办理案件以案释法，增强全民法治观念，推进法治社会建设；（八）法律规定的其他义务。"

（3）权利

在规定法官义务的同时，法官享有下列权利：履行法官职责应当具有的职权和工作条件；非因法定事由、非经法定程序，不被调离、免职、降职、辞退或者处分；履行法官职责应当享有的职业保障和福利待遇；人身、财产和住所安全受法律保护；提出申诉或者控告；法律规定的其他权利。①

2. 法官的职业道德

法官的职业道德，是指从事审判职业的专业人员所应当遵循的行为规范的总称，它是社会道德在司法审判领域中的具体体现。②《法官职业道德基本准则》第2条规定："法官职业道德的核心是公正、廉洁、为民。基本要求是忠诚司法事业、保证司法公正、确保司法廉洁、坚持司法为民、维护司法形象。"法官良好的职业道德，是树立法官和人民法院的良好形象、保障司法公正、维护国家法治尊严的关键。作为2021年度人民法院十大亮点人物之一，杨军一生从事审判工作，忠诚司法事业。在扫黑除恶战场上，他匡扶正义、惩恶扬善，维护司法公正，切实保障人民群众切身利益。从杨军身上可以看出公正、廉洁、为民是法官应该具备的职业道德的核心。

三、人民检察院

【经典案例】　党的十八大以来，检察机关坚持总体国家安全观，依法惩治各类刑事犯罪，为经济社会发展营造和谐稳定的社会环境。2013年

---

① 参见《法官法》第11条。
② 参见谭世贵：《中国司法制度》，法律出版社2016年版，第81页。

至 2022 年 6 月，批捕各类犯罪嫌疑人 858 万人，起诉 1490 万人。扎实开展为期三年的扫黑除恶专项斗争，起诉涉黑涉恶犯罪 23 万人、"保护伞" 2987 人。①

【问题】 这段材料体现了人民检察院有哪些任务？

【法理解读】

1. 人民检察院的性质和任务

根据我国《宪法》和《人民检察院组织法》的规定，人民检察院是国家的法律监督机关。人民检察院依法独立行使检察权，不受行政机关、社会团体和个人的干涉。② 法律监督机关，就是人民检察院的性质。这是由我国的国体和政体决定的。

根据《人民检察院组织法》第 2 条第 2 款的规定，人民检察院的任务如下：人民检察院通过行使检察权，追诉犯罪，维护国家安全和社会秩序，维护个人和组织的合法权益，维护国家利益和社会公共利益，保障法律正确实施，维护社会公平正义，维护国家法制统一、尊严和权威，保障中国特色社会主义建设的顺利进行。案例材料反映了新时代检察机关法律监督工作的进展与成效，这些进展和成效体现了人民检察院的上述任务，为经济社会发展提供有力的司法保障。

2. 人民检察院的设置和职权

《人民检察院组织法》第 12 条规定了人民检察院的设置，我国人民检察院由最高人民检察院、地方各级人民检察院和军事检察院等专门人民检察院组成。

（1）最高人民检察院

《人民检察院组织法》第 10 条规定，最高人民检察院是最高检察机关。最高人民检察院的职责如下：一是对全国人民代表大会及其常务委员

---

① 参见张璁：《加强法律监督 维护公平正义》，载《人民日报》2022 年 7 月 19 日。
② 参见《人民检察院组织法》第 4 条。

会负责并报告工作。① 二是领导地方各级人民检察院和专门人民检察院的工作。② 三是对最高人民法院的死刑复核活动实行监督；对报请核准追诉的案件进行审查，决定是否追诉。③ 四是对属于检察工作中具体应用法律的问题进行解释。④ 五是发布指导性案例。

（2）地方各级人民检察院

根据《人民检察院组织法》第13条的规定，地方各级人民检察院分为：省级人民检察院，包括省、自治区、直辖市人民检察院；设区的市级人民检察院，包括省、自治区辖市人民检察院，自治州人民检察院，省、自治区、直辖市人民检察院分院；基层人民检察院，包括县、自治县、不设区的市、市辖区人民检察院。地方各级人民检察院对本级人民代表大会及其常务委员会负责并报告工作。⑤ 省级人民检察院和设区的市级人民检察院根据检察工作需要，经最高人民检察院和省级有关部门同意，并提请本级人民代表大会常务委员会批准，可以在辖区内特定区域设立人民检察院，作为派出机构。⑥

（3）专门人民检察院

专门人民检察院是属于专门性质的检察机关。我国专门检察院包括军事检察院、铁路运输检察院等。

军事检察院是设立在中国人民解放军中的专门法律监督机关，对现役军人的军职犯罪和其他刑事犯罪案件依法行使检察权。⑦ 军事检察院管辖下列案件：现役军人的犯罪案件、军内在编职工的犯罪案件以及军人违反职责罪中共同犯罪的非军人。

铁路运输检察院是设立在铁路运输系统中的专门法律监督机关，也是

① ⑤　参见《人民检察院组织法》第9条。
②　参见《人民检察院组织法》第10条。
③　参见《人民检察院组织法》第22条。
④　参见《人民检察院组织法》第23条。
⑥　参见《人民检察院组织法》第16条。
⑦　参见高其才：《司法制度与法律职业道德》，清华大学出版社2014年版，第99页。

203

专门检察院。铁路运输检察院的基本职责是按照法律规定行使检察权，打击和防范在铁路运输系统所辖区域中，包括铁路沿线、列车、车站、铁路企业事业单位等，发生的各种违法犯罪活动和铁路工作人员危害交通运输的违法犯罪活动。

四、检察官

【经典案例】 时钧宇，荣获守望正义——新时代最美检察官。她严格执法，秉公办案。共办理各类案件1000余起，指导、协办案件3000余起，保持28年无错案、无错诉、无上访、无超期羁押、无违法违纪现象的纪录。她刚柔并济、开拓创新。2000年摸索出办理青少年案件"四必查、四必清"工作法和不起诉跟踪帮教制度；2001年率先向四所涉案学校发出检察建议，帮助建章堵漏……她播洒爱心，义务普法。自1996年起坚持义务送法进校20余年，先后身兼15所学校的法治副校长……她春风化雨，文明办案。对来访涉案人员她总是耐心、细心接待，引导合理诉求。①

【问题】 从时钧宇身上可以看出检察官应具备哪些职业道德？

【法理解读】

1. 检察官的职责、义务和权利

根据《检察官法》第2条的规定，检察官是依法行使国家检察权的检察人员，包括最高人民检察院、地方各级人民检察院和军事检察院等专门人民检察院的检察长、副检察长、检察委员会委员和检察员。

（1）职责

作为行使国家权力的检察官，《检察官法》第7条规定："检察官的职

---

① 参见高景宣：《时钧宇：帮扶被害人子女　爱心接力十余年》，载最高人民检察院微信公众号2020年9月11日。

责：（一）对法律规定由人民检察院直接受理的刑事案件进行侦查。（二）对刑事案件进行审查逮捕、审查起诉，代表国家进行公诉。（三）开展公益诉讼工作。（四）开展对刑事、民事、行政诉讼活动的监督工作。（五）法律规定的其他职责。检察官对其职权范围内就案件作出的决定负责。"

（2）义务

为保证检察官正确履行法定职责，检察官应当履行下列义务：严格遵守宪法和法律；秉公办案，不得徇私枉法；依法保障当事人和其他诉讼参与人的诉讼权利；维护国家利益、社会公共利益，维护个人和组织的合法权益；保守国家秘密和检察工作秘密，对履行职责中知悉的商业秘密和个人隐私予以保密；依法接受法律监督和人民群众监督；通过依法办理案件以案释法，增强全民法治观念，推进法治社会建设；法律规定的其他义务。①

（3）权利

为保障人民检察院依法独立行使检察权，《检察官法》第11条规定："检察官享有下列权利：（一）履行检察官职责应当具有的职权和工作条件。（二）非因法定事由、非经法定程序，不被调离、免职、降职、辞退或者处分。（三）履行检察官职责应当享有的职业保障和福利待遇。（四）人身、财产和住所安全受法律保护。（五）提出申诉或者控告。（六）法律规定的其他权利。"

2. 检察官的职业道德

检察官职业道德，是指检察官在履行检察职能的活动中，应当遵守的行为准则和规范。②《检察官职业道德基本准则》第2条规定了检察官职业道德的基本要求是忠诚、公正、清廉、文明。忠诚是检察官职业道德的本质要求。检察官要忠于党、忠于国家、忠于人民、忠于宪法和法律。公正是各国检察官普遍的职业操守。清廉是检察官的基本素质。离开清廉，

① 参见《人民检察官法》第10条。
② 参见高其才：《司法制度与法律职业道德》，清华大学出版社2014年版，第115页。

检察官不可能做到忠诚、公正和文明。文明是检察官职业道德的必然要求，坚持文明执法才能构建和谐社会。作为新时代最美检察官，时钧宇对党和人民有着绝对的忠诚，对公平正义有着不懈的追求，对检察事业有着无限的热爱，她的行为诠释了新时代人民检察官的良好精神风貌。从她身上可以看出忠诚、公正、清廉、文明是检察官应该具备的职业道德。

第四节　律师制度和律师价值

一、律师执业许可

【经典案例】　张公平是某大学历史系教授，因热爱法律先后 3 次参加国家统一法律职业资格考试但连年落榜。一次他为朋友的一起经济纠纷做代理人参加了诉讼，打赢了官司。从此在当地小有名气，他一直以律师身份进行代理活动。

【问题】　张公平的代理行为是否违反律师执业许可的规定？

【法理解读】

1. 律师的概念和特征

根据我国《律师法》第 2 条的规定，律师是指依法取得律师执业证书，接受委托或者指定，为当事人提供法律服务的执业人员。这一概念概括了律师的两个基本特征：

（1）律师是依法取得律师执业证书的执业人员。按照我国法律规定，律师必须先通过国家统一法律职业资格考试，还必须取得律师执业证书才能成为律师。

（2）律师是为社会提供法律服务的执业人员。律师不是国家行政机关的公务人员，也不享有国家赋予的公权力。律师通常以有偿的方式向社会提供法律服务，这与国家工作人员行使管理职能的无偿性有本质区别。

2. 申请律师执业的条件和程序

根据《律师法》第 5 条的规定，申请律师执业，应当具备下列条件：（1）拥护中华人民共和国宪法；（2）通过国家统一法律职业资格考试取得法律职业资格；（3）在律师事务所实习满一年；（4）品行良好。实行国家统一法律职业资格考试前取得的国家统一司法考试合格证书、律师资格凭证，与国家统一法律职业资格证书具有同等效力。案例材料中，张公平没有通过国家统一法律职业资格考试，没有资格领取律师执业证书。但他一直以律师身份进行代理活动，违反《律师法》第 13 条规定的没有取得律师执业证书的人员，不得以律师名义从事法律服务业务，不得从事诉讼代理或者辩护业务。因此根据《律师法》第 55 条的规定，对张公平责令停止非法执业，没收违法所得，处违法所得一倍以上五倍以下的罚款。

根据《律师法》的规定，申请律师执业，应当遵守以下程序：（1）申请。申请律师执业，应当向设区的市级或者直辖市的区人民政府司法行政部门提出申请，并提交下列材料：国家统一法律职业资格证书；律师协会出具的申请人实习考核合格的材料；申请人的身份证明；律师事务所出具的同意接收申请人的证明。申请兼职律师执业的，还应当提交所在单位同意申请人兼职从事律师职业的证明。（2）审查。受理申请的部门应当自受理之日起二十日内予以审查，并将审查意见和全部申请材料报送省、自治区、直辖市人民政府司法行政部门。（3）审核颁证。省、自治区、直辖市人民政府司法行政部门应当自收到报送材料之日起十日内予以审核，作出是否准予执业的决定。准予执业的，向申请人颁发律师执业证书；不准予执业的，向申请人书面说明理由。

3. 不予颁发律师执业证书的情形

申请人有下列情形之一的，不予颁发律师执业证书：无民事行为能力或者限制民事行为能力的；受过刑事处罚的，但过失犯罪的除外；被开除公职或者被吊销律师、公证员执业证书的。

二、律师执业的基本原则

【经典案例】 张公平，男，16岁，因强奸11岁的梁一思被人民检察院依法提起公诉，聘请董敏法担任自己的辩护律师。董敏法为使本案胜诉，劝说张公平的父亲到户籍管理部门找关系将张公平的年龄改为14岁。董敏法借会见张公平时告知已为他改了年龄，上庭时需要一口咬定自己刚满14岁，和梁一思发生关系双方自愿。

【问题】 董敏法的行为违反了律师执业的哪些基本原则？

【法理解读】

律师执业的基本原则，是指法律规定的，贯穿于律师执业活动的整个过程，指导律师实现律师任务的基本准则。[①]《律师法》第3条对我国律师执业的基本原则作了明确规定。

1. 合法性原则

《律师法》第3条第1款规定："律师执业必须遵守宪法和法律，恪守律师职业道德和执业纪律。"《律师执业管理办法》第24条第1款规定："律师执业必须遵守宪法和法律，恪守律师职业道德和执业纪律，做到依法执业、诚信执业、规范执业。"因此律师的执业活动必须遵循合法性原则。

2. 以事实为根据、以法律为准绳原则

《律师法》第3条第2款规定："律师执业必须以事实为根据，以法律为准绳。"以事实为根据、以法律为准绳原则，这是我国所有法律工作者所必须遵循的根本原则。以事实为根据，是指律师办理任何一项法律事务，都要实事求是，忠实于事实真相。[②]以法律为准绳，是指律师在各项业务活动中，都要严格依法办事，忠于国家的法律和制度，正确地理解和

---

① 参见谭世贵：《中国司法制度》，法律出版社2016年版，第298页。
② 参见谭世贵：《中国司法制度》，法律出版社2016年版，第299页。

运用法律来办理法律事务或者提出解决问题的意见。①

3. 接受监督原则

《律师法》第 3 条第 3 款规定："律师执业应当接受国家、社会和当事人的监督。"在国家监督方面，具体包括：（1）司法行政机关的监督。司法行政部门有权对律师、律师事务所和律师协会进行监督、指导。对违反《律师法》规定的律师、律师事务所，由省、自治区、直辖市及设区的市人民政府司法行政部门依法查处。（2）税务部门的监督。税务部门对律师事务所和律师的纳税情况进行监督。（3）检察机关的监督。对于律师在执业活动中构成犯罪行为的，由检察机关立案侦查，并向人民法院提出公诉。

在社会监督方面，主要有中国共产党、民主党派、社会团体、群众组织、人民群众和社会舆论监督等。任何单位和个人对律师在执业活动中的违纪违法行为，都可以监督。

在当事人监督方面，当事人对律师在执业活动中的违纪违法行为，有权向律师事务所、律师协会或司法机关提出控告。对律师在执业活动中给自己造成损失的，当事人有权向人民法院诉讼，请求其所在的律师事务所提供相应的赔偿。

4. 法律保护原则

《律师法》第 3 条第 4 款规定："律师依法执业受法律保护，任何组织和个人不得侵害律师的合法权益。"这一规定为律师履行职责提供了法律上的保障。我国《律师法》和其他相关法律对律师依法执业的保护作出了一系列的规定。如《律师法》第 46 条规定，律师事务所的首要职责是保障律师依法执业，维护律师的合法权益。

案例中，董敏法劝说张公平的父亲为其子篡改年龄，又利用职务之便在会见被告人张公平时，传递与案情有关的信息，使被告人作虚假陈述。

---

① 参见高其才：《司法制度与法律职业道德》，清华大学出版社 2014 年版，第 152 页。

董敏法的行为违反了律师执业的合法性原则以及以事实为根据、以法律为准绳原则。因此根据《律师法》的规定，由司法行政部门吊销其律师执业证书，并追究其伪造证据罪的刑事责任。

三、律师的业务范围

【经典案例】 甲公司与乙公司签订了一批生鲜购销合同。合同约定：双方在履行合同中如发生纠纷，则将纠纷提交某市仲裁委员会裁决。甲公司以生鲜不符合合同约定为由拒付货款，双方产生纠纷。乙公司聘请某律师事务所律师张公平担任代理人，代为提出仲裁申请。

【问题】 张公平是否可以接受委托？

【法理解读】

根据《律师法》第 28 条的规定，律师的业务范围为：

（1）接受自然人、法人或者其他组织的委托，担任法律顾问。律师担任法律顾问的，应当按照约定为委托人就有关法律问题提供意见，草拟、审查法律文书，代理参加诉讼、调解或者仲裁活动，办理委托的其他法律事务，维护委托人的合法权益。

（2）接受民事案件、行政案件当事人的委托，担任代理人，参加诉讼。律师担任诉讼法律事务代理人或者非诉讼法律事务代理人的，应当在受委托的权限内，维护委托人的合法权益，但代理活动产生的法律后果直接由被代理人承担。

（3）接受刑事案件犯罪嫌疑人、被告人的委托或者依法接受法律援助机构的指派，担任辩护人，接受自诉案件自诉人、公诉案件被害人或者其近亲属的委托，担任代理人，参加诉讼。律师担任辩护人的，应当根据事实和法律，提出犯罪嫌疑人、被告人无罪、罪轻或者减轻、免除其刑事责任的材料和意见，维护犯罪嫌疑人、被告人的诉讼权利和其他合法权益。

（4）接受委托，代理各类诉讼案件的申诉。律师接受被告人、原告人、被害人及近亲属的委托，对已经发生法律效力的判决或裁定，如果认为在适用法律和认定事实上错误，可以代理向人民法院、人民检察院提起申诉。[①]

（5）接受委托，参加调解、仲裁活动。这里的调解指的是审判外的调解，律师可代理当事人参加各种形式的仲裁。案例中，甲公司与乙公司的纠纷是一起合同纠纷，这属于律师业务范围。因此乙公司可以与某律师事务所签订委托代理合同，指定张公平为代理人为其进行仲裁代理。

（6）接受委托，提供非诉讼法律服务。非诉讼法律服务包括无争议的法律事务（如为委托人申请营业执照、草拟谈判方案等）和有争议但不必通过诉讼解决的法律事务（如以第三方身份主持调解等）。

（7）解答有关法律的询问、代写诉讼文书和有关法律事务的其他文书。律师解答法律询问，可以是口头的，也可以是书面的。

四、律师的权利与义务

【经典案例】　某律师事务所律师张公平为其代理的案件到某区房管局档案科请求调阅一处房产权属档案时，出具了律师证和介绍信，但该局坚持不让查阅，没有说明理由也没有出具书面意见。张公平以该房管局行政不作为为由诉至法院。

【问题】　该案如何处理？

【法理解读】

1. 律师的权利

根据《律师法》《刑事诉讼法》《民事诉讼法》《行政诉讼法》的规定，

---

① 参见张柏峰：《中国当代司法制度》，法律出版社 2006 年版，第 282 页。

我国律师在执业时享有以下权利：

（1）拒绝辩护或者代理权。《律师法》第 32 条第 2 款规定，律师接受委托后，无正当理由的，不得拒绝辩护或者代理。但是，委托事项违法、委托人利用律师提供的服务从事违法活动或者委托人故意隐瞒与案件有关的重要事实的，律师有权拒绝辩护或者代理。

（2）会见权、通讯权。《律师法》第 33 条规定："律师担任辩护人的，有权持律师执业证书、律师事务所证明和委托书或者法律援助公函，依照刑事诉讼法的规定会见在押或者被监视居住的犯罪嫌疑人、被告人。辩护律师会见犯罪嫌疑人、被告人时不被监听。"《刑法诉讼法》第 39 条也规定，辩护律师可以同在押的犯罪嫌疑人、被告人会见和通信。辩护律师会见犯罪嫌疑人、被告人时不被监听。

（3）阅卷权。《律师法》第 34 条规定："律师担任辩护人的，自人民检察院对案件审查起诉之日起，有权查阅、摘抄、复制本案的案卷材料。"

（4）调查取证权。为保障律师正常执业，《律师法》第 35 条规定，受委托的律师根据案情的需要，可以申请人民检察院、人民法院收集、调取证据或者申请人民法院通知证人出庭作证。律师自行调查取证的，凭律师执业证书和律师事务所证明，可以向有关单位或者个人调查与承办法律事务有关的情况。

（5）在法庭审理阶段享有的权利。法庭审理阶段是律师发挥作用的重要阶段，因此《律师法》第 36 条规定，律师担任诉讼代理人或者辩护人的，其辩论或者辩护的权利依法受到保障。

（6）依法执业受法律保护的权利。《律师法》第 3 条第 4 款规定，律师依法执业受法律保护，任何组织和个人不得侵害律师的合法权益。第 37 条规定，律师在执业活动中的人身权利不受侵犯。

案例中，阅卷权和调查取证权都是律师最基本的权利。该房管局侵犯了律师的合法权利，属于行政不作为。最终法院判令房管局履行为该律师查阅房产权属档案的义务。

2. 律师的义务

律师在执行职务过程中享有权利的同时，必须承担相应的义务。律师在执业活动中应当履行下列义务：

（1）保守秘密。《律师法》第38条规定，律师应当保守在执业活动中知悉的国家秘密、商业秘密，不得泄露当事人的隐私。律师对在执业活动中知悉的委托人和其他人不愿泄露的有关情况和信息，应当予以保密。但是，委托人或者其他人准备或者正在实施危害国家安全、公共安全以及严重危害他人人身安全的犯罪事实和信息除外。

（2）禁止利益冲突代理。《律师法》第39条规定，律师不得在同一案件中为双方当事人担任代理人，不得代理与本人或者其近亲属有利益冲突的法律事务。

（3）执业禁止。《律师法》第40条规定，律师在执业活动中不得有下列行为：私自接受委托、收取费用，接受委托人的财物或者其他利益；利用提供法律服务的便利牟取当事人争议的权益；接受对方当事人的财物或者其他利益，与对方当事人或者第三人恶意串通，侵害委托人的权益；违反规定会见法官、检察官、仲裁员以及其他有关工作人员；向法官、检察官、仲裁员以及其他有关工作人员行贿，介绍贿赂或者指使、诱导当事人行贿，或者以其他不正当方式影响法官、检察官、仲裁员以及其他有关工作人员依法办理案件；故意提供虚假证据或者威胁、利诱他人提供虚假证据，妨碍对方当事人合法取得证据；煽动、教唆当事人采取扰乱公共秩序、危害公共安全等非法手段解决争议；扰乱法庭、仲裁庭秩序，干扰诉讼、仲裁活动的正常进行。

（4）执业限制。《律师法》第41条规定，曾经担任法官、检察官的律师，从人民法院、人民检察院离任后二年内，不得担任诉讼代理人或者辩护人。

（5）法律援助。《律师法》第42条规定，律师、律师事务所应当按照国家规定履行法律援助义务，为受援人提供符合标准的法律服务，维护受援人的合法权益。

第七章　国际公约与人类命运共同体

第一节　国际公法和世界和平与发展

一、国际法的概念与特征

【经典案例】　1933 年 4 月，伊朗政府与英国英伊石油公司签订一项特许权协议，授予后者在伊朗境内开采石油的特许权。1951 年，伊朗相继颁布若干法律，对境内的石油工业实行国有化，这些法律的实施导致了伊朗政府与英伊石油公司的争端。英国政府支持英伊石油公司的主张，并以外交保护的名义，于 1951 年在国际法院提起诉讼。英国政府认为 1933 年伊朗政府与英伊石油公司签订的特许权协议具有双重性质，既是特许权协议又是条约。伊朗政府提出反对主张，认为国际法院没有管辖权。[1]

【问题】　该案如何处理？

【法理解读】

国际法有广义和狭义之分，广义的国际法包括国际公法、国际私法和国际经济法。狭义的国际法仅指国际公法。本书采用狭义的理解，仅限于

---

[1]　参见朱文奇：《国际法学原理与案例教程》，中国人民大学出版社 2014 年版，第 3 页。

国际公法。国际法是在国际交往过程中形成的，各国公认的，表现这些国家统治阶级的意志，在国际关系上对国家具有法律的约束力的行为规范，包括原则、规则和制度的总体。[①] 与国内法相比，国际法具有如下特征：

从主体来看，国际法的主体是国家。国际组织和民族解放组织等国际实体也可以成为国际法的主体。但是个人通常不能作为国际法的主体，只是在特定领域内享有国际法上一定的权利或承担一定的义务。而包括自然人和法人在内的个人是国内法的主体。案例中，国际法院判决其自身对本案没有管辖权。只有国家、国际组织等国际法主体间订立的协议才是条约，伊朗政府只是与英伊石油公司签订协议，而不是与英国政府签订协议，因此该协议不能构成国际法上的条约，其法律性质是合同，而合同则由国内法加以调整。

从调整对象来看，国际法调整的是国际关系，主要调整国家与国家之间、国家与国际组织之间、国际组织之间以及国家和国际组织与其他国际法主体之间的关系，个人只有在国际人权法、国际刑法等领域才涉及权利和义务关系。而国内法则是调整自然人之间、法人之间、自然人与法人之间、自然人和法人与公权机构之间的关系。

从创立方式来看，国际法的创立方式是国家间的协议。这是由于国际法的主体国家相互之间是平等的、独立的，相互之间不存在管辖和隶属关系，因此国际社会没有也不可能有超越国家之上的国际立法机构进行国际立法，更不可能由哪个国家单独制定国际法。因此，国际法的创立，很大程度上依赖于各国在交往中所形成的国际习惯以及各国间协商达成的协议。而国内有统一的中央权力机关，国内法是由国家立法机关制定的。

从实施方式来看，国际社会没有一个超越各国的司法机关来适用和解释这些法律，也没有一个行政机关来实施这些法律，即国际法没有强制的约束机关和执行机关，所以国际法的强制力只能通过国家本身单独或集体

---

① 参见周鲠生：《国际法》，商务印书馆 2018 年版，第 4 页。

的行动来实现。国际法院、联合国、维和部队都不是国际法执行机构。而国内法依靠有组织的国家强制机关来保证实施，如军队、警察、司法机关等。

二、国际法的主体

【经典案例】 2007 年 3 月 27 日，日本最高法院就光华寮诉讼案作出判决，认定台湾当局在光华寮问题上不具有诉讼权。光华寮位于日本京都市，原为日本京都大学在第二次世界大战期间为中国留学生租赁的学生宿舍。1952 年 12 月台"驻日使馆"同原房主签订买卖合同并于 1961 年 6 月以"中华民国"名义进行了房产登记。自日本战败后，光华寮一直由中国爱国华侨和留学生管理和使用。1967 年 9 月，台湾当局向京都地方法院提起诉讼，要求住在光华寮的爱国华侨搬走。1974 年至今，中国政府多次向日方提出交涉，强调光华寮是中国的国有财产，中日邦交正常化后理应归中华人民共和国所有，要求日方协助变更光华寮房产登记。[1]

【问题】 如何评价日本法院对本案的判决？

【法理解读】

所谓国际法的主体，就是国际法律关系的参与者，国际法上的权利义务责任的承担者，国际法律行为的采取者。[2] 根据这一概念，成为国际法的主体，必须具有三个条件：一是能承担国际法上的义务。如偿还国家债务、和平解决国际争端等。二是能主张其在国际法上的权利。[3] 国际法上

---

① 参见吴谷丰：《认定台湾当局在光华寮问题上没有诉讼权》，载《海南日报》2007 年 3 月 28 日（有增删）。

② 参见何志鹏：《国际法入门笔记》，法律出版社 2018 年版，第 7 页。

③ 参见 Max Sprensen（ed.），Manual of Public International Law（《国际公法手册》），6th ed.，Butterworth，1967. p. 249。

有很多权利，如平等权、独立权、求偿权等，要行使这些权利，就必须具有享有这些权利的能力的资格。三是能与国际法的其他主体发生国际法律关系。国际法的主体必须具有独立参加国际法律关系的资格。依据这些特征，国际法的主体包括以下几类：

1. 国家

国家是国际法的基本主体。在很长的一段时间内，因国际关系的参与者只有国家，因此国家是国际法的唯一主体。随着国际法其他主体的形成和发展，国家逐渐成为国际法的基本主体，这是由国家的特性以及国家在国际法律关系中的位置所决定的。

（1）国家是国际法制定和实施的基本主体。一方面正是国家之间的彼此交往，产生对规则的需求，然后才产生了国际法。因此国家创制了国际法，而不是国际法创制了国家。另一方面由于国际社会没有一个凌驾各国之上的执行机关来强制执行国际法，因此国际法的实施主要依靠国家的自觉遵守和执行。

（2）国家是国际法调整的主要对象。国际法的产生是为了调整各国间的关系。从国际法的内容来看，国际法规范的主要内容是规范各国在法律关系中的权利和义务等。无论是海洋法、领土法还是空间法、环境法，其规范是约束国家的规则组成的。

（3）国家能自主参与国际法律关系。国家具有主权，具有完全的权利能力和行为能力，能够独立地与其他国际法的主体缔结条约或协定，国家的这种能力是国际法的其他主体不可比拟的。案例中，日本法院在2007年前对该案的判决不仅在政治上是错误的，而且也违反了国际法准则。1972年中日关系正常化后，日本将中华人民共和国政府作为中国唯一合法代表，而未被承认的政府在未承认国的法院无诉讼资格，这是一项公认的国际法原则，因此日本法院不应受理以所谓"中华民国"名义提起的诉讼。2007年日本法院判决台湾当局在光华寮问题上不具有诉讼权，这是正确的行为。

2. 国际组织

进入 21 世纪后，国家组织有了较快的发展。第二次世界大战后国际组织数量剧增，在国际社会发挥着重要作用。国际组织之所以成为国际法的重要主体，一是因为国际组织在一定范围内有独立参与国际法律关系的能力，① 如在其组织约章规定的职权范围内参与国际法律关系。二是因为国际组织成为国际法的调整对象。三是因为国际组织在国际法的参与制定和实施中起着重要作用。

3. 争取独立民族

争取独立民族的国际法主体资格，是随着 20 世纪民族解放和独立运动的发展而逐步得到承认的。第一次世界大战期间，捷克斯洛伐克和波兰为争取民族独立，在巴黎成立了民族委员会，得到英国、法国的承认。第二次世界大战后，一批争取独立民族的国际主体资格也得到了更多国家的承认。但争取独立民族的国际法主体资格与国家相比，存在一定的局限性，因此是一种过渡性的国际法主体。

三、国际法的渊源

【经典案例】 由于甲国海盗严重危及国际海运要道的运输安全，在甲国请求下，联合国安理会通过决议，授权他国军舰在经甲国同意的情况下，在规定期限可以进入甲国领海打击海盗。据此决议，乙国军舰进入甲国领海解救被海盗追赶的丙国商船。

【问题】 安理会的决议能否使军舰进入领海打击海盗成为国际习惯？

【法理解读】

本书所称"国际法渊源"，是指国际法的具体表现形式，也就是提出

---

① 参见梁西：《国际法》，武汉大学出版社 2011 年版，第 70 页。

一项主张所依据的规则。① 对于国际法渊源,《国际法院规约》第 38 条规定了国际法院在处理案件时应当依据的国际法规范,被视为国际法各种渊源存在的权威说明。② 第 38 条规定:"一、法院对于陈诉各项争端,应依国际法裁判之,裁判时应适用:(子)不论普通或特别国际协约,确立诉讼当事国明白承认之规条者。(丑)国际习惯,作为通例之证明而经接受为法律者。(寅)一般法律原则为文明各国所承认者。(卯)在第五十九条规定之下,司法判例及各国权威最高之公法学家学说,作为确定法律原则之补助资料者。二、前项规定不妨碍法院经当事国同意本'公允及善良'原则裁判案件之权。"根据这一规定,国际法的渊源包括如下几个方面:

1. 国际条约

国际条约是国家间、国家与国际组织间或国际组织相互之间所缔结的、以国际法为准的国际书面协定。③ 国际条约是国际法的最主要渊源。这是因为:第一,与国际法其他渊源相比,国际条约的内容更加明确,不仅可以规定国际法主体的权利和义务,而且对执行和责任也可以说明。第二,"条约必须遵守",这是国际法的基本原则。国际条约有多种形式,如条约、公约、协定、议定书、宪章、规约、盟约、换文或联合宣言等。

2. 国际习惯

国际习惯是国际法更为古老更为原始的渊源。国际习惯,是指不成文的国际法规范,是在国际关系中被各国共同遵守的一般实践、惯例或做法。根据《国际法院规约》关于"国际习惯,作为通例之证明而经接受为法律者"的规定,国际习惯的形成必须具备两个要件:一是物质要件,即要有通例的存在,各国存在重复类似的行为实践。二是心理要件,即法律确信。存在的通例需要被各国接受为法律,国际习惯虽然是不成文的,但对各国有约束力。虽然国际习惯的作用随着国际条约的大量增加有所减

---

① 参见何志鹏:《国际法入门笔记》,法律出版社 2018 年版,第 15 页。
② 参见《国际公法学》编写组:《国际公法学》,高等教育出版社 2019 年版,第 47 页。
③ 参见《国际公法学》编写组:《国际公法学》,高等教育出版社 2019 年版,第 48 页。

弱，但国际习惯在国际条约没有涉及的领域起着不可替代的作用，并且有不少条约是在国际习惯的基础上缔结的。案例中，安理会的决议不能使军舰进入领海打击海盗成为国际习惯。这是由于国际习惯的构成包括物质要件和心理要件。因此不能仅仅因为安理会的一项决议就使一种行为模式成为国际习惯。

3. 一般法律原则

一般法律原则，是指在条约和习惯法之外为各国所承认的一般法律原则，如时效原则等。《国际刑事法院规约》第 21 条规定："无法适用上述法律时，适用本法院从世界各法系的国内法，包括当时从通常对该犯罪行使管辖权的国家的国内法中得出的一般法律原则，但这些原则不得违反本规约、国际法和国际承认的规范和标准。"因此，一般法律原则是国际法的渊源，是次要的国际法渊源，是国际法的补充渊源。只有在没有国际条约和国际习惯的情况下，法院才会比照运用一般法律原则。

4. 国际法原则的辅助资料

国际司法判例、国际公法学家的学说、国际组织的决定和决议、单方行为在国际法上的意义等国际法原则的辅助资料，尽管并非国际法的直接渊源，但从中仍能找到国际法的存在，所以也可以成为国际法的辅助渊源。

四、国际法的基本原则

【经典案例】 20 世纪 80 年代，美国出于反对尼加拉瓜奥尔特加政府的目的，不断对尼加拉瓜内政进行干涉，在其港口设置水雷，出动飞机袭击尼加拉瓜港口和石油设施，向尼加拉瓜反政府武装提供训练、武器装备和财政支持，以便于他们进行反政府军事行动。1984 年，尼加拉瓜就美国对在其境内针对尼加拉瓜的军事和准军事行动应承担责任的问题向国际法院提起诉讼。①

【问题】　美国的做法是否符合国际法？为什么？

【法理解读】

国际法的基本原则是国际法体系中那些被国际社会公认的，具有普遍约束力的、用于国际法各个领域并构成国际法基础的法律原则。② 根据《联合国宪章》及其他国际文件的规定，国际法基本原则如下：

1. 国家主权平等原则

国家主权平等原则的基本含义是国家在国际法律关系中地位完全平等，各国之间不存在管辖和支配的地位。每个国家不论大小、强弱都应互相尊重主权。

2. 禁止以武力相威胁或使用武力原则

《联合国宪章》和 1970 年《国际法原则宣言》均明文规定了禁止以武力相威胁或使用武力的原则。这一原则首先是禁止侵略行为，因为侵略行为是对国家的主权最严重的侵害。其次，侵略行为被确立为国际罪行之一，要承担国家责任。最后，国家有义务禁止对武力威力和进行侵略战争的宣传。

3. 和平解决国际争端原则

《联合国宪章》第 2 条第 3 款规定，各会员国应以和平方法解决其国际争端，避免危及国际和平、安全及正义。解决国际争端的和平方法，包括谈判、调查、调停、和解、公断、司法解决、利用区域机关或区域办法等。③

4. 不干涉内政原则

不干涉内政原则与国家主权平等原则相伴而行。不干涉内政原则是指任何国家在彼此交往时，不得以任何理由直接或间接干涉他国的内政和外

---

① 参见张爱宁：《国际法原理与案例解析》，人民法院出版社 2000 年版，第 45 页。

② 参见马长山：《法治教育教师读本（高中教育阶段）》，华东师范大学出版社 2019 年版，第 339 页。

③ 参见《联合国宪章》第 33 条。

交，也不得以任何方式迫使他国接受其政治体制及意识形态等。

5. 善意履行国际义务原则

善意履行国际义务原则源于"条约必须遵守"这一国际习惯法规则。这一原则要求每个国家都应善意履行《联合国宪章》规定的义务，善意履行国际法原则与规则规定的义务，善意履行国际协定规定的义务。

6. 国际合作原则

这一原则要求各国无论在政治、经济及社会制度或意识形态上有多大差异，都有义务在政治、经济、科技、文化等方面加强合作，从而共同维护国际和平和安全。

7. 民族自决原则

民族自决原则是指受殖民统治的被压迫民族有决定自己命运、摆脱殖民统治、建立民族独立国家的权利。这种权利应该得到国际社会的尊重，不能被其他国家剥夺。

案例中，美国的行为违反了一系列国际法原则。首先，美国在尼加拉瓜港口布置武装，违反了禁止以武力相威胁或使用武力原则。其次，美国支持尼加拉瓜反政府武装活动，违反了不干涉内政原则。最后，美国的种种行为违反了国家主权平等原则。

第二节　国际组织及其法律制度

一、国际组织的概念和特征

【经典案例】 根据《欧洲宪法条约》规定，欧盟的宗旨是以共同体的方式，实现各成员国共同目标。欧盟实行的是"有效多数表决制"，即欧盟通过任何决议都必须有 55% 的欧盟国家并代表欧盟总人口 65% 以上的成员国投票支持，即"新的双重多数制"，这意味着欧盟国家一旦抱团，他们的投票结果就具备否决权。在英国看来，这种监管制度严重束缚了英国金融行业的发展。英国金融业占本国 GDP 近 10%，是英国经济的命脉。而英国脱欧后将摆脱欧盟一系列的过度监管和商业限制。

【问题】　从国际组织的主要特征分析英国脱离欧盟的原因。

【法理解读】

国际组织是指那些具有国际行为特征，由两个以上国家或其他行为主体，为实现共同的目的，以一定的协议形式设立的非营利机构。[①] 虽然国际组织数量众多，种类多样，但一个典型的国际组织具有以下特征：

1. 国际性

国际组织的国际性包含两层含义：一是成员组成的国际性。国际组织是国家、地区之间的组织，两个以上国家、地区的政府、团体或公民才能建立国际组织。国际组织的成员不可能全部来自一个国家。二是活动领域和作用范围的国际性。[②] 国际组织的建立是为了解决单个国家无法解决的国际性问题，因此国际组织活动的目的以及其产生的作用均具有国际性的特点。

2. 目的性

国际组织是成员国为了在特定领域进行制度化合作和处理国际间的特定事务而建立的，任何国际组织的建立均有一定的宗旨和目的。宗旨和目的在组织国际的约章中有明确规定，是国际组织开展活动的指导原则，也是其在国际社会存在的意义。因此国际组织实质上是执行某种特定职能的工具。

3. 组织性

国际组织设有多层次的机构来开展活动，实现其宗旨和目标。其常设机构处理日常事务。与国际会议不同的是，国际组织拥有比较完整的结构

---

① 参见《国际组织》编写组：《国际组织》，高等教育出版社 2018 年版，第 14 页。

② 参见《国际组织》编写组：《国际组织》，高等教育出版社 2018 年版，第 19 页。

体系来开展活动。国际组织是以一定的协议为基础的，设有常设机构和有工作人员，有经常性的工作地点。这个地点通常被称为国际组织的总部。因此国际组织是一种经常性的组织，具有一定的稳定性和持续性。

4. 自主性

国际组织一经成立，就拥有自己的独立意志和法律人格。国际组织所代表的是各成员的共同利益，而不是某个特定成员的单方利益。在一定程度上，国际组织具有以自己的名义自主开展活动，独立运作，享有权利和承担义务乃至责任的行为能力。国际组织的决议也具有一定的强制力。

案例材料中，首先，国际组织具有目的性，欧盟的宗旨是实现各成员国的共同目标，这导致欧盟的共同利益和英国利益之间存在一定的矛盾，脱离欧盟则有利于为英国经济松绑。其次，国际组织具有自主性，能自主开展活动，协议也具有强制力，而欧盟"新的双重多数制"监管制度束缚了英国金融行业的发展。

二、联合国及法律制度

【经典案例】 1990 年以来，通过联合国的协调或通过第三方在联合国支助下采取的行动制止了诸多冲突。其中包括塞拉利昂、利比里亚、布隆迪、苏丹和尼泊尔冲突。资料显示，由于联合国的作用，近年全世界冲突减少了 40%。联合国的预防性外交和其他预防性行动，避免了许多将发生的战争。

【问题】 结合材料分析联合国在解决国际争端中的作用。

【法理解读】

1. 联合国的宗旨和原则

《联合国宪章》于 1945 年 10 月 24 日经安理会五个常任理事国及大多

数签署国通过，联合国正式宣告成立，总部设在纽约。《联合国宪章》是联合国的根本法，除序言和结语外，共分 19 章 111 条。其主要内容包括联合国的宗旨和原则（第一章）、联合国的会员国（第二章）、联合国主要机关的组织、职权、活动程度与主要工作（第三章至第十五章）以及有关联合国组织的地位与宪章的修正（第十六章至第十九章）等条款。

根据《联合国宪章》第 1 条的规定，联合国的宗旨分为四项：（1）维持国际和平及安全。（2）发展各国间的友好关系。（3）促成国际合作。[①]（4）构成各国行动。

为了实现联合国的宗旨，《联合国宪章》第 2 条规定联合国及其成员国应遵循的七项原则：（1）主权平等原则。（2）善意履行宪章义务原则。（3）和平解决国际争端原则。（4）禁止使用武力或以武力相威胁原则。（5）集体协助原则。（6）保证非成员国遵守宪章原则。（7）不干涉别国内政原则。[②]其中一些原则已构成现代国际法的基本原则。案例材料说明联合国为维护国际和平作出了巨大努力，为国际和平与安全作出了重要贡献，体现了联合国的宗旨和原则。

2. 联合国的会员国

《联合国宪章》第二章专门规定了联合国会员资格的取得与丧失。

（1）会员资格的取得。联合国的会员分为两类，一是创始会员国。《联合国宪章》第 3 条规定："凡曾经参加金山联合国国际组织会议或前此曾签字于一九四二年一月一日联合国宣言之国家，签订本宪章，且依宪章第一百一十条规定而予以批准者，均为联合国之创始会员国。"二是接纳的会员国。《联合国宪章》第 4 条规定："凡其他爱好和平之国家，接受本宪章所载之义务，经本组织认为确能并愿意履行该项义务者，得为联合国会员国。"

（2）会员资格的丧失。会员资格的丧失包括除名和中止。一是除名，

---

①② 参见邵沙平：《国际法》，中国人民大学出版社 2007 年版，第 357 页。

根据宪章规定，联合国会员屡次犯宪章规定的原则，大会经安理会的建议，以三分之二的多数将其开除出联合国。二是中止，已经被安理会采取防止或执行行动的会员国，大会经安理会的建议，以三分之二的多数得停止其会员权利及特权之行使。

3. 联合国的主要机关及职权

兹设联合国之主要机关如下：大会、安全理事会、经济及社会理事会、托管理事会、国际法院及秘书处。[①]

（1）大会。大会由联合国所有会员国组织，每国代表不超过五人，大会每年9月举行常会。大会具有广泛的职权，宪章对大会的职权就下列几个方面特别作了规定：国际方面的职权、组织监督方面的职权、内部行政方面的职权。大会表决实行会员国一国一票制。在联合国的主要机构中，大会和安理会处于核心位置。

（2）安全理事会。安全理事会成员包括中、美、俄、英、法5个常任理事国及10个非常任理事国。非常任理事国按照地域进行分配，任期2年，交替改选，且不得连选连任。安理会以维持国际和平及安全为首要宗旨。其重要职能包括促使争端和平解决、制止侵略行为以及其他方面的职权。

（3）经济及社会理事会。经社理事会由54个成员组成。理事国由大会选举产生，任期3年，交替改选，每年改选三分之一，可以连续当选。其职权包括：研究国际经济、社会、文化、教育、卫生及有关问题；促进人权和基本自由的尊重；就其职权范围内的事务，召开国际会议。

（4）托管理事会。托管理事会由5个安理会常任理事国组成，负责对托管领土行政管理进行监督。所有托管领土在1994年都已实现自治或独立，托管理事会的工作已大致完成。

（5）国际法院。国际法院是联合国的主要司法机关，总部在荷兰海

---

① 参见《联合国宪章》第7条。

牙。国际法院由联合国大会和安理会选出的 15 名法官组成，负责对国家间争端作出裁决。

（6）秘书处。秘书处是联合国的常设行政管理机关，为联合国的其他机关提供服务，并执行这些机关制定的计划和政策。秘书处由秘书长、副秘书长、助理秘书长和其他工作人员组成。

三、区域性国际组织及法律制度

【经典案例】 近年来，欧盟在应对债务危机、缓解国际紧张局势方面发挥着重要的作用。面对欧盟青年人失业率居高不下的问题，欧盟对欧盟范围内的失业青年人提供劳动保障；针对叙利亚政治危机提供人道主义援助；针对乌克兰克里米亚事件，积极与俄罗斯、乌克兰等国斡旋，争取和平解决乌克兰政治危机。

【问题】 结合材料分析欧盟在解决国际热点问题上的作用。

【法理解读】

1. 区域性国际组织的概念和特征

区域性国际组织，简称"区域性组织"，是指在相同地域内的国家，或者虽不在相同的领域内，但以维护区域性利益为目的的国家所组成的国际组织与集团。① 区域性组织具有如下特征：

（1）区域性组织有地域上的局限性。该组织成员大多限于特定地区内的国家。这些国家由于地理的邻近性，接触频繁，因此容易建立起一定组织形式的合作关系。

（2）成员国通常在民族、历史、文化、语言、宗教等方面有着密切的

---

① 参见渠梁、韩德：《国际组织与集团研究》，中国社会科学出版社 1989 年版，第 390 页。

联系，有着类似的政治、经济、文化与社会制度，因此区域性具有更加稳定的政治、经济和社会基础。

（3）区域性组织成立的目的在于维护本区域内的和平与安全，促进本区域经济、文化等方面的发展。因此区域性组织具有明显的集团性。

2. 主要的区域性国际组织

（1）非洲联盟（African Union, AU）。非洲联盟建立于 2002 年，其前身是非洲统一组织，总部设在亚的斯亚贝巴，现有成员国 55 个，是集政治、经济和军事于一体的全非洲性的政治实体。

（2）美洲国家组织（Organization of American States, OAS）。由美国和拉丁美洲的国家组成的区域性国际组织，其前身是美洲共和国国际联盟。美洲国家组织建立于 1890 年，总部设在华盛顿，现有 33 个成员国。

（3）阿拉伯国家联盟（League of Arab States, LAS）。阿拉伯国家联盟建立于 1945 年，总部设在埃及开罗，现有 21 个成员国。

（4）欧洲联盟（European Union, EU）。欧洲联盟前身是欧洲共同体，总部设在布鲁塞尔，现有 27 个成员国。案例中，欧盟作为当今世界一体化程度最高的区域性组织，积极斡旋化解政治危机，这说明欧盟在积极地维护世界和平与安全方面发挥了重要作用。

（5）东南亚国家联盟（Association of Southeast Asian Nations, ASEAN）。东南亚国家联盟建立于 1967 年，总部设在雅加达，现有 10 个成员国。

四、非政府间国际组织及法律制度

【经典案例】 红十字国际委员会是一个独立、中立的组织，其使命是为战争和武装暴力的受害者提供人道保护和援助。国际法赋予红十字国际委员会的永久职责是为受到冲突影响的被关押者、伤病人员和平民采取公正行动。目前红十字会的任务也开始由单一战伤救护发展到对自然灾害的援助、意外伤害的急救、自愿输血、社会福利以及开展世界各国红十字会、红新月会之间的友好合作，壮大和平力量，促进人类进步事业的发展等。

【问题】　结合材料分析红十字国际委员会的作用。

【法理解读】

1. 非政府间国际组织的概念和特征

非政府间国际组织，是指非由一国政府或政府间协议建立，能够以其活动在国际事务中产生作用、其成员享有独立投票权的民间组织。[①] 国际红十字会、保护记者委员会、博鳌论坛、国际足联、奥委会、世界动物保护协会等都属于非政府间国际组织。与政府间国际组织相比，非政府间国际组织具有如下特征：

（1）跨国性。非政府间国际组织的成员至少是来自两个以上国家的公民或团体，并且其活动领域和作用范围也涉及两个以上的国家。

（2）非官方性。非政府间国际组织是独立于国家政府体系之外的社会组织，其性质为社会团体，不属于政府机构。

（3）非营利性。与跨国公司追求利润不同的是，非政府间国际组织的活动属于公益性或社会服务性。非营利性保证非政府间国际组织在处理全球问题时的价值中立原则。

（4）志愿性。志愿性体现在会员自愿参加，自我管理。同时，志愿性也体现在工作人员的志愿性服务的提供以及捐赠行为的志愿性。

2. 非政府间国际组织的作用

冷战结束后，非政府间国际组织在国际关系中发挥着日益重要和不可替代的作用。具体表现在：

（1）促进世界和平与安全。国际间因各方利益或意识形态的差异常常

---

① 参见邵沙平：《国际法》，中国人民大学出版社 2007 年版，第 370 页。

造成各种冲突，影响世界和平与安全。而非政府间国际组织致力于实现世界和平与安全，促进国际合作与发展以及关注弱势群体、追求正义，这成为减少冲突的根源。

（2）促进全球治理的有效性。经过百年的发展，非政府间国际组织无论是在数量分布还是在活动领域或参与能力方面都取得了长足的进步，其参与全球治理的作用和影响不断增加，如在环境治理领域、人权领域等方面，非政府间国际组织已成为解决国际事务中不可或缺的力量。

（3）推动了世界经济的发展。非政府间国际组织致力于帮助不发达地区，把帮助发展中国家缓解和消除贫困作为重要任务，利用自身专长和资源为经济发展项目等提供服务和支助等，从而促进了世界经济的发展。

从案例材料中，可以看出红十字国际委员会是一个具有跨国性、非官方性、非营利性和志愿性的非政府间国际组织，该组织对于促进世界的和平和安全、促进世界人权和社会的进步等方面发挥着重要的作用。

第三节　国际私法和法律冲突

一、国际私法的概念和特征

【经典案例】 日本某地发生火山喷发，一位名为张公平的中国留学生在火山喷发中死亡，他在日本留下大量遗产。张公平的双亲赴日本法院起诉，要求继承张公平的遗产。

【问题】 根据我国法律，该案是否为涉外案件？

【法理解读】

国际私法是以直接规范和间接规范相结合来调整平等主体之间的涉外

民商事法律关系并解决涉外民商事法律冲突的法律部门。①与国内民事法律关系相比，涉外民事法律关系具有如下特征：

（1）国际性。涉外民事法律关系是在国际民商事交往中产生的。表面上看，涉外民事法律关系是不同国家自然人、法人之间的关系，但每个自然人、法人以自己的国家作后盾，涉外民事法律关系的冲突有可能变为国家与国家之间的冲突。因此从实质上看，涉外民事法律关系表现为两个或两个以上国家的关系，具有国际性。

（2）涉外性。这是指国际私法调整的民事关系具有涉外因素，即民事关系的主体、客体和内容至少有一个或一个以上的因素涉外。主体涉外，即民事关系的主体一方或双方是外国的自然人、法人、无国籍人或国家。客体涉外，即民事关系的客体是位于国外的物、财产或需要在外国实施或完成的行为。内容涉外，即法律事实的发生、变更或消灭在外国。虽然案例中的主体，即被继承人张公平及继承人其父母都是具有中国国籍的自然人，但继承关系的客体，即遗产位于日本；并且产生继承关系的法律事实，即被继承人的死亡发生在日本，所以本案是一起涉外案件。

（3）广泛性。广泛性指的是国际私法所调整的民事法律关系是一种广义上的民事法律关系。首先，国际私法既对平等主体间的财产关系进行调整，也对与财产相关的人身关系进行调整。如合同关系、国际贸易关系、婚姻关系、继承关系等。其次，由于各国民法所包含内容也有差异。采用民商合一的国家，其民法中包括商法的内容；而采用民商分立的国家，其民法中不包括商法的内容。因此必须从广义上去理解国际私法调整的民事法律关系。

二、国际私法的主体

【经典案例】 1999 年 12 月 20 日，中国恢复对澳门行使主权。由于

---

① 参见韩德培：《国际私法新论》，武汉大学出版社 2003 年版，第 16 页。

历史原因造成澳门有 10 万余中国居民持有葡萄牙护照，从法律上讲具有葡萄牙国籍。1998 年全国人大常委会《关于国籍法在澳门特别行政区实施的几个问题的解释》第 1 条第 1 款规定："凡具有中国血统的澳门居民，本人出生在中国领土（含澳门）者，以及其他符合《中华人民共和国国籍法》规定的具有中国国籍的条件者，不论其是否持有葡萄牙旅行证件或身份证件，都是中国公民。"根据这一规定，这 10 万余持葡萄牙护照的中国居民将获得中国国籍。那么这 10 万余人将拥有中国和葡萄牙双重国籍。

【问题】 我国国籍法中关于双重国籍有何规定？本案应如何处理？

【法理解读】

国际私法的主体指的是在涉外民事法律关系中权利的享有者和义务的承担者。国际私法的主体一般包括自然人、法人、国家、国际组织和外国人。

1. 自然人

（1）自然人国籍的法律冲突及其解决

由于各国对国籍的取得、丧失和恢复采用的原则不同，在国际交往中，国籍冲突的现象时有发生。国籍冲突的解决方式如下：自然人拥有两个或两个以上的国籍时，如果其中有一个是内国国籍，则依照"内国国籍优先原则"，即以内国法为自然人的本国法；如果均为外国国籍时，有三种做法：一是以自然人最后取得的国籍为准。二是以自然人住所或惯常居所所在地国籍为准。三是以与自然人有最密切联系的国籍国为准。自然人不具有任何国家的国籍时，一般以无国籍人的住所地为其国籍国，当其无住所或住所不能确定时，以其居所地国为其国籍国。

（2）自然人住所的法律冲突及其解决

住所冲突的解决方式如下：自然人有两个或两个以上的住所，如果有一个是内国住所，则以自然人在内国的住所为其住所。如果自然人的住所全部在外国，一般以与自然人最密切联系的住所为其住所；如果各住所不是同时取得的，一般以自然人最后取得的住所为其住所。自然人无法律意义上的住所时，有两种做法：一是以自然人的居所或惯常居所为其住所。二是以自然人的实际所在地为其住所。

《中华人民共和国国籍法》第3条规定："中华人民共和国不承认中国公民具有双重国籍。"1998年全国人大常委会《关于国籍法在澳门特别行政区实施的几个问题的解释》第1条第2款规定："凡具有中国血统但又具有葡萄牙血统的澳门特别行政区居民，可根据本人意愿，选择中华人民共和国国籍或葡萄牙共和国国籍。确定其中一种国籍，即不具有另一种国籍。上述澳门特别行政区居民，在选择国籍之前，享有澳门特别行政区基本法规定的权利，但受国籍限制的权利除外。"因此，案例中拥有中国和葡萄牙双重国籍的这10万余人根据我国法律规定，只能选择其中一个国籍。

2. 法人

（1）法人国籍的法律冲突及其解决

法人的国籍是区分内国法人和外国法人的标准，但对于如何确定法人国籍，国际上并无统一的标准，有成员国籍说、法人登记地说、住所地说、准据地说、复合标准说等。我国对法人国籍的确定，采用的是注册登记地说。

（2）法人住所的法律冲突及其解决

在判断法人国籍，不少国家采用住所地说。因此确定法人的住所地具有重要意义。关于法人住所，也无统一的标准，有管理中心地说、营业中心地说、依法人章程之规定说等。我国规定以法人的主要办事机构所在地为住所。

3. 国家

随着国际经济交往的日益频繁，国家的经济职能不断加强，国家直接或间接地参与国际民商事活动。如在国际市场上采购商品、对外发行国债等。在国际民商事交往中，国家作为主权者享有国家及其财产豁免权。国家及其财产豁免是指一个国家及其财产未经该国明确同意，不得在另一国家的法院被诉，其财产不得被另一国家法院扣押或强制执行。[①]

4. 国际组织

国际组织参加涉外民商事活动时，有着自己的特点：一是以自身的名义参加涉外民商事法律关系。国际组织虽然由各成员国组成，但其有独立的法律人格，各成员国不承担连带责任。二是其权利受到限制。国际组织只有在该国际条约（协议）和章程的范围内活动才具有民事权利能力与行为能力。[②]三是享有特权和豁免。国际组织特权和豁免主要包括国际组织的会所、公文档案不受侵犯，国际组织及其财产享有司法管辖与执行豁免等。

5. 外国人

关于外国人在国际私法中的法律地位，有国民待遇、最惠国待遇、优惠待遇、普遍优惠制等几种方式。在民商事领域，外国人在我国享有国民待遇、最惠国待遇或优惠待遇。

三、国际私法的渊源

【经典案例】 1998 年 5 月 12 日，某公司总经理陆女士乘坐美国联合航空公司 UA801 班机，由美国夏威夷经日本飞往中国香港。飞机在日本东京成田机场加油后起飞时，发生左翼引擎起火，陆女士在紧急撤离过程中受伤。在多次与美联航就赔偿事宜交涉无果的情况下，陆女士拿起了国际法律武器将美国联合航空公司告到法院。[③]

【问题】 该案如何处理？

---

① 参见杜新丽、宣增益：《国际私法》，中国政法大学出版社 2017 年版，第 67 页。

② 参见刘仁山：《国际私法》，中国法制出版社 2019 年版，第 121 页。

③ 参见《上海市首次用国际公约审理涉外航空事故赔偿案》，载《新闻晨报》2001 年 8 月 17 日。

【法理解读】

国际私法的渊源是指国际私法规范的存在及其表现形式。[①] 国际私法的渊源具有双重性，既有国内法渊源，也有国际法渊源。

1. 国内法渊源

国内法渊源包括国内立法和判例。

（1）国内立法

国际私法最主要渊源的来源就是国内立法，国内立法也是最早的国际私法规范表现形式。各国在国内立法中的国际私法规范，主要有以下三种不同的立法方式：一是法典、单行法式，即以专门法典或法规的形式制定系统的国际私法规范。这种立法形式最早见于1896年的《德国民法施行法》，1987年的《瑞士联邦国际私法》是目前为止国内立法中最全面最系统的国际私法法典。这种立法方式因系统性强、完整性高、涉及领域广，而成为各国国际私法立法的基本走向和发展趋势。二是专编、专章式，即在民法典或其他法典设专编、专章或专节，比较系统地规定国际私法规范。这种方式受法典内容和篇幅的限制，不可能全面地反映国际私法的全部内容。三是散见式，即将国际私法规范分散规定在民法典或其他单行法的相关章节中。这种立法方式以《法国民法典》为代表，其中总则、权利能力、婚姻、继承等章节中都有相关规定。这种方式因缺乏系统性，适用较为困难。

（2）国内判例

判例是指可作为先例而据以决案的法院判决。[②] 在英美法系国家，因成文法很少，因此判例是国际私法的主要渊源。但由于判例内容繁多且有些相互抵触十分零乱，在法律的适用上相当困难。在大陆法系国家，判例也成为国际私法的重要渊源。这是由于国际私法涉及各个领域，而成文的国际私法数量有限，不足以应付司法实践的需要，因此将判例作为国际私

---

① 参见刘仁山：《国际私法》，中国法制出版社2019年版，第12页。

② 参见张方显：《法理学》，高等教育出版社、北京大学出版社2011年版，第55页。

法的补充来源，从而弥补成文法的不足。

2. 国际法渊源

国际法渊源包括国际条约和国际惯例。

（1）国际条约

作为国际私法的渊源，国际条约优先于国内立法，在各缔约国之间具有统一适用性。根据内容的不同，国际条约大致分为四类：一是关于冲突法的国际条约，即国际社会统一规定冲突规范的国际条约。[①] 这类条约包括海牙私法会议主持制定的国际条约，如《国际货物买卖合同法律适用公约》等，此外欧洲经济共同体、美国国家组织也主持制定了一些冲突法条约，如《美国国家间关于支票法律冲突的公约》等。二是关于实体法的国际条约，即直接规定国际民事法律关系各方权利义务的国际条约，其内容主要涉及国际经济贸易关系，如《世界版权公约》等。三是关于外国人民事法律地位的国际条约。这类条约主要指那些规定自然人、法人国籍、住所与法律的国际私法条约，[②] 如《关于已婚妇女国籍条约》等。四是关于民事诉讼和国际商事仲裁的国际条约，如《民事诉讼程序公约》等。案例中，法院认为，涉外民事法律关系的法律适用顺序为国际条约、国内法、国际惯例。故本案应首先适用《华沙公约》和《海牙议定书》，因此根据中国当时的《民法通则》和国际公约有关条款，法院判决美联航赔偿原告陆女士人民币 46 万余元。这说明国际条约是国际私法的法律渊源。

（2）国际惯例

因国际惯例具有灵活性、广泛性的特点，可以弥补国内立法和国际条约的局限性，因此成为国际私法的渊源。国际惯例分为强制性惯例和任意性惯例。强制性惯例，即具有普遍约束力的习惯规则，如"条约必须信守"等，这些规则已经被国内立法和国际条约接受为法律的习惯规则。任意性惯例，只有在有关国家认可时才具有约束力。如国际商会制定的《国

---

① 参见马灵霞：《国际私法》，中国政法大学出版社 2009 年版，第 10 页。

② 参见杜新丽、宣增益：《国际私法》，中国政法大学出版社 2017 年版，第 13 页。

际贸易术语解释规则》等。

四、国际私法的基本原则

【经典案例】 1998 年 9 月 11 日，一位名叫马可的 A 国人在野外燃放烟火，烟火点燃后突然改变方向击伤马可妹妹的左眼，经查，燃放的烟花是从 C 国进口的"加美林"。随即马可的父母委托律师在 A 国某州法院提起诉讼。他们将 C 国当作烟火的制造厂商列为第一被告，以 C 国外交部长为 C 国的代理人，并将进口烟火的某进口公司和烟火经销商作为第二、三被告，要求赔偿 120 万美元。

【问题】 本案以 C 国为被告是否合法？

【法理解读】

国际私法的基本原则，是制定和实施国际私法规范、进行国际民商事交往和处理涉外民商事关系必须遵守的准则。[①] 国际私法的基本原则如下：

1. 国家主权原则

国家主权原则既是国际公法的基本原则，也是国际私法的基本原则。国家主权原则是国际私法基本原则的核心。国家主权原则主要体现在：（1）尊重别国的立法权。任何国家都有权从通过国内立法或缔结国际条约规定本国的冲突法制度，他国对别国制定或选择的法律制度应当尊重。（2）尊重别国的司法管辖权。任何国家都有权依据国内立法和国际条约对民事关系的主体、客体或内容发生在本国境内的案件享有司法管辖权。（3）尊重别国的国家及财产豁免权。案例中，C 国不应该是被告。C 国是一个拥

---

① 参见刘想树：《国际私法》，法律出版社 2015 年版，第 14 页。

有主权的国家，在主权原则和平等者之间无管辖权原则的基础上，主权国家地位平等并享有豁免权。A国法院在没有得到主权国家许可的情况下，不能将C国作为被告。C国政府在此案中并非烟火的生产商或经销商，把C国政府作为被告并不合法。

2. 平等互利原则

平等互利是指在制定国际私法规范和处理涉外民事法律关系时，必须遵循当事人法律地位平等、互利互惠原则。平等互利原则主要体现在：（1）当事人的主体资格平等。涉外民事关系的当事人无论强弱，都具有享有民事权利和承担义务的资格。（2）在权利的赋予上，要求内国给予外国人国民待遇，切实保护当事人的合法权益。（3）彼此承认对方国家法律的域外效力，承认并执行该判决或裁决，以确保外国当事人的利益得以实现。海牙国际私法会议通过《排他性法院选择协议公约》第8条规定："排他性选择法院协议指定的缔约国法院作出的判决，应当根据本章规定在其他缔约国得到承认和执行。承认或者执行仅可根据本公约规定的理由拒绝。"

3. 国际协调与合作原则

这一原则要求各国在处理涉外民事法律关系时，要做到：一是在内国制定国际私法时，不能只考虑本国利益，而应考虑国际民商法新秩序和国际普遍实践。二是在司法方面，加强国家间的合作，相互承认和执行对方的判决和裁决。三是在国际合作中，需要加强双边或多边国际条约的制定，共同致力于国际统一的冲突法和程序法。

4. 保护弱者合法权益原则

保护弱者合法权益原则，系指国际私法在立法和司法过程中对处于弱势一方当事人的合法权益给予适当的特别保护。① 这一原则旨在实现法律所追求的公平和正义。所谓"弱者"，是指在涉外民事法律关系中处于弱

---

① 参见马灵霞：《国际私法》，中国政法大学出版社2009年版，第32页。

势或不利地位的当事人。弱者的产生，或由于生理、家庭条件，或由于信息、技术和知识方面的不对称，或由于市场不平衡等所导致的。如夫妻关系中的"女方"、产品责任中的"消费者"、父母子女关系中的"未成年子女"，均为弱者。《奥地利国际私法》第 22 条规定："非婚生子女因事后婚姻而准正的要件，依父母的属人法。父母的属人法不同时，依其中更有利于准正的法律。"

第四节　儿童权利公约、残疾人权利公约等国际公约

一、儿童权利保护的基本原则

【经典案例】　幼儿园孩子张公平跟爷爷生活在一起。一天对面邻居将手机落在门口，寻找未果。邻居报案，提出可能是张公平爷爷拿走了。由于事发当天张公平因病没上幼儿园，一直跟爷爷在一起。负责办案的警察来到幼儿园找张公平了解情况时，遭到了园长的拒绝。

【问题】　园长的做法合法吗？

【法理解读】

儿童是祖国的未来、民族的希望，儿童的健康成长，关系到国家的前途命运。1989 年第 44 届联合国大会第 25 号决议通过了《儿童权利公约》，这是第一部有关保障儿童权利且具有法律约束力的国际性约定，这对儿童权利的国际保护具有重要意义。1990 年 8 月 29 日，我国签署了《儿童权利公约》，成为第 105 个签约国。《儿童权利公约》除序言外，由 3 部分 54 条组成，其中第 2、3、6 和 12 条规定了保护儿童权利的一般原则，具体如下：

1. 儿童最大利益原则

《儿童权利公约》第 3 条第 1 款规定："关于儿童的一切行动，不论是

由公私社会福利机构、法院、行政当局或立法机构执行，均应以儿童的最大利益为一种首要考虑。"这是对儿童最大利益原则的规定。该公约没有对最大利益的内涵和外延作明确界定，但根据该条规定，其内涵包括以下几个方面：（1）最大利益强调儿童作为独立权利个体利益的最大化。首先，儿童是具有独立的权利主体地位。把儿童作为权利主体，这是儿童权利观念的巨大进步。作为人类成员，儿童与成人一样也是平等的人。儿童有着与成年人平等的尊严与权利，是最基本的权利主体。其次，儿童利益与成人利益一样重要。最大利益强调儿童自己的最大利益，而不是父母、其他监护人或者社会机构的最大利益。（2）最大利益是处理儿童事务的准则。这一原则要求各国公私机关在涉及儿童事务时都应以儿童最大利益为首要的考虑。从形式上看，它是保护儿童权利的法律手段。从实质上看，它强调对个体权利的尊重、保护和张扬。[①]（3）最大利益是指导各国儿童立法、司法和行政活动的基本准则。这一原则要求各成员国在国内的立法、司法和行政活动中必须遵循该原则，保证本国的儿童权落到实处。

案例中，根据儿童最大利益原则，警察的要求是不适当的，警察必须考虑到儿童生理、心理的不成熟性，同时也要考虑到儿童的身心承受能力，以防止对儿童的不利影响，因此为了避免不必要的伤害，张公平不宜作为证人，即使需要也必须要有监护人在场，园长的做法是合法的。

2. 无歧视原则

《儿童权利公约》第2条第1款规定："缔约国应遵守本公约所载列的权利，并确保其管辖范围内的每一儿童均享受此种权利，不因儿童或其父母或法定监护人的种族、肤色、性别、语言、宗教、政治或其他见解、民族、族裔或社会出身、财产、伤残、出生或其他身份而有任何差别。"即儿童无论其出身、背景如何，都应被平等对待。无歧视原则要求公约所列的所有权利都适用于全体儿童。

[①] 参见王雪梅：《儿童权利保护的"最大利益原则"研究》，载《环球法律评论》2002年冬季号。

3. 最大限度生存权与发展权原则

《儿童权利公约》第6条规定："缔约国确认每个儿童均有固有的生命权。缔约国应最大限度地确保儿童的存活与发展。"即尊重每个儿童的生命权、最大限度地确保每个儿童的生存发展。这要求缔约国采取一切可能措施降低婴幼儿死亡率，提高预期寿命。同时要求缔约国最大限度地确保儿童身体健康和精神、社会和文化等方面的发展。

4. 尊重儿童意见原则

《儿童权利公约》第12条第1款规定："缔约国应确保有主见能力的儿童有权对影响到其本人的一切事项自由发表自己的意见，对儿童的意见应按照其年龄和成熟程度给以适当的看待。"尊重儿童意见原则，又被称为儿童的参与权。儿童虽然处于发展中，但儿童作为独立的权利主体，享有参与社会活动的权利。这一原则首先要求应当确保儿童有自由意见的权利，其次确保儿童能形成自己的意见，最后缔约国应当对儿童的意见要适当地看待。

二、儿童权利的基本内容

【经典案例】 马拉拉·优素福·扎伊，1997年7月12日出生，是巴基斯坦的一名学生，因致力于斯瓦特地区和平而备受赞誉。虽然塔利班禁止斯瓦特地区女性接受教育，但是马拉拉不仅继续学业，还致函外媒，为巴基斯坦妇女和儿童争取权益。2012年10月9日，她乘校车回家时遭到枪击，伤势严重，经过治疗出院后，在英国伯明翰就近入学埃德巴斯通女子高中。2014年10月10日，因"为受剥削的儿童及年轻人、为所有孩子的受教育的权利抗争"，与凯拉什·萨蒂亚尔希共同获得2014年诺贝尔和平奖，成为该奖项最年轻的得主。①

---

① 参见《世界因她们更美好，岁月也不能磨灭她们的光辉！》，载搜狐网2019年3月8日。

【问题】 这段材料反映了儿童的什么权利？

【法理解读】

《儿童权利公约》对儿童权利的基本内容作了明确的规定。

1. 生存权

儿童生存的权利是其首要的人权，指儿童享有生命健康受到特殊保护、生活受到特别保障的权利。[①] 根据《儿童权利公约》，生存权包括如下几个方面：（1）生命安全的权利。《儿童权利公约》第6条确认每个儿童均有固有的生命权，并要求缔约国应最大限度地确保儿童的存活与发展。（2）获得合法身份的权利。《儿童权利公约》第7条规定了儿童出生后应立即登记，并有自出生起获得姓名的权利，有获得国籍的权利，以及尽可能知道谁是其父母并受其父母照料的权利。（3）最高标准的健康权。《儿童权利公约》第24条规定了儿童有权享有可达到的最高标准的健康，并享有医疗和康复设施；缔约国应努力确保没有任何儿童被剥夺获得这种保健服务的权利。（4）适当生活水准和权利。《儿童权利公约》第26条和第27条分别规定了儿童福利保障和儿童适当生活水准权。

2. 发展权

儿童发展权，是指儿童个人身心潜能和个性的充分自由发展，拥有充分发展其身体和智力的权利。[②] 为保障儿童获得全方位的发展，《儿童权利公约》对发展权作了相应规定，包括：（1）受教育权。《儿童权利公约》第28条规定了缔约国确认儿童有受教育的权利，为在机会均等的基础上逐步实现此项权利。（2）思想和宗教自由权。《儿童权利公约》第14条规定了儿童享有思想、信仰和宗教自由的权利。第30条规定了儿童享有自己的文化、信奉自己的宗教并举行宗教仪式，或使用自己的语言的权

[①] 参见白桂梅：《人权法学》，北京大学出版社2011年版，第212页。

[②] 参见陈彦艳：《我国儿童权利保护制度研究》，中国政法大学出版社2016年版，第24页。

利。（3）娱乐休息权。《儿童权利公约》第31条规定了缔约国确认儿童有权享有休息和闲暇，从事与儿童年龄相宜的游戏和娱乐活动，以及自由参加文化生活和艺术活动。此外还有个性发展权等。案例材料中，马拉拉一直致力于为妇女儿童争取接受教育的权利，受教育权是儿童权利公约规定的发展权中的一项权利，目的是最充分地发展儿童的个性、才智和身心能力。

3. 受保护权

受保护权是保障儿童获得国家、社会、家庭保护的权利。[1]儿童因生理、心理和智力发展的特殊性，需要外界的保护。儿童受保护权包括：（1）免受身心及性虐待、经济剥削。《儿童权利公约》第19条规定了儿童不致受到任何形式的身心摧残、伤害或凌辱，忽视或照料不周，虐待或剥削，包括性侵犯。第32条规定了儿童免受经济剥削和从事任何可能妨碍或影响儿童教育或有害儿童健康或身体、心理、精神、道德或社会发展的工作。（2）免受战乱、遗弃、照料疏忽。《儿童权利公约》第38条规定了在武装冲突中对儿童的国际人道主义。第39条规定了各缔约国采取措施使受害儿童（包括任何形式的忽视、剥削或凌辱虐待等）得以康复和重返社会。

4. 参与权

儿童的参与权是指儿童享有参与家庭、文化和社会生活的权利。[2]儿童的参与权体现在：（1）儿童有表达自由的权利。《儿童权利公约》第13条第1款规定："儿童应有自由发表言论的权利；此项权利应包括通过口头、书面或印刷、艺术形成或儿童所选择的任何其他媒介，寻求、接受和传递各种信息和思想的自由，而不论国界。"（2）儿童有获取信息的权利。《儿童权利公约》第17条规定儿童能够从不同的国家和国际来源获得信息和资料。

---

[1] 参见杨春福：《人权法学》，科学出版社2010年版，第200页。
[2] 参见白桂梅：《人权法学》，北京大学出版社2011年版，第213页。

三、残疾人权利的主要内容

【经典案例】 残疾人奥林匹克运动会始办于 1960 年，是由国际奥林匹克委员会和国际残疾人奥林匹克委员会主办的、专为残疾人举行的世界大型综合性运动会，每四年于夏季奥运会后举办一届，至 2020 年已举办 16 届，全世界超过 28000 名残疾运动员角逐残奥赛场，参赛国家、地区的数量和参赛运动员人数呈逐届递增趋势，残奥会影响力日趋增大。

【问题】 残疾人奥林匹克运动会的举办有什么意义？

【法理解读】

全世界约有 6.5 亿残疾人，他们长期遭受社会的歧视和排斥，为促进、保护和确保所有残疾人充分和平等地享有一切人权和基本自由，并促进对残疾人固有尊严的尊重，2006 年 12 月 13 日联合国大会通过《残疾人权利公约》，除序言外，由 50 条组成，该公约对残疾人权利的主要内容作了具体规定。

1. 公民权利及政治权利

公民权利及政治权利包括：（1）生命权。即残疾人享有生命不可被剥夺的权利。《残疾人权利公约》第 10 条规定："缔约国重申人人享有固有的生命权，并应当采取一切必要措施，确保残疾人在与其他人平等的基础上切实享有这一权利。"（2）人身自由权。《残疾人权利公约》第 14 条规定了残疾人享有自由和人身安全的权利。第 16 条规定了残疾人免于剥削、暴力和凌虐的权利，第 17 条规定了残疾人保护人身完整性的权利。同时还规定了残疾人迁徙自由和国籍、独立生活和融入社区等权利。（3）人格权。不得对残疾人实施酷刑或残忍、不人道或有辱人格的待遇或处罚。（4）不受歧视权。《残疾人权利公约》第 3 条规定了不受歧视原则，第 5 条规定了在法律面前人人平等，有权不受任何歧视地享有法律给予的平等保护和平等权益。（5）婚姻家庭权。在涉及婚姻、家庭、生育和个人关系的一切事项中，残疾人与其他人平等。（6）政治参与权。《残疾人权利公约》第 29 条规定了残疾人有参与政治和公共生活的权利，如选举权等。

2. 社会、经济和文化权利

社会、经济和文化权利包括：（1）生存权。《残疾人权利公约》第 28 条规定了残疾人有适足的生活水平和社会保护的权利。（2）康复权。即应当采取一切适当措施，确保残疾人获得与健康有关的康复服务。（3）受教育权。为确保残疾人的受教育权，《残疾人权利公约》第 24 条规定了缔约国应当确保在各级教育实行包容性教育制度和终生学习，使残疾人能够充分和平等地参与教育和融入社区。（4）工作和就业权。包括有机会在开放、具有包容性和对残疾人不构成障碍的劳动力市场和工作环境中，为谋生自由选择或接受工作的权利。（5）文化生活、娱乐、休闲和体育活动权。案例材料中，残疾人奥林匹克运动会是为鼓励和促进残疾人尽可能充分地参加各级主流体育活动面而举办的，其意义在于通过残奥会让社会更加尊重和支持残疾人，从而使残疾人能够充分享有其应有的权利。

四、残疾人权利的保障

【经典案例】 我国从 2014 年首次使用高考盲文试卷以来，连续八年为盲人考生提供高考盲文试卷。在盲文试卷命题过程中，教育部、中国残联组织专家，制定《盲文卷命题标准》，设置试卷结构、试题类型、试题数量及分值，将盲文试卷的作答时间调整为普通试卷作答时间的 1.5 倍，语文和文综、理综考试时间为 225 分钟，数学和英语考试时间为 180 分钟，数学试题不分文理科。①

【问题】 这段材料反映了什么？

---

① 高伟强、王新琦：《2022 年高考：盲文试卷为全盲考生提供便利》，载中国经济网 2022 年 6 月 7 日。

【法理解读】

《残疾人权利公约》不仅明确了残疾人享有的基本权利，而且也明确了各缔约国为保障残疾人权利所承担的一般义务。主要包括：（1）采取一切适当的立法、行政和其他措施保障残疾人人权和基本自由，保障其经济、社会和文化等方面的权利。（2）采取一切适当措施，确保残疾妇女充分发展，地位得到提高，能力得到增强，目的是保证残疾妇女能行使和享有本公约所规定的人权和基本自由。采取一切必要措施，确保残疾儿童在与其他儿童平等的基础上，充分享有一切人权和基本自由。（3）采取适当措施，确保残疾人在与其他人平等的基础上，无障碍地进出物质环境，使用交通工具，利用信息和通信，包括信息和通信技术和系统，以及享用在城市和农村地区向公众开放或提供的其他设施和服务。（4）采取适当措施保障残疾人享有生命权、获得司法保护、免受酷刑和虐待、迁徙自由和享有国籍、参与政治和公共生活等权利。（5）采取适当措施保障和促进残疾人获得教育、健康、康复、就业、社会保障、参与文化体育生活等权利。案例材料反映了为维护残疾人的合法权益，保障残疾人平等参加普通高等学校招生全国统一考试，我国教育部、中国残联印发了《残疾人参加普通高等学校招生全国统一考试管理规定》，这是政府对残疾人受教育权在政策上所作的保障。

附件1："严格执法"议题式教学设计

【教学设计】

第三单元　全面依法治国
第九课　全面依法治国的基本要求
第2框　严格执法

【教材分析】

本框是必修3《政治与法治》第三单元"全面依法治国"中的第九课"全面推进依法治国的基本要求"第二框的内容。本框共分两目。

第一目"严格执法的内涵"。该目介绍了严格执法的内涵，分析了严格执法的意义。

第二目"推进严格执法"。该目系统阐释了推进严格执法的具体要求。

【学科核心素养】

1. 政治认同：通过学习，认同严格执法是为了更好地保障人民群众的利益，支持执法机关严格执法行动。

2. 科学精神：理解严格执法的内涵，了解严格执法的具体要求，懂得如何推进严格执法。

3. 法治意识：自觉支持、配合执法机关执法行动，树立法治意识和法治思维。

4. 公共参与：在日常生活中自觉做到尊法学法守法用法。

【教学重难点】

1. 教学重点：掌握严格执法的内涵和主体。

2. 教学难点：理解推进严格执法的具体要求。

【教学方法】

讲授法、讨论法、小组合作学习、议题教学法和案例教学法。

【课时安排】

1 课时

【教学过程】

【导入新课】名言警句导入：

法立，有犯而必施；令出，唯行而不返。——（唐）王勃

盖天下之事，不难于立法，而难于法之必行。——（明）张居正

总结：严格执法是依法治国的关键。

【进行新课】

一、严格执法的内涵

总议题：执法必严——依法治国的关键

议题情境：2020 年 1 月 10 日，山东省生态环境厅通报 2019 年全省生态环境执法情况。2019 年，山东省各级生态环境部门立案查处环境违法

案件 16585 件，罚款金额 10.98 亿元。16 市中，潍坊行政处罚案件数、处罚金额均排在首位。2019 年，全省共查处《环境保护法》配套措施五类重点案件 2064 件。其中，按日连续处罚案件 16 件，罚款金额 9951 万元，查封、扣押案件 1327 件；限产、停产案件 29 件；移送行政拘留 572 起；移送涉嫌环境污染犯罪案件 120 件。

【议题问题】

1.（解释与论证、法治意识）结合新闻素材，思考严格执法的内涵和主体是什么？

2.（预测与选择、科学精神）结合教材知识，思考山东省通报执法情况对环境保护、对法治政府建设有什么意义？

学生活动：学生自主探究问题，结合自主预习和教材知识组织答案，自由发言，其他同学随时补充。

教师活动：点评学生发言，引导学生补充，归纳讲解知识点。通过加强环境保护执法的意义上升到严格执法的意义。

知识点：

1. 严格执法的内涵

严格执法，就是执法机关在执法过程中严格依法办事。

2. 严格执法的主体

在法律实施体系中，行政机关是执法的最重要主体。行政机关要带头严格执法，依法全面履行职能。

3. 严格执法的原因

（1）必要性。执法机关在执法过程中严格依法办事，这是建设法治国家、法治政府、法治社会的客观需要，是依法治国的关键和必然要求。

（2）重要意义

① 法律角度：有助于捍卫法律的权威和尊严。政府必须带头严格执法，只有这样政府才能带动全社会尊崇和敬畏法律。

② 社会角度：有助于实现社会公平正义。政府只有坚持严格执法，惩处违法违规行为，维护群众正当权益，才能彰显公平，伸张正义。

③ 政府角度：有助于推进建设法治政府。只有不断推进各级政府依法行政、严格执法，才能实现建设法治政府的任务和目标。

二、推进严格执法

接总议题的问题：此次环保执法检查对执法者有什么启示？

学生活动：学生自由发言。

教师活动：点评学生发言。引导学生得出结论：启示执法者要严格执法，依法办事。引出推进严格执法的总体要求。

知识点：推进严格执法的总体要求。

1. 全面履行政府职能

子议题一：权力清单——政府职能的边界

议题情境：播放视频《中央政府"晒"出权力清单：亮出"权力清单"厘清权力边界》

议题问题：结合视频信息，思考"权力清单"对政府依法行政有何重要意义？

学生活动：学生自主探究问题，结合自主预习和教材知识组织答案，自由发言，其他同学随时补充。

教师活动：点评学生发言，引导学生补充。

知识点：行政机关要坚持法定职责必须为、法无授权不可为，勇于负责、敢于担当，坚决纠正不作为、乱作为，坚决克服懒政、怠政，坚决惩处失职、渎职。

（知识拓展）"权力清单"对政府依法行政有何重要意义。

（1）推行权力清单制度，有利于理清政府职权，将权力关进"制度的笼子"，防止权力滥用。

（2）有助于各行政机关依法行政，防止推诿扯皮、不作为，提高办事效率和行政管理水平。

（3）有助于让权力在阳光下运行，实现政府工作的透明化，自觉接受人民监督，保证清正廉洁。

2. 坚持规范执法

子议题二：行政执法　如何更规范

议题情境：《新时代执法规范化建设的"山西样本"》

2018 年以来，新一届山西省公安厅党委紧紧抓住"执法规范"这一事关政治安全、社会稳定、队伍建设和群众切身利益的关键点，瞄准执法能力不强、监督管理不严等突出问题，综合运用大数据、云计算、人工智能、物联网等信息化技术，如全警应用 4G 执法记录仪，实时上传接处警音视频、智能手环胸卡实时监督，违规办案监管无处遁形、智能笔录实时指引讯问，把握核心要素规范取证等。领先全国在全省公安机关全面建设应用执法全流程智能管理平台，打造了执法全流程智能监管新模式，执法质量明显提升，执法公信力显著增强，人民群众安全感和满意度测评取得历史新高。

议题问题：结合素材和教材知识，说明政府行政执法如何做到更规范？

学生活动：学生自主探究问题，结合自主预习和教材知识组织答案，自由发言，其他同学随时补充。

教师活动：点评学生发言，引导学生补充。

知识点：

（1）重要性：严格的执法程序是规范执法的重要前提，也是执法公开公正的重要保障。

（2）具体要求：要完善执法程序，建立执法全过程记录制度。明确具体操作流程，重点规范行政许可、行政处罚等执法行为。

3. 坚持公正执法

子议题三：行政执法　如何更公正

议题情境：2019年7月，一名外国女性乘客在列车上食用面包被口头劝阻，中国男乘客饮用奶茶被处以行政警告，南京地铁执法人员对乘客"内外有别"选择性执法被发上微博。其后，南京地铁官方回应，违反地铁车厢禁食规定，确实应该一视同仁，此处理结果确已违反法律公平、公正的原则，对于工作中的不足一定及时纠正。

议题问题：结合素材和教材知识，说明政府行政执法如何做到更公正？

学生活动：学生自主探究问题，结合自主预习和教材知识组织答案，自由发言，其他同学随时补充。

教师活动：点评学生发言，引导学生补充。

知识点：

（1）内涵：行政执法要坚持公正，同等情况平等对待，不同情况差别对待。

（2）具体要求：要恰当地行使自由裁量权，不得违背法律的精神和原则。要有效杜绝执法不公、随意执法，不断提升执法机关的公信力。

4. 坚持文明执法

子议题四：行政执法　如何更文明

议题情境：2020年2月26日，国新办就《关于政法机关依法保障疫情防控期间复工复产的意见》有关情况举行发布会，记者就有民众因为不戴口罩而被防疫人员捆绑、有人因为聚集打麻将被游街示众提问，如何避免公安干警在工作期间过度执法、粗暴执法的现象。公安部副部长杜航伟对此作了回答，强调已及时下发了文件，要求整改，引导广大民警规范文明执法。

议题问题：结合素材和教材知识，说明政府行政执法如何做到更文明？

学生活动：学生自主探究问题，结合自主预习和教材知识组织答案，自由发言，其他同学随时补充。

教师活动：点评学生发言，引导学生补充。

知识点：

具体要求：执法部门要改进执法方式，做到语言、行为规范，融法、理、情于一体，坚持以法为据、以理服人、以情感人，争取当事人的理解和支持，力求实现执法效果最大化。

【小结本课】

法律的生命力在于实施，法律的权威也在于实施。全面推进依法治国，关键是要确保法律的严格实施，做到严格执法。严格执法，有助于维护法律的权威与尊严，促进社会公平与正义，促进法治政府的建设。推进严格执法，必须充分履行政府职能、坚持规范执法、坚持公正执法、坚持文明执法。

附件 2：法治情景剧表演活动方案

【主题活动设计】

【实践内容】

法治情景剧表演

【实践目标】

通过学生的法治情景剧表演，真实展现法律生活，以生动活泼的舞台剧形式开展法治宣传，为未成年人健康成长保驾护航。同时，学生在参与情景剧表演的过程中，养成法治思维，自觉尊法学法守法用法，从而提高法治素养。

【实践方案】

实践时间：每年的 12 月 4 日 "宪法日"。

实践方案：（1）宣传发动：由教师在各自的课堂上介绍 "法治情景剧表演" 情况，对学生作思想动员，鼓励学生积极报名。（2）情景剧剧本编写：法治情景剧剧本在老师指导下由报名学生完成。（3）彩排及演出：学生在熟悉剧情的前提下进行彩排，并在全校进行演出。

【实践评价】

法治情景剧表演活动评价项目表

项 目	满 分	得 分
彩排及演出表现	60分	
出勤	10分（缺勤一次扣10分）	
剧本编写参与及后期资料整理	20分	
个人总结	10分	
共计	100分	

参考文献

［1］（东汉）许慎：《说文解字》，中华书局 1985 年版。

［2］（梁）萧子显：《南齐书》（简体版）卷四十八《孔稚珪传》，中华书局 2000 年版。

［3］（唐）长孙无忌等：《唐律疏议》刘俊文点校，中华书局 1983 年版。

［4］亚里士多德：《政治学》，吴寿彭译，商务印书馆 1965 年版。

［5］列宁：《列宁全集》（第 12 卷），人民出版社 1987 年版。

［6］邓小平：《邓小平文选》（第 2 卷），人民出版社 1994 年版。

［7］［德］卡尔·拉伦茨：《德国民法通论》上册，王晓晔等译，法律出版社 2003 年版。

［8］中华人民共和国国务院新闻办公室：《中国特色社会主义法律体系》，人民出版社 2011 年版。

［9］张文显：《法理学》，法律出版社 2007 年版。

［10］张文显：《法理学》，高等教育出版社 2018 年版。

［11］王利明：《迈向法治　从法律体系到法治体系》，中国人民大学出版社 2016 年版。

［12］高振强、孟德楷：《法治精神要论》，法律出版社 2013 年版。

［13］教育部组织编写：《义务教育教科书　道德与法治（八年级下

册）》，人民教育出版社 2018 年版。

〔14〕周尚君：《法理学入门笔记》，法律出版社 2018 年版。

〔15〕《法理学》编写组：《法理学》，人民出版社、高等教育出版社 2020 年版。

〔16〕中共中央文献研究室编：《十八大以来重要文献选编（中）》，中央文献出版社 2016 年版。

〔17〕教育部组织编写：《思想政治必修 3 政治与法治》，人民教育出版社 2019 年版。

〔18〕全国"七五"普法统编教材编写组编　司法部法制宣传司审定：《宪法学习读本》，法律出版社 2016 年版。

〔19〕胡锦光、韩大元：《中国宪法》，法律出版社 2018 年版。

〔20〕孙国华、朱景文：《法理学》，中国人民大学出版社 2015 年版。

〔21〕梁治平：《法辩》，贵州人民出版社 1992 年版。

〔22〕习近平：《在省部级主要领导干部学习贯彻党的十八届四中全会精神全面推进依法治国专题研讨班上的讲话》(2015 年 2 月 2 日)，《习近平关于全面依法治国论述摘编》，中央文献出版社 2015 年版。

〔23〕《宪法学》编写组：《宪法学》，高等教育出版社　人民出版社 2021 年版。

〔24〕本书编写组：《思想道德与法治》，高等教育出版社 2021 年版。

〔25 周叶中：《宪法》，高等教育出版社 2020 年版。

〔26〕焦洪昌：《宪法学》，北京大学出版社 2013 年版。

〔27〕于水：《宪法与行政学》，科学出版社 2015 年版。

〔28〕马长山：《法治教育教师读本（高中教育阶段）》，华东师范大学出版社 2019 年版。

〔29〕王利明：《民法总则研究》，中国人民大学出版社 2018 年版。

〔30〕杨立新：《中国民法总则研究》，中国人民大学出版社 2017 年版。

［31］佟柔：《中国民法》，法律出版社 1994 年版。

［32］王利明：《物权法研究（上卷）》，中国人民大学出版社 2016 年版。

［33］崔建远：《物权法》，中国人民大学出版社 2017 年版。

［34］全国人大常委会法制工作委员会民法室：《中华人民共和国物权法条文说明、立法理由及相关规定》，北京大学出版社 2017 年版。

［35］王利明、杨立新等：《民法学》，法律出版社 2020 年版。

［36］最高人民法院民法典贯彻实施工作领导小组主编：《中华人民共和国民法典合同编理解与适用》，人民法院出版社 2020 年版。

［37］葛立朝、朱建农：《合同法》，浙江大学出版社 2008 年版。

［38］《知识产权法学》编写组：《知识产权法学》，高等教育出版社 2019 年版。

［39］冯晓青：《知识产权法》，中国政法大学出版社 2010 年版。

［40］王肃：《知识产权保护教程》，知识产权出版社 2015 年版。

［41］吴汉东：《知识产权法》，北京大学出版社 2011 年版。

［42］王迁：《知识产权法教程》，中国人民大学出版社 2019 年版。

［43］《民法学》编写组：《民法学》，高等教育出版社 2019 年版。

［44］姚辉：《人格权法论》，中国人民大学出版社 2011 年版。

［45］宋纪连：《人格权与生活》，上海人民出版社 2022 年版。

［46］宋纪连：《民法典人生导图》，上海人民出版社 2022 年版。

［47］宋纪连、徐青英、郭艺蓓：《民法总则与生活》，上海人民出版社 2019 年版。

［48］宋纪连、徐青英、郭艺蓓：《物权与生活》，上海人民出版社 2020 年版。

［49］徐青英：《婚姻家庭继承与生活》，上海人民出版社 2021 年版。

［50］王利明：《侵权行为法归责原则研究》，中国政法大学出版社 1992 年版。

［51］程啸：《侵权责任法》，法律出版社 2021 年版。

［52］马忆南：《婚姻家庭继承法学》，北京大学出版社 2019 年版。

［53］刘淑媛：《婚姻家庭继承法新论》，宁夏人民教育出版社 2010 年版。

［54］最高人民法院民法典贯彻实施工作领导小组主编：《民法典婚姻家庭编继承编理解与适用》，人民法院出版社 2020 年版。

［55］杨立新：《〈中华人民共和国民法典〉条文精释与实案全析（下）》，中国人民大学出版社 2020 年版。

［56］李志敏：《比较家庭法》，北京大学出版社 1988 年版。

［57］黄薇：《中华人民共和国民法典婚姻家庭编释义》，法律出版社 2020 年版。

［58］肖峰：《民法典婚姻家庭编条文精释与案例实务》，法律出版社 2020 年版。

［59］陈苇：《婚姻家庭继承法学》，中国政法大学出版社 2014 年版。

［60］《劳动与社会保障法学》编写组：《劳动与社会保障法学》，高等教育出版社 2018 年版。

［61］郭捷：《劳动法与社会保障法》，法律出版社 2016 年版。

［62］王兴全：《劳动法》，法律出版社 2017 年版。

［63］张志京：《劳动法学》，复旦大学出版社 2014 年版。

［64］陈甦、谢鸿飞：《民法典评注继承编》，中国法制出版社 2020 年版。

［65］房绍坤、范李瑛、张洪波编著：《婚姻家庭与继承法》，中国人民大学出版社 2000 年版。

［66］《刑法学》编写组：《刑法学（上册·总论）》，高等教育出版社 2019 年版。

［67］李永升：《刑法总论》，法律出版社 2011 年版。

［68］高铭暄：《中国刑法学》，中国人民大学出版社 1989 年版。

［69］姜涛：《刑法总论入门笔记》，法律出版社 2018 年版。

［70］冯军、肖中华：《刑法总论》，中国人民大学出版社 2016 年版。

［71］黎宏：《刑法学总论》，法律出版社 2016 年版。

［72］曲新久：《刑法学》，中国政法大学出版社 2016 年版。

［73］郝银钟：《遏制青少年犯罪新思维——构建国际视野下的中国青少年犯罪预防新体系》，中国法制出版社 2012 年版。

［74］郭开元：《青少年犯罪预防的理论和实务研究》，中国人民公安大学出版社 2014 年版。

［75］高从善、王志强：《青少年犯罪预防学引论》，长安出版社 2002 年版。

［76］雍自元：《青少年犯罪研究》，安徽人民出版社 2006 年版。

［77］廖永安：《调解学教程》，中国人民大学出版社 2019 年版。

［78］邱星美、王秋兰：《调解法学》，厦门大学出版社 2010 年版。

［79］常英：《仲裁法学》，中国政法大学出版社 2019 年版。

［80］沈福俊、叶青：《中国诉讼法学》，华东理工大学出版社 2007 年版。

［81］《民事诉讼法学》编写组：《民事诉讼法学》，高等教育出版社 2018 年版。

［82］《刑事诉讼法学》编写组：《刑事诉讼法学》，高等教育出版社 2019 年版。

［83］应松年：《行政诉讼法学》，中国政法大学出版社 2018 年版。

［84］高其才：《司法制度与法律职业道德》，清华大学出版社 2014 年版。

［85］谭世贵：《中国司法制度》，法律出版社 2016 年版。

［86］张柏峰：《中国当代司法制度》，法律出版社 2006 年版。

［87］朱文奇：《国际法学原理与案例教程》，中国人民大学出版社 2014 年版。

［88］周鲠生：《国际法》，商务印书馆 2018 年版。

［89］何志鹏：《国际法入门笔记》，法律出版社 2018 年版。

［90］梁西：《国际法》，武汉大学出版社 2011 年版。

［91］《国际公法学》编写组：《国际公法学》，高等教育出版社 2019 年版。

［92］张爱宁：《国际法原理与案例解析》，人民法院出版社 2000 年版。

［93］《国际组织》编写组：《国际组织》，高等教育出版社 2018 年版。

［94］渠梁、韩德：《国际组织与集团研究》，中国社会科学出版社 1989 年版。

［95］邵沙平：《国际法》，中国人民大学出版社 2007 年版。

［96］韩德培：《国际私法新论》，武汉大学出版社 2003 年版。

［97］杜新丽、宣增益：《国际私法》，中国政法大学出版社 2017 年版。

［98］刘仁山：《国际私法》，中国法制出版社 2019 年版。

［99］张方显：《法理学》，高等教育出版社、北京大学出版社 2011 年版。

［100］马灵霞：《国际私法》，中国政法大学出版社 2009 年版。

［101］杜新丽、宣增益：《国际私法》，中国政法大学出版社 2017 年版。

［102］刘想树：《国际私法》，法律出版社 2015 年版。

［103］白桂梅：《人权法学》，北京大学出版社 2011 年版。

［104］陈彦艳：《我国儿童权利保护制度研究》，中国政法大学出版社 2016 年版。

［105］杨春福：《人权法学》，科学出版社 2010 年版。

［106］王雪梅：《儿童权利论——一个初步的比较研究》，社会科学文献出版社 2018 年版。

图书在版编目(CIP)数据

法治阳光,伴我成长:高中阶段的法治教育锦囊/
徐青英著.—上海:上海人民出版社,2023
ISBN 978-7-208-18231-8

Ⅰ.①法…　Ⅱ.①徐…　Ⅲ.①社会主义法制-法制教
育-高中-教学参考资料　Ⅳ.①G634.263

中国国家版本馆 CIP 数据核字(2023)第 058796 号

责任编辑　史尚华
封面设计　一本好书

法治阳光,伴我成长
——高中阶段的法治教育锦囊
徐青英　著

出　　版　上海人民出版社
　　　　　　(201101　上海市闵行区号景路 159 弄 C 座)
发　　行　上海人民出版社发行中心
印　　刷　江阴市机关印刷服务有限公司
开　　本　720×1000　1/16
印　　张　17
插　　页　2
字　　数　229,000
版　　次　2023 年 4 月第 1 版
印　　次　2023 年 4 月第 1 次印刷
ISBN 978-7-208-18231-8/D·4111
定　　价　68.00 元